Orbis

TERENCE CONRAN

Wohnideen mit Stoff

GESTALTEN & DEKORIEREN

ORBIS VERLAG

Genehmigte Sonderausgabe 1997
Orbis Verlag für Publizistik GmbH, München

Redaktion: Dr. Dieter Struss, München
Satz: Filmsatz Schröter GmbH, München
 Printed in China
ISBN 3-572-00831-X

Inhalt

Vorwort

Innenausstattung ist kein Privileg der Fachleute und der Reichen – jeder kann sein Heim stilvoll einrichten. Leider stellt man sich unter Raumtextilien meistens etwas »Gemütliches« vor. Gefühl ist zwar wichtig, aber die künstlerische Gestaltung wird dabei oft außer acht gelassen. Dieses Buch will Ihnen das Beste auf dem Gebiet des Designs zeigen und Ihnen Informationen und Anregungen liefern, damit Sie klassische Maßstäbe und Prinzipien unter einem neuen Gesichtspunkt sehen können. Textilien sind ungeheuer vielseitig und bieten sich nach Farbe, Textur und Stil für endlose Variationen an. Sie können einen Raum dominieren, einen behaglichen

von TERENCE CONRAN

Hintergrund abgeben oder zwischen bunt zusammengewürfeltem Krimskrams das Bindeglied sein. Vom simplen cremefarbenen Stück Musselin als Fenstervorhang bis zum Luxuszelt bieten Textilien unendlich viele Möglichkeiten. Sehen Sie sich Ihre Umgebung einmal mit anderen Augen an – vielleicht wollen Sie nur Ihre Gardinen gegen Jalousien tauschen oder sich für eine ganz neue Farbzusammenstellung entscheiden. Dieses Buch liefert Ihnen zahlreiche praktische Ideen, wie Sie Ihr Heim stilvoll verwandeln können. Lassen Sie sich vom Umfang des Projektes nicht entmutigen . . . die wirkungsvollsten Raumtextilien sind oft am einfachsten anzufertigen.

Einleitung

Die Farbauswahl ist eine wichtige und ganz persönliche Sache, denn die Farbe ist das erste, was in einem Raum auffällt. Sie sagt unmittelbar etwas über den Besitzer und seinen Geschmack aus. Etwas Verständnis für die Wirkung von Farben, einzeln und in Verbindung miteinander, kann bei der Auswahl von Zusammenstellungen helfen und ihren Effekt voraussehbarer machen.

Paradoxerweise bekommen wir durch die Betrachtung von Schwarz und Weiß (die selbst strenggenommen in Wirklichkeit gar keine Farben sind) den besten Einblick in die Kunst, mit Farben umzugehen, auch mit denen, die man als »farbig« bezeichnen könnte. Schwarz und Weiß sind das negative und das positive Element, Nacht und Tag, der dunkle Schatten und das strahlende Licht. Allein verwendet sind sie am aussagekräftigsten, zusammen bilden sie die stärksten Kontraste.

Schwarz ist vielleicht die distinguierteste Farbe, besonders in städtischer Umgebung. Schwarz allein zu verwenden ist schwierig, da es Licht absorbiert und kein Spiel von Licht und Schatten erlaubt. Zum Ausgleich sollte man Materialien mit unterschiedlicher Oberfläche wählen. So können der Glanz von Lack und Anstrich und die Glätte von Satin und Leder auf stumpfe Wollstoffe, Wildleder und Baumwolle Schlaglichter werfen. Ein Wohnzimmer ganz in Schwarz wirkt sehr elegant: stellen Sie sich moderne schwarze Stahlrohrmöbel vor, schlaglichtartig aufgehellt durch Ledersitze, den Hochglanz schwarzer Bilderrahmen (etwa für Schwarzweißphotographien) und den Schimmer einer schwarzen Stereo- und Fernsehanlage. Die Wände könnten mit plissierter schwarzer Baumwolle bespannt und der Fußboden mit schwarzwollenen Noppenteppichen ausgelegt sein.

RECHTS *Grau läßt sich gut mit klaren, sanften Farben kombinieren, ist aber auch ein wirkungsvoller Hintergrund für auffälligere Töne. Die abgebildete subtile Variation eines Mondrian-Themas besteht aus dicht gewebten Baumwollstoffen, zu einer Bettdecke zusammengesetzt, die auf den ersten Blick ins Auge fällt, ohne grell zu sein.*

LINKS *Die Qualität des Lichts hat einen großen Einfluß auf die Umgebung. Hier machen durchsichtige Vorhänge das Licht weich und diffus und baden das Weiß von Wänden und Einrichtung in Pfirsichglanz.*

LINKS *Ein schmuckloser Raum atmet die schattige, ruhige Atmosphäre eines kühlen grünen Waldes, wenn man die Jalousien herunterzieht.*

Schwarz in Verbindung mit Weiß sieht elegant und modern aus. Stellen Sie sich weiße Wände mit schwarzen Möbeln vor, dazu dann Muster in Schwarzweiß: eine karierte Tischdecke, einen gestreiften Sesselbezug, an den Wänden schwarz gerahmte Radierungen und auf dem Tisch einen schwarzen Topf mit weißen Lilien. Die Strenge wird so allmählich aufgelockert und zu einem interessanten Experiment mit Formen und Strukturen, Farbkontrasten und Mustern. Fügen Sie zum Schluß einen einzelnen Farbtupfer hinzu, zum Beispiel das Kobaltblau in einem gemusterten Läufer.

Verwendet man Schwarz und Weiß zusammen, so sollte man für eine der beiden Farben eine große Fläche vorsehen, so daß die andere zum Blickfang wird.Gleichen Sie die Proportionen durch gemusterte Elemente oder Zwischentöne aus. Auswahl und Anordnung von Möbeln und Zierat sind entscheidend, denn durch die starken Kontraste treten alle Umrisse besonders hervor.

Weiß ist die beliebteste Anstrichfarbe. Sie ist von allen Farben am einfachsten zu verwenden, wirkt sauber, strahlend und frisch und muß auch so erhalten bleiben. Die Gefahr besteht, daß Weiß zu

harmlos und sanft oder kalt und klinisch aussieht. Da es aber Licht reflektiert, kann man mit Licht und Schatten spielen. Man sollte deshalb Stoffe wählen, die sich falten und drapieren lassen oder eine ausgeprägte Textur besitzen, um das Schattenspiel optimal auszunutzen. In Indien sagt man, es gäbe vier Weißtöne: das Weiß der Muschelschale, der Wellen, der Wolken und des Mondes. Bei Stoffen kann man sich das cremige Weiß von Wolle, das frischgewaschene Weiß von Leinen, den perlgrauen Schimmer von Damast und die dunstigen Wolken von Gaze oder Spitze vorstellen.

Grau ist das Kind von Schwarz und Weiß. Sein Ton hängt davon ab, welcher Elternteil dominiert: da gibt es Holzkohle, Stahl, Zinn, Regenwolken, Zeitungsdruck (schwarze Punkte auf weißem Hintergrund, die ineinander verschmelzen). Grau gibt eine gute Kulisse für klare Farben ab, läßt gedämpfte Töne allerdings eher schmutzig aussehen.

LINKS *Weiß, gemischt mit einer starken Kontrastfarbe, sieht immer frisch aus. Die Mischung von verschiedenen lebhaften Mustern stimmt, weil jedes Muster seine spezielle Eigenart hat – vom enggemusterten Sofabezug bis zu den glatten Streifen des Vorlegers.*

UNTEN *Primärfarben können äußerst elegant aussehen und einen juwelenartigen Glanz annehmen, wenn sie mit Schwarz abgesetzt sind. Genauso wird die Wirkung von buntem Glas durch eine schwarze Umrandung gesteigert.*

OBEN *Das Blütenmuster des Stoffes ist dem Design des viktorianischen Waschbekkens nachempfunden. Sepiatöne beschwören die Vergangenheit herauf und geben dem Raum Wärme; ein Wandschirm aus Stoff unterstreicht das Gefühl von Behaglichkeit und Tradition.*

Jede Primärfarbe, also Feuerrot, Wasserblau und Sonnengelb wird durch Schwarz, Weiß und Grau gut in ihrer Wirkung verstärkt. Diese Farben sind miteinander verschwägert, aber nicht verschwistert. Gelb hat eine rote Seite (wobei sich Orange ergibt) und auch eine blaue Seite (was im Grün zusammentrifft). Ebenso hat Rot eine blaue Seite, die in Violett gipfelt. In jedem Fall strahlt die blaue Seite eher kalte und die rote Seite eher warme Töne aus. Zu einem Mißklang kommt es, wenn man von derselben Farbe sowohl Rot- als auch Blautöne verwendet, zum Beispiel Giftgrün zusammen mit Seegrün. Harmonisch wirken die Farbtöne, die von derselben Seite einer Farbe stammen und auf der Farbpalette nahe beieinander liegen, wie etwa Grün, grünliches Gelb und Gelb. Komplementärfarben behalten in Verbindung miteinander ihre individuelle Intensität.

Verwendet man mehrere Primärfarben zusammen, so gewinnen sie, wenn man sie durch einen schwarzen oder weißen Rahmen voneinander

RECHTS *Ganz in Weiß gehaltener Stoff bietet die Möglichkeit, mit den Feinheiten von Tönung und Textur zu experimentieren. Schale und Vorleger in Blau sind Farbtupfer auf dem pastellfarbenen Hintergrund, damit er nicht zu fade aussieht.*

trennt, so daß sich jede Farbe ungestört entfalten kann. Ein einfarbiger Hintergrund, besonders in Weiß, verstärkt ihre Wirkung. Zur Beruhigung sollte man eine größere dunkle Fläche vorsehen.

Auch Muster in Primärfarben benötigen eine geschlossen einfarbige Kulisse. Wenn ein Zimmer überwiegend rot sein soll, dienen Wände und Fußboden in Rot dazu, alle Rottöne auf Sesseln, Betten oder auch Lampenschirmen hervorzuheben. Mat-

tere, gedämpftere Schattierungen einer leuchtenden Farbe erlauben ein Gemisch von Mustern – solange alle Farben gleich gewichtet sind und gleicherweise gedämpft sind – besonders in alten Häusern, wo sich in langer Zeit gemusterte Kattunbezüge und verblichene Orientteppiche angesammelt haben, deren Dessins farblich gut zusammenpassen. Diese Atmosphäre, in der Harmonien wichtiger sind als Kontraste, kann man aufgreifen und mit Hilfe von Stoffen kopieren, die nach alten Entwürfen gefertigt wurden.

Mit Weiß abgetöntes Blau, Gelb, Grün und Rot nennt man Pastellfarben. Häufig werden subtile Abstufungen von Pastelltönen dazu benutzt, die Architektur hervorzuheben, wobei die Farben sich allmählich in einem Seidenkissen und dann wieder in einem Sesselbezug aus Samt intensivieren. Diese Steigerung sollte jeweils geringfügig sein: ein zu großer Schritt würde die Harmonie durchbrechen, und eine richtig leuchtende Farbe wäre ein echter Mißton.

AUSSEN LINKS *Knallgelber Filz ist der passende Bezug für ein raffiniertes, witziges Möbelstück. Das Gelb wird durch die sanfte Tönung der Wand verstärkt. Eine kräftige Wandfarbe würde das Gelb abschwächen, gegen eine Kontrastfarbe sähe es grell aus.*

LINKS *Zartes Gelb bildet den Hintergrund für die satten, warmen Erdfarben der Kissen. Das Bild, die exotischen, pikanten Farbtöne und die Stoffmuster fügen sich zu einem orientalisch wirkenden Ambiente.*

Farbkombinationen können also lebhaft und kontrastreich sein, gedämpft und harmonisch, hell und zart. Soll in einem Raum nur eine Farbe verwendet werden, so muß man besonders darauf achten, daß man mögliche Fehler vermeidet. Zunächst sollte die Grundfarbe sorgfältig ausgewählt und in einer Zimmerecke ausprobiert werden, um zu sehen, wie sie nachts und am Tage, bei künstlichem und bei natürlichem Licht wirkt. Dann variieren Sie die Intensität und die stoffliche Struktur der Farbe – ein strikt monochromer Raum kann eine unangenehme optische Täuschung erzeugen, wo die Architektur anfängt, ihre Konturen zu verlieren und die Einrichtung formlos wird, da die Oberflächen nicht mehr voneinander zu unterscheiden sind. Besser ist es, den farblichen Gesamteindruck auf kräftigere und blassere Töne derselben Farbe abzustimmen und im Material zwischen matt und glänzend abzuwechseln.

Ein Raum wird in Zuschnitt und Proportion durch Farben zum Guten oder Schlechten verändert. Durch Schwarz wird er optisch verkleinert, durch Weiß vergrößert. Hell gemusterte Stoffe treten in den Hintergrund, leuchtende drängen sich nach vorn.

Ein Zimmer farblich zu dekorieren ist dasselbe wie ein Bild zu malen und gleichzeitig einen Raum zu modellieren – und wie Sie dabei vorgehen, ist eine Frage Ihres persönlichen Geschmacks. Sehen Sie sich nach einem Stück Stoff um, dessen Muster oder Gewebe Ihnen gefällt, analysieren Sie, wie diese Wirkung zustandekommt, und entwickeln Sie aus diesem Verständnis heraus eine komplette Farbzusammenstellung.

OBEN *Unterschiedliche Muster kann man kombinieren, wenn eine Farbe der gemeinsame Faktor ist. Wenn es sich dabei um viele*

verschiedene Größen und Formen handelt, lassen sie sich so gruppieren, daß sehr lebhafte Zonen mit ruhigen Flächen abwechseln.

TEXTUR

Gegenüber der unmittelbareren Wirkung von Farbe oder einem auffallenden Muster ist die Art der Textur häufig zweitrangig. Durch die stoffliche Struktur bekommt die Farbe aber erst Qualität – die satte Tönung des Samtes verursacht sein Flor; die glatte Oberfläche der Seide erzeugt einen perlartigen Schimmer; festes, gleichmäßiges Baumwollgewebe läßt aufgedruckte Muster klar hervortreten, und die Weichheit der Wolle verleiht Tweedstoffen ihren Flausch.

Obwohl wir Stoffe eher nach ihrer Farbe oder nach ihrem Muster aussuchen, reagieren wir oft unbewußt auf die Textur. Ein weißgetünchtes Landhaus wird sicher mit Woll- und Baumwollstoffen ausgestattet anstatt mit Seide und Satin, um das rustikale Ambiente nicht zu beeinträchtigen. In imposanten Räumen dagegen sind üppig glänzender Taft, Brokat und Samt vollkommen in ihrem Element.

Die Textur tritt am entschiedensten dort hervor, wo die Oberfläche des Materials deutlich das Spiel

RECHTS *Gesteppte Stoffe vermitteln den Eindruck von Wärme und Weichheit. Die imposante Atmosphäre dieses Eßzimmers wurde geschickt gemildert. Die weiche Oberfläche der gesteppten Decke steht in scharfem Kontrast zur Sprödigkeit des Rohrstuhls.*

RECHTS *Das grobe Gewebe der Tapisserie verbindet sich harmonisch mit der roh verputzten Wand. Ihre verblichenen Farbtöne und das »historische« Flair tragen zur sanften Atmosphäre des Raumes bei.*

von Licht und Schatten ermöglicht – durch seine Webart oder durch Verzierungen wie Falten oder Rüschen. Dieses Spiel von Licht und Schatten ersetzt bei monochromen Einrichtungen die Farbkontraste und fördert nicht nur visuell das Interesse an einer einfarbigen Oberfläche, sondern weckt auch das Verlangen nach Berührung – sei es ein Polstersofa, das Strickmuster eines Kissens, eine Stepparbeit oder Kordsamt oder das Fischgrätgewebe eines Bezugsstoffes.

Stoffstrukturen haben individuelles Flair und rufen häufig spezifische Assoziationen hervor. Wie bei der Kleidung gibt es auch bei Einrichtungsstoffen perfekte Partner: man denke an Flanell und gestärktes Leinen, Satin und Samt, Tweed mit Baumwolle und Leinen, Organdy mit Spitze. (Man kann sich auch Überraschungseffekte ausdenken, indem man zum Beispiel ein mit Tweed bezogenes Kissen mit einer Satinkante garniert.) Wenn man daran denkt, kann man bei der Einrichtung eines Raums auch den durch Farbe auferlegten Zwängen entgehen.

LINKS *Hier sind matte und glänzende Oberflächen miteinander kombiniert. Der schwarze Samt der Bettdecke absorbiert das Licht, der glatte Vorhangstoff in Muschelrosa reflektiert es. Die Linienführung spielt eine wichtige Rolle und wird von den Texturen noch unterstützt: von dem weichen, seidigen Knoten im Vorhang und der samtenen Massivität des Bettes.*

UNTEN *Samtige Stoffe in satten Farben strahlen Wärme aus, aber der Eindruck von Gemütlichkeit erhält durch die goldfarbenen Seidenvorhänge einen pikanten Beigeschmack. Dadurch wirkt der Raum trotz seines Fluidums von Behaglichkeit elegant.*

OBEN *Ein Raum ganz in Weiß bietet eine gute Gelegenheit, Gewebestrukturen optimal auszunutzen, da Weiß das Licht reflektiert. Hier hat jede Oberfläche eine unterschiedliche weiche Textur: genoppt und gesteppt, durchbrochenes und dichtes Gewebe. Ein ruhevoller Raum, wo man am liebsten zurücksinken und schlafen möchte.*

Das eigentliche Fluidum der Stoffe wird durch ihre Anbringung und Drapierung zusätzlich betont. Denken Sie an Wand- und Fenstervorhänge aus gefälteltem Leinen, an knackig weiße Wollvorleger, an einen Stapel gesteppter Kissen. Stellen Sie sich einen schlichten Raum mit einer Jalousie am Fenster vor – eine zarte Faltjalousie als Pünktchen auf dem I oder eine mit Rüschen und Kräuselkanten, die üppig und kunstvoll wirkt. Erst Textur macht den Stil dreidimensional.

RECHTS *Grob gewebte Stoffe und volkstümliche Stickerei verstärken die ländliche Atmosphäre eines rustikalen Raums. Der Eindruck von Zwanglosigkeit wurde dadurch erzielt, daß mit alten Textilien improvisiert wurde, anstatt neue zu kaufen.*

STIL

Stil ist etwas, das sich in der Anordnung eines Blumenstraußes oder in Zuschnitt und Aufhängung von Vorhängen ausdrückt. Das muß nichts Großartiges sein, aber es lohnt sich, Räume zu betrachten, die mit Hilfe bestimmter Stilmittel eingerichtet wurden. In Ihrer instinktiven Reaktion auf die in diesem Buch – gelegentlich extrem – vertretenen Richtungen finden Sie vielleicht einen Hinweis darauf, welchen Weg Sie einschlagen möchten (oder auch bewußt nicht). Dieser Wegweiser mag Sie dann zu monochromen Texturen oder zu kühnen Kontrasten führen, zu gegenständlichen oder zu abstrakten Mustern. Vielleicht entscheiden Sie sich für das Schlichte, rustikal oder elegant, oder für die zusammengetragenen Schätze des passionierten Sammlers.

Von Zeit zu Zeit wird der Stil von einer Persönlichkeit revolutioniert, was dann für jeden ganz neue Wege eröffnet. In den zwanziger Jahren zogen die Modebewußten in aller Welt einen Schlußstrich unter die dunklen Farben und Muster der viktorianischen Zeit, und Syrie Maughams weiße Räume – wo von Blumen über Sessel bis zu Standbildern alles weiß war – wurden der letzte Schrei.

Ein Meister des Stils war auch Geoffrey Bennison, der die Häuser der Reichen sowohl behaglich als auch kostspielig einrichtete. Auf runde Tische häufte er riesige, mit alten, bestickten Tüchern bedeckte Töpfe, so daß eine Landschaft entstand, die an die Zwiebeltürme des Kreml erinnerte. Er nutzte alte Stoffe als Überwurf für Sofas und türmte darauf dann marokkanische Kissen. Es war Bennison egal, ob ein Stoff abgenutzt oder ausgefranst war, solange er schön aussah. Seine Palette mit ihren bräunlichen Rot-, Blau-, Grün- und Goldtönen war üppig, wurde aber immer durch ruhige Flächen gedämpft. Einfache Jalousien aus ungebleichter Leinwand putzten bescheiden die hohen Fenster, anspruchslose Kokosmatten die Böden. In kleinen Wohnungen verfolgte Bennison den Grundsatz, die Räume als Teil eines Ganzen zu behandeln, indem er überall dieselbe Farbzusammenstellung wiederholte, um ein Gefühl von Kontinuität und Weite zu erzeugen.

Der Salon des Schuhdesigners Manolo Blahnik beeindruckte durch seine Schlichtheit – eine totale

RECHTS *Hier wurde ein Schlafraum abgetrennt, der mit den klaren Linien des Apartments harmoniert und den verfügbaren Platz optimal nutzt. Der gestreifte Stoff ist so auf die Rahmen gespannt, daß er nicht nur eine zusätzliche Dimension erzeugt, sondern durch seine kühle Farbgebung das Gefühl von Licht und Weite verstärkt.*

RECHTS *Die Stoffe mit ihrem gewagten Indigoblau werden zu einfachen, aber ausgefallenen Möbelbezügen. Der Raum wirkt modern, weil er nicht überladen und gleichzeitig zeitlos ist.*

UNTEN *Unmengen von weißem, gazeartigen Stoff und hoch aufgetürmte Kissen können statt nach Boudoir auch elegant aussehen. Der einfache weiße Vorhang, die strengen Linien von Tisch, Spiegel und Nachttisch verhindern, daß dieser Raum allzu feminin wirkt.*

Antithese zu Bennisons Stil. Die Wände waren mit breiten blaßrosa Baumwollbahnen behängt, die an den Seiten zusammengebunden statt zusammengenäht waren. Der Raum war möbliert mit zwei Sofas, eins an jedem Ende, die mit Baumwollköper in einem satten Puderrosa bezogen waren. Neben dem einen ruhte der riesige Steinkopf eines vergessenen griechischen Helden auf dem Boden. Ungewöhnlich, einfach und schön, aber nicht spartanisch.

Wie kann man nun ohne Orientteppiche, wuchtige Sessel und genügend Platz für eine Skulptur – von dem Kunstwerk selbst ganz zu schweigen – einen Stil kreieren? Beginnen Sie mit einer Idee und folgen Sie ihr konsequent. Stellen Sie sich eine kräftige Farbe vor, nehmen Sie eine zweite dazu, und ergänzen Sie dann beide durch eine große weiße Fläche: die Wände etwa in Smaragdgrün, Sitzmöbel und Fußboden rot, ein Schrank mit Glasfront und scharlachroten Vorhängen. Gestalten Sie den verbleibenden Raum mit weißem Glanzlack und Wogen von Gaze, und mit Hilfe von Farben entsteht so ein Stil.

Vielleicht ziehen Sie aber auch Muster vor. Dekorieren Sie die Fenster mit einem Stoff in Rosenmuster, und machen Sie Rosen dann bei der restlichen Raumausstattung zum Hauptthema. Vervollkommnen Sie das Ganze durch Töpfe mit frischen oder getrockneten Rosen.

Wenn Ihnen Blumenmuster nicht gefallen, wählen Sie klar umrissene Formen mit strengen Linien, eng geschnittene Bezüge und regelmäßige Muster, alles in sauber gepaspelten Kanten eingefaßt. Die Möbelbezüge können einfarbig mit kontrastierenden Falten sein; finden Sie einen weißen Stoff mit breiten Streifen in derselben Farbe und verwenden Sie ihn für Vorhänge und (straff gespannt und mit mehreren Schichten Firnis) als Fußbodenbelag.

Entwickeln Sie einen wirkungsvollen, aber weniger extremen Stil, indem Sie miteinander harmonierende Farbtöne verarbeiten, wie etwa Cremefarben, Buttergelb und Tabakbraun. Beziehen Sie einen Sessel mit weicher brauner Wolle und legen Sie eine braune Mohairdecke darüber. Nehmen Sie für einen anderen Stuhl einen naturfarbenen Wildledersitz, und hängen Sie gelbe Faltjalousien ans Fenster. Sammeln Sie Muscheln, Töpfe, Krüge und andere Objekte in natürlichen Formen und Farben. Ordnen Sie sie auf Regalen und Tischen so an, wie es Ihnen am besten gefällt, und das Zimmer ist von Ihrem Geschmack geprägt.

Wenn Sie ein Porzellan haben, so suchen Sie das Muster oder die Farbe, die vorherrscht, und versuchen Sie einen Stoff zu finden, der dem nahekommt. Man kann Muster auch auf eine Schablone kopieren und Vorhänge, Querbehang oder Kissen damit umranden.

Studieren Sie Zeitschriften über Inneneinrichtung und finden Sie heraus, warum bestimmte Bilder Ihre Aufmerksamkeit erregen. Anstatt die Muster und Effekte exakt zu kopieren, stellen Sie fest, was Ihnen an den Farben und Texturen gefällt, und empfinden Sie diesen Stil dann mit eigenen, zu Ihnen passenden Materialien nach.

LINKS *Dank seines zurückhaltenden, zeitlosen Stils sieht dieser Raum mit seinen »ausgeblichenen« Farben und dem naturmatten Holz selbst an einem grauen Tag sonnig aus.*

Voll erblühte Sommerrosen vervollständigen das Bild – eine perfekte Kombination von Textur, Farbe und Stil.

GESCHICHTE

Schon seit Jahrtausenden werden Textilien benutzt, um Räume warm und behaglich einzurichten, zu isolieren und auszuschmücken. Sie wurden als Drapierungen, Polsterung, Wandbekleidung und Bezüge verwendet, als Statussymbol. Viele dieser Raumtextilien benutzen wir heute noch: zum Beispiel zweiteilige Fenstervorhänge mit einem Querbehang darüber. Andere sind überflüssig geworden: der Wandbehang, einst notwendig, um die Zugluft abzuhalten, ist praktisch verschwunden. Heute gilt er daher als Luxus.

Die Art, wie unsere Vorfahren Wände, Türen und Decken bespannten, Stühle bezogen und Betten und Fenster verkleideten, war häufig mit großem Aufwand verbunden. Ihre Methoden der Stoffverarbeitung, die Themen ihrer Muster und die Details ihrer Technik können auch heute noch viele Anregungen liefern.

Die Mode wurde von einer wohlhabenden, einflußreichen Minderheit bestimmt (im allgemeinen einem fürstlichen Hof) und von denen, die es sich leisten konnten, ihren Mitteln entsprechend kopiert.

Die griechische und römische Klassik sollte Architektur und Innenausstattung der westlichen Welt jahrhundertelang beeinflussen. Wie verwendeten nun diese frühen Stilbildner Textilien bei der Einrichtung?

Die Griechen benutzten Stoffe im Überfluß, entweder glatt an der Wand aufgehängt oder geschürzt und gerafft, in verschiedenen Farben übereinandergeschichtet oder zu Wölbungen drapiert. Die beliebtesten Farben waren ein kräftiges Grün, Safrangelb, Gold, Violett und Karmesinrot. Angst vor starken Farben war unbekannt.

Bei den Griechen und Römern wurden Türen häufig durch Vorhänge ersetzt. Da ihre Häuser meistens zugig waren, war das Bett oft von manchmal stark parfümierten Vorhängen umgeben. Liegesofas waren die beliebtesten Möbel, die stoffbezogenen Matratzen und Polster durch Gurtbänder zusammengehalten, die mit Tuch umnäht waren. Auch die Mahlzeiten wurden im Liegen eingenommen.

Die Römer verbrachten viel Zeit im Freien und errichteten für Festmähler in ihren Gärten bunte Zelte mit an Pfosten aufgehängten Baldachinen.

OBEN *Diese englische Stikkerei aus Leinen und Seide ist eine Rarität aus dem frühen 18. Jahrhundert. Eine Hauptfunktion von Wandbehängen war es, die Zugluft abzuhalten. Wenn keine Holztäfelung vorhanden war, wurde die Lücke zwischen Wandbehang und Fußboden mit Kammgarn oder farbigem Segeltuch ausgefüllt.*

In der Architektur der Gotik mit ihren abgeschrägten Decken wurden Tapisserien direkt unter dem Dach auf Stangen gespannt. Sie waren beweglich und wurden in sehr großen Räumen als Raumteiler eingesetzt, wodurch farbenprächtige, behagliche Ecken entstanden.

Die Bedeutung der Wandverkleidung

Lose Drapierungen und Wandbehänge waren auch für die mittelalterliche Raumausstattung Nordeuropas charakteristisch. Der Reichtum der Inneneinrichtung konzentrierte sich in den Textilien. Das Mobiliar der herrschenden Klasse mußte tragbar sein; um seine Besitztümer zu verwalten, mußte ein Grundbesitzer von Schloß zu Schloß ziehen. Kahle Räume ließen sich mit Wandteppichen und bestickten Vorhängen, die man außerdem noch umfärben und bemalen konnte, drastisch verwandeln.

Entsprechend der Jahreszeit wurden unterschiedliche Wandteppiche aufgehängt. Im Herbst und Winter waren Jagdszenen populär, ländliche und romantische Themen wurden dem Frühling und Sommer zugeordnet. Auch Szenen aus den Kreuzzügen und den trojanischen Kriegen waren beliebt.

Die Betten im frühen Mittelalter hatten Vorhänge, die von den Deckenbalken oder von der Wand herabhingen. Im 14. Jahrhundert hing dann ein viereckiger Betthimmel darüber, der mit Stäben oder Ketten an der Decke aufgehängt, aber noch nicht auf Pfosten abgestützt war. Das Schlafzimmer eines französischen Stadthauses aus dem frühen 15. Jahrhundert zeigt das Bett mit drapiertem Stoff

übergossen, überragt von einem ungewöhnlichen, gewölbten Baldachin, von dem Stoffkaskaden mit Schwertlilien herabfallen. Zu den Vorhängen paßt ein Wandbehang, der locker an einer offenen Tür angeknüpft ist.

Die Ursprünge der Harmonie
Darin zeigt sich schon eine Ästhetik, die sich mit der Renaissance entfalten sollte. Symmetrie, Gleichmäßigkeit und Ausgewogenheit waren Prinzipien der Renaissance-Architektur, und die zeitgemäße Raumausstattung des 15. und 16. Jahrhunderts forderte dieselbe Harmonie. Bald verbreitete sich die Ansicht, daß alle Textilien im Raum zueinander passen müßten.

Es war zu der Zeit jedoch noch selten, daß Fenstervorhänge zweiteilig und symmetrisch waren. Die Fensterlaibung wurde mit einem dünnen Tuch wie Sarsenet (ein Seidentaft) oder Leinen – eher zum Schutz gegen die Sonne als gegen die Zugluft – gezogen, und Querbehänge existierten noch nicht. Vorhänge kamen erst im späten 17. Jahrhundert in Gebrauch, und dann waren sie zweiteilig.

Häufig gehörten zur Raumausstattung des 17. Jahrhunderts Tischteppiche – unter Umständen kleine Orientteppiche, die zu wertvoll schienen, um sie auf den Fußboden zu legen, aber es mußten nicht unbedingt Teppiche sein. Das war nur ein Gattungsname. Sie konnten gobelinartig gewebt sein oder aus reich besticktem Tuch bestehen – zum Schutz wurden sie gegebenenfalls mit einem Stück Leinen, Gaze oder Spitze bedeckt.

Nur sehr unwichtige Räume hatten damals, wenn sie nicht getäfelt waren, keinen Wandbehang. Die Wandbehänge wurden jetzt jedoch aus schmalen Bahnen gefertigt, ähnlich wie heutige Papiertapeten, und nicht mehr in lockeren Falten drapiert wie im Mittelalter. Stattdessen wurden sie an den Wänden befestigt, und man konnte eindrucksvolle Effekte erzielen, indem man wechselweise verschiedene Materialien verwendete. Häufig wurden die Stoffbahnen mit kontrastierenden Borten eingefaßt oder die Nähte mit einem Spitzenbesatz aus Seide oder Metallfäden verdeckt. Dasselbe System wandte man bei vergoldeten Ledertapeten an, die aus Spanien stammten.

LINKS *Die Rekonstruktion eines Bades aus dem späten Mittelalter. Der Baldachin ist straff über einen Reifen gezogen. Er hielt die Zugluft ab und schuf für den Badenden eine behagliche, intime Atmosphäre. Die Wanne ist mit feinem weißen Leinen ausgeschlagen, damit der Badende nicht mit dem rauhen Holz in Berührung kommt. Das Bad wurde über einen Hahn an der Unterseite geleert und zur Seite gerollt, wenn es nicht in Gebrauch war. Der Baldachin konnte von der Decke heruntergelassen und weggepackt werden. Man beachte die Wandbehänge aus Damast, die an auf Haken gehängte Ringe befestigt sind.*

RECHTS *Dieses Gemälde von Schachspielern aus dem 17. Jahrhundert von Cornelis de Man zeigt mehrere charakteristische Eigenarten der damaligen Inneneinrichtung in Holland. Sitz und Rückenlehne des Stuhls sind gepolstert, aber die Rückseite ist nicht bezogen. Denn die Stühle wurden, wenn sie nicht in Gebrauch waren, an den Wänden aufgereiht und nicht einfach im Raum verteilt. Das Bett wurde als behagliche Koje in die Wandtäfelung eingebaut, und die Vorhänge passen zum »tour de cheminée«, dem Querbehang, der am Oberteil des Kamins entlangläuft. Er ist mit weißem Tuch gefüttert, das wahrscheinlich auswechselbar war.*

Ab Ende des 17. Jahrhunderts wurden Wandbehänge mit Fransen verziert: eine längere Fransenkante am unteren Saum verbarg die Stifte, mit denen der Vorhang an eine Leiste genagelt war, die kürzere überdeckte die senkrechten Nähte. Manchmal heftete man auch Fransen vorne an Regalbretter, so daß die Bücher beim Herausnehmen entstaubt wurden.

Damals war es vor allem der Tapezierer, der das Aussehen von Inneneinrichtungen bestimmte. Anfangs eine Art Trödler, hatte sich bis zum 17. Jahrhundert seine Funktion nicht nur verändert, sondern entwickelte sich auch rapide, als die von ihm gelieferten und angebrachten Vorhänge immer verbreiteter und kunstvoller wurden. Obwohl Ende des 17. Jahrhunderts die Polsterungstechniken (außer der Federung) größtenteils der Sattlerei entliehen waren, wurden die Effekte meistens eher durch verschwenderisch garnierte, prächtige Materialien erzielt als durch handwerkliches Können.

Die kostbaren Lehnstuhlbezüge waren ursprünglich abnehmbar; später war die Polsterung fest und durch lose Überzüge geschützt. Diese Hüllen sollten eigentlich entfernt werden, wenn der Stuhl

RECHTS *Drei Textildesigns, die heute genauso gut in der Raumausstattung zu verwenden sind wie zu ihrer Blütezeit. Das prächtige, raffinierte Muster von Plattstichstickerei und Blockdruck käme in einem schmucklosen Raum gut zur Geltung. Der hübsche Mille-fleurs-Druck wäre reizvoll als Vorhang oder Bettdecke – oder beides.*

benutzt wurde. Gemälde aus dem 18. Jahrhundert zeigen allerdings, daß dies ziemlich oft nicht geschah.

In weniger gehobenen Kreisen paßten die Polsterstühle nicht immer zusammen. Ihre Bezüge bildeten ein buntes Gemisch aus Wollsamt, Leder mit Gold, Seide oder Kammgarn. Anfang des 18. Jahrhunderts tauchte in Frankreich ein Möbel auf, das man mit seiner Polsterung an Rücken, Sitz und Armlehnen schon fast als »Sessel« bezeichnen könnte. Stühle aus Rohrgeflecht waren häufig mit Polsterkissen ausgestattet, die hinten am Sitz festgebunden werden konnten. Sie ähnelten kleinen Matratzen, deren Füllung mit Quasten zusammengehalten wurden. Üppig schwellende Daunenkissen bedeckten Bänke und Liegen.

Im 18. Jahrhundert waren häufig benutzte Räume wenigstens mit Fenstervorhängen ausgestattet. Zweiteilige Vorhänge waren üblich, aber die hochziehbare Version galt als eleganter. Sie bestand aus einem einteiligen Vorhang, der senkrecht hochgezogen wurde und sich dann in lockeren Falten direkt an die Unterseite eines Querbehangs schmiegte. Andere waren zweiteilig und wurden diagonal in Richtung der oberen Fensterecken hochgezogen, wo sie, zu Schärpen drapiert, auf beiden Seiten herunterfielen.

Im ganzen 17. bis ins 18. Jahrhundert hinein hatten Betten immer noch die Kastenform des 16. Jahrhunderts, wobei der Baldachin jetzt vom Bettgestell selbst abgestützt wurde und so zum klassischen »Himmelbett« wurde. Der Zeitgeschmack drückte sich im Stil der Verkleidung aus. Die von oben herabhängenden Volants hatten ursprünglich gerade, fransenbesetzte, später Kerbschnitt- und Zickzack-Kanten.

Da die Innenseite der Vorhänge kaum weniger wichtig war als die Außenseite, wurde für das Innere gleichfalls ein Volant angefertigt, so daß die Bettvorhänge selbst zwischen zwei Lagen Stoff hingen. Die Vorhangrückseite zeigte den Futterstoff, der normalerweise auch für den Kopfteil und die Bettdecke verwendet wurde.

Die für Einrichtung und Dekoration erforderlichen Materialien wechselten von Land zu Land. Die Franzosen hatten das Monopol auf Luxusgüter wie

Plattstichstickerei eines dekorativen Möbelstoffs aus dem 16. Jahrhundert.

Englischer Blockdruck, ca. 1780

Mille-fleurs-Muster, gedruckt auf einer Kupferwalze in Manchester, ca. 1820

OBEN *Dieser Entwurf für Fenstervorhänge stammt aus »Ackerman's Repository«, einem Katalog aus dem frühen 19. Jahrhundert, wo die Arbeiten britischer Designer und die neueste Möbelmode von 1809–28 abgebildet waren. Diese Tafel zeigt einen typischen Empire-Vorhang, für den zwei verschieden schwere Materialien benutzt wurden: eine leichte Untergardine aus Musselin mit einer schwereren Übergardine aus Seide. Zur zusätzlichen Verzierung waren die Untergardinen manchmal mit Blümchen gesprenkelt. Vorhänge hatten damals häufig nur eine dekorative Funktion und lebten wie alle Textilerzeugnisse des Empire mehr von geschickter Drapierung als von Zuschnitt oder Struktur. Es gab prachtvolle Accessoires: exotische Gardinenstangen, ausgefallene Krausbänder und Querbehänge und klobige, schaukelnde Kanten aus Quasten und Fransen.*

Tapisserien, Möbel und Teppiche, aber Italien lieferte den Großteil an Seidendamast und Samt. Die Engländer versuchten erst gar nicht, auf diesem Markt mit den Franzosen und Italienern zu konkurrieren. Ihre Leistung bestand darin, sowohl zuhause als auch auf dem Kontinent mit Töpferwaren, Teppichen und Möbeln den Bedarf der Mittelschicht zu decken. Das einzige extravagante englische Produkt, das allgemein populär wurde, war die Samttapete. Ab Anfang des 18. Jahrhunderts wurde Amerika zum Großkonsumenten von Mode aus Europa, zunächst aus England und dann aus Frankreich.

Der Triumph des drapierten Stoffs

Der französische Stil, der später die Vereinigten Staaten und Europa überschwemmen sollte, entstand Ende des 18. Jahrhunderts und hieß Empire, da er in die Zeit fiel, als Napoleon Kaiser war. Obwohl die Möbel des Empire steif und geradlinig waren, ließ man in scheinbar wollüstiger Hemmungslosigkeit wallende Behänge und Gardinen fließen. Stoffe wurden um Vorhangpfosten geschlungen, ganze Zimmer in Musselin erstickt oder als seidene Zelte eingerichtet. Die kreidigen Farben von Wedgwood-Porzellan, gelegentlich durch einen schwarzen Rand abgesetzt, waren noch annehmbar, aber der Empire-Stil konnte auch ziemlich grell sein, wobei Satin, besonders in leuchtenden Grüntönen, Knallrot und kräftigem Gelb, sehr beliebt war.

Im 18. Jahrhundert hatte man begonnen, Betten gegen die Wand zu stellen, und manche hatten auch keine Pfosten mehr. Die Betthimmel wurden jetzt wieder an der Decke aufgehängt oder an den Wänden befestigt. Die Betten wurden kleiner, und ihr Effekt beruhte eher auf dem Schwung des Faltenwurfs als auf den kunstvollen Fransen, Stoffgirlanden und Vorhängen der Vergangenheit. Empire-Betten waren eher zierlich als imposant.

Das überladene Zeitalter

Drapierte Stoffe blieben bis weit ins 19. Jahrhundert hinein populär, obwohl Textilien im allgemeinen als Wandverkleidung durch Papiertapeten verdrängt wurden. Ab Mitte des 19. Jahrhunderts

LINKS *Eine zeitgemäße Interpretation des Empire-Stils: das Bett steht seitwärts an der Wand, darüber türmen sich drapierte Vorhänge mit herabhängenden Quasten. Der Originalbaldachin wäre zwar auch locker drapiert und gebauscht gewesen, aber das Bettzeug wäre nie so zerknüllt wie hier. Gewöhnlich hatten Betten eng sitzende Bezüge, die an den Kanten oft massiv mit Schleifen und Quasten besetzt waren, und dicke Keilkissen an beiden Enden. Dieses hölzerne Bett mit Kopf- und Fußende basiert auf einer klassischen antiken Form.*

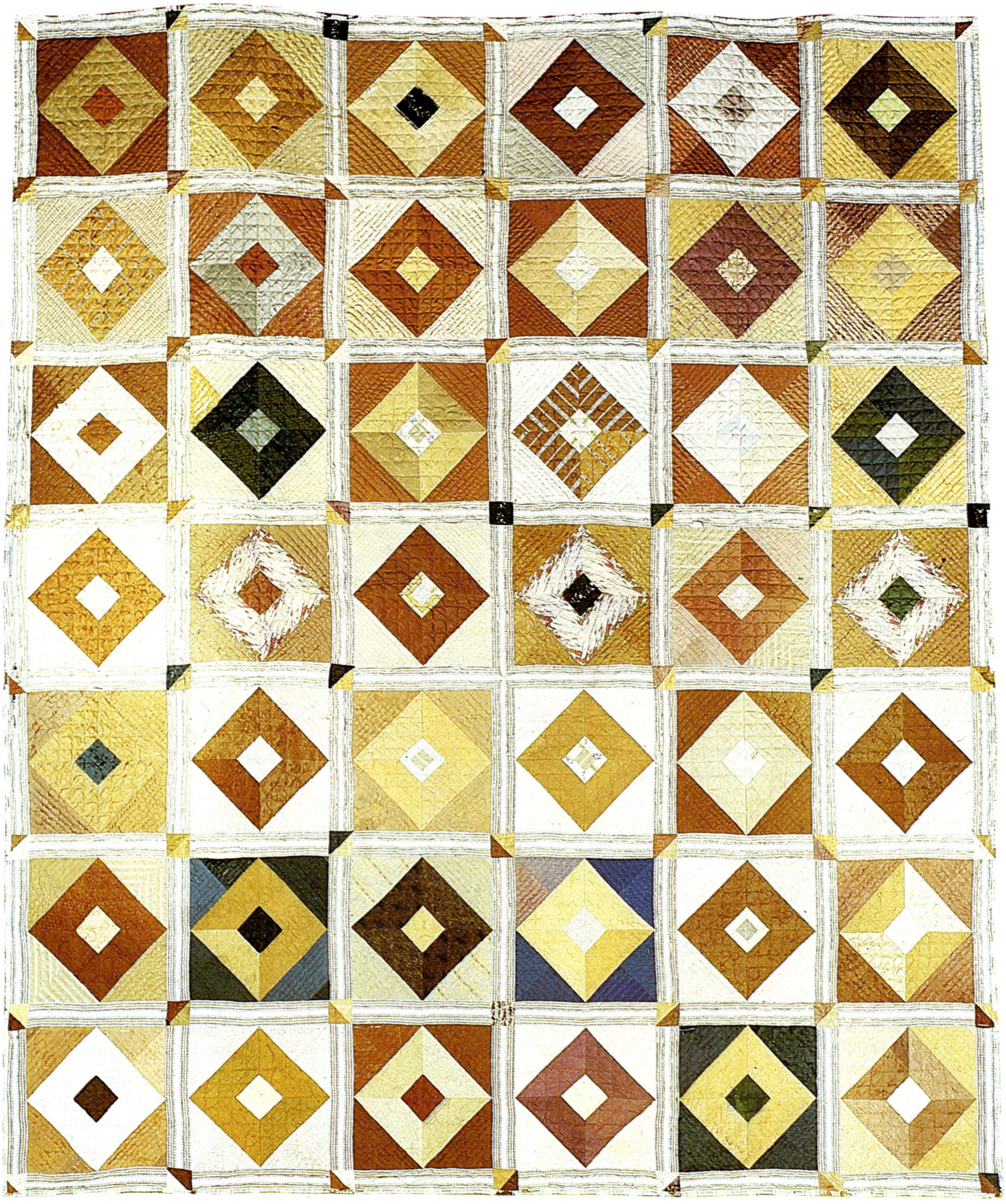

wurde der Kaminsims häufig mit Stoff verhüllt. Manche Kamine hatten sogar Vorhänge.

Die wallenden Stoffgirlanden und Schärpen, die bis dahin die Fenster geziert hatten, machten dem Lambrequin Platz – im wesentlichen ein glatter Querbehang, der an den Seiten herabhing und einen Großteil des Tageslichtes ausschloß. Zusätzlich nahm man oft symmetrische Vorhänge und Untergardinen aus Musselin oder Spitze. Modische Fenster hatten außerdem Rouleaus.

Bis Mitte des 19. Jahrhunderts hatte sich die Federungstechnik für Sitzmöbel weiter entwickelt, und die Polster von Sofas und Stühlen waren jetzt durchgeknöpft. Solange die Füllung dünn gewesen war, hatten Quasten ausgereicht, aber mit zunehmender Üppigkeit wurde auch die Befestigung stärker beansprucht, und nur Knöpfe erwiesen sich dafür als stark genug.

So entstanden allmählich die wohlvertrauten, zum Platzen schwellenden Stühle und Sofas des 19. Jahrhunderts. Sie nahmen den ersten Rang in der typisch düsteren viktorianischen Inneneinrichtung ein, die mit Sitzkissen und Schemeln, Vitrinen, Tischchen voller Nippes, Tüchern, Ofenschirmen und Jardinieren vollgestopft war. Das einzige Möbelstück, das in der Spätzeit der viktorianischen Epoche weniger überladen wurde, war das Bett. Die bis dahin so hochgeschätzten Bettvorhänge wurden jetzt als ungesund betrachtet und entfernt.

LINKS *Die für die Oberseite dieser Steppdecke benutzten Seidenstoffe sind typisch für Quäkerkleidung.*

Die Steppdecke stammt aus der Familie Yarnall, prominente Quäker in Philadelphia. Sie wurde wahrscheinlich von der Hausschneiderin der Familie angefertigt, die dazu die Reste verarbeitete, die beim Kleidernähen übrig geblieben waren.

Nach damaligen Maßstäben war dieses Stück luxuriös. Erst Anfang des 18. Jahrhunderts wurden in Amerika die Stoffe so billig, daß man sie zerschneiden konnte, bevor sie ganz verschlissen waren: So entwickelte sich die Kunst des Patchworks. Die ersten Muster waren fast immer geometrisch, und die ganze Familie pflegte sie gemeinsam auszuschneiden und zusammenzusetzen.

Die Zeit des Eklektizismus

Seit der Jahrhundertwende hat die Entwicklung von einer so überladenen, unpraktischen Raumausstattung weggeführt, gelegentlich extrem. Das Wohnzimmer des späten 20. Jahrhunderts unterscheidet sich in seiner Üppigkeit von Mobiliar und Zierat sehr von seinem Vorgänger aus dem 19. Jahrhundert. Andererseits haben aber die zwanglosen Sitzgruppen von heute immer noch etwas Altbekanntes an sich, und viele moderne Sofas und Stühle sind in Design und Bezugsstoff ihren Gegenstücken aus dem 19. Jahrhundert sehr ähnlich. Es gibt noch einen gemeinsamen Faktor – die Auswahl.

Schon um 1850 wurde der Geschmacksstandard eher vom Markt diktiert als von einem ästhetischen, auf klassischen Werten basierenden Ideal. Der Ge-

LINKS *Das Eßzimmer des Grange (1898 gemalt), eines Hauses, das dem präraffaelitischen Maler Edward Burne-Jones gehörte. Er nahm an einer Reformbewegung auf dem Gebiet des Designs teil, als »Arts and Crafts« bekannt. Ihre Vertreter widersprachen der vorherrschenden, protzigen Mode total. Sie meinten, daß ein Design »zweckmäßig« und »naturgetreu« sein sollte. Trotz dieser radikalen Anwandlungen waren viele ihrer Entwürfe traditionell und historizistisch und häufig durch eine idealisierte Vorstellung von mittelalterlichem Leben beeinflußt. Ihre Innenräume waren angefüllt mit prächtigen Mustern, exotischen Töpferwaren und Bildern, die von Göttern, Ungeheuern, Rittern und schönen Damen bevölkert waren – einige scheinen hier auf der Portiere vertreten zu sein.*

schmack war demokratisch anstatt aristokratisch geworden, und Massenproduktion und -konsum bedeuteten eine Vielfalt an Stilen. Heute gibt es, wie damals, keinen alleingültigen ästhetischen Standard. Wir haben die Freiheit, uns einer reichen Einrichtungstradition zu bedienen und jeden Stil der Vergangenheit, der unsere Phantasie anregt, neu zu interpretieren.

RECHTS *Die Wände dieses Raums sind mit demselben Damast verkleidet, aus dem die Vorhänge sind. Bis die Papiertapeten in Massen produziert wurden, war es in den Häusern der wohlhabenden Schicht üblich, die Wände mit Textilien zu bedecken. Die Kappe, eine Verzierung, die erst Ende des 17. Jahrhunderts aufkam, verläuft um den ganzen Raum herum und bildet über dem Fenster einen Querbehang. Die Untergardinen aus gefältelter Seide sind von Fortuny.*

Wände, Türen und Decken

Ein Zimmer, dessen Wände, Türen und Decke hinter Tüchern verborgen ist, ergibt einen völlig neuen Raum. Es wird zum Zelt – einer sanften, verschwiegenen Welt innerhalb der harten Außenflächen aus Backstein und Mörtel. Aus der Vergangenheit gibt es Schilderungen einiger prachtvoller Zelte, die uns zur Anregung dienen können.

Das Beduinenzelt von Nadir Schah aus dem 17. Jahrhundert bestand aus scharlachrotem Tuch und war mit violettem, mit Gold und Edelsteinen besticktem Satin gefüttert. Man stelle sich das in einer kalten, sternenklaren Nacht vor, wenn das flackernde Feuer sich im Schimmer des Goldes und im Schein der Juwelen spiegelte.

Noch prächtiger war das Hochzeitszelt von Alexander dem Großen, eine riesige, von Säulen gestützte und Goldadlern gekrönte Konstruktion. Innen trugen Pfosten stoffbespannte Balken, auf denen bemalte Decken auflagen und ein festes Dach nachbildeten. Von der Mitte hingen scharlachrote, weiß gesäumte Schleier herab, unter denen vermutlich das Hochzeitsbett aufgestellt wurde. Die Säulen an den vier Ecken des Zeltes waren Palmen aus Gold, die Zwischenträger goldene Weinstöcke mit Trauben aus Amethyst.

Soweit wird man kaum gehen können, aber einige dieser Ideen lassen sich in Materialien umsetzen, die eher verfügbar sind. Man kann zum Beispiel ein schönes indisches Tuch, das mit Münzen und Glasperlen bestickt ist, für das Bett oder den Eßbereich als Baldachin benutzen.

Es besteht kein Grund, warum Sie nicht auch Balken mit Tuch bespannen sollten. Sie können auch noch die Zwischenräume farbig oder mit Mustern bemalen. Dafür wären gemalte Borten nach Zopfschablonen ideal.

RECHTS *Hier wurde Stoff verwendet, um in dem harten Gehäuse eines gemauerten Raums ein neues Gefühl zu kreieren.*

Einen Raum als Zelt einzurichten, mag übertrieben klingen, die damit verbundene Arbeit entmutigend. Wenn man aber die Aufgabe so angeht, daß die einzelnen Elemente stufenweise aufgebaut werden können, dann ist sie für jeden lösbar. Man muß die Wände als eine Reihe senkrechter Flächen sehen und die Decke als einen waagerechten Abschluß. Auf jede dieser Flächen kann man fast alle Arten von Stoff spannen oder drapieren. Man kann auch damit anfangen, daß man den Stoff begrenzt einsetzt, vielleicht als ersten Schritt, um mehr Sicherheit zu gewinnen.

Wie wäre es mit einer verstellbaren Stoffwand? Die einfachste Art, Proportionen und Form eines Zimmers zu verändern, ist die, Zwischenwände als Raumteiler zu benutzen. Die Japaner sind darin Meister. Sie verwenden leichte, holzgerahmte Stoffwände, um Schlaf-, Eß- und Kochbereich voneinander zu trennen. Je nach Nutzung des Raums werden sie hin und her bewegt, und jede neue Aufstellung schafft ein neues Environment.

Diese Methode ist für Einzimmer-Apartments ideal. Hier kann man zum Beispiel Stellwände einsetzen, die den Schlafbereich begrenzen, die Sitzecke einrahmen oder den Abschluß der Kochnische bilden.

Stellen Sie sich Stellwände mit verschiedenen Stoffen vor: Patchworks in Rot und Weiß, unterschiedlich gestreifte Stoffe oder leuchtende, harmonische Farben, die Sie beliebig umstellen können, und Sie bekommen ein ständig wechselndes dreidimensionales Bild.

Probieren Sie als Raumteiler Vorhänge aus, die in weiche Falten gelegt sind. Das kann äußerst wirkungsvoll aussehen, wenn Sie durchsichtige Stoffe verwenden: eine Eßecke kann abends auf diese Art durch Vorhänge abgeschlossen und beleuchtet werden, so daß ein verschwiegener Raum zur Bewirtung von Gästen entsteht. Wenn das Essen vorüber ist, können die Lichter ausgeschaltet werden und die Vorhänge zugezogen bleiben, um leere Teller und Gläser zu verbergen. Tagsüber oder bei weniger formellen Abendessen kann der Vorhang an einer Seite zurückgezogen sein. Wenn mehr Intimität gewünscht wird, können schwere Vorhänge als Raumteiler eingesetzt werden.

OBEN *Ein großer, offener Raum kann mit Wänden aus fließendem Stoff in kleinere Bereiche aufgeteilt werden.*

Es ist zwar viel teurer, eine ganze Wand oder Wände mit Stoff zu bespannen, als eine Farbschicht aufzutragen, aber der Stoff verdeckt Risse, unebene Flächen und abgeblätterte Tapete und bemäntelt häßliche Proportionen. Stoff dämpft die Akustik und kreiert eine unleugbar luxuriöse Atmosphäre. Man kann entweder rundherum an den Wänden Gardinenstangen befestigen, an denen man den Stoff aufhängt, oder den Stoff an die Wand heften, was sauber und ordentlich wirkt. Bei dieser Methode werden vom Fußboden bis zur Decke reichende Leisten an den Wänden angebracht, an die man den Stoff heftet oder klammert. Quervorhänge jeder Art geben dem ganzen Raum ein dekoratives Aussehen

LINKS *In Falten gelegter schwerer Stoff verleiht diesem Raum eine plastische Dimension. Die Stoffbahnen werden gesäumt und dann aufs Geratewohl an die Wände geheftet.*

LINKS *Ein ungefütterter Vorhang kann in jeder Umgebung als Raumteiler eingesetzt werden.*

und verdecken die Träger, an denen der Stoff aufgehängt ist.

Eine Wandverkleidung aus straff gespanntem Stoff anzubringen, ist fast dasselbe wie Tapeten zu verwenden. Beschränken Sie sich auf eine Textur, wenn die Kombination von Mustern zu kompliziert erscheint. Wände mit naturfarbenem Leinen oder Wildleder sehen sehr vornehm aus. Fassen Sie fürs Badezimmer schwarzes PVC auf einem Hintergrund von weißen Kacheln ins Auge.

Wenn Sie gemusterte Stoffe verwenden, dann wählen Sie solche, die nicht allzu schwierig zu kombinieren sind, wie etwa klare Streifen oder

LINKS *Stoff läßt sich straff über Wände spannen, ist leichter zu verarbeiten als Papiertapeten und reißt nicht. Machen Sie sich neben der ungeheuren Auswahl an Mustern und Farben die stofflichen Eigenschaften des Gewebes zunutze.*

Karos. Eine weitere Möglichkeit ist, einen Stoff mit einem sehr großen Muster zu nehmen, zum Beispiel blühende Bäume oder Reben, um aus dem Raum eine Laube zu machen. Mischen Sie verschiedene Muster, so wie die Japaner, ein geometrisches mit einem geblümten in denselben Blau- und Weißtönen, und bemalen Sie das Holz dazwischen entsprechend. Auch für den Sockel und die darüberliegende Wandfläche kann man unterschiedliche Muster verwenden.

Türen können als eigenständige Einheit behandelt werden, wenn es um die Verkleidung mit Stoff geht. Wenn sie eingesetzte Füllungen haben, kann man den Stoff darauf einpassen und den Rahmen als kontrastierende Umrandung stehenlassen. Sollen Tür oder Eingang verhängt werden, so montieren Sie eine Schiene oberhalb des Türsturzes, damit man den Vorhang leicht zurückziehen kann. Einbauschränke gewinnen sehr durch eine Stoffverkleidung.

Man kann die Holzfüllungen auch völlig entfernen und den Stoff dann hinter die Türrahmen hängen. Ein häßlicher, aber unentbehrlicher freistehender Kleiderschrank kann verdeckt werden, indem man am Kopfende eine Gardinenstange befestigt und Vorhänge daranhängt.

Das gleiche Stoffmuster wird unterhalb der Querleiste in verkleinertem Maßstab verwendet.

Ein geeigneter Alkoven läßt sich mit Stoff in einen Schrank verwandeln. Das einfachste ist es, einen gefütterten Vorhang an einer quer über dem Alkoven hängenden Stange anzubringen, aber diesen eher behelfsmäßigen Schrank kann man auch so ausstaffieren, so daß er wie ein kleiner Pavillon aussieht. Ein hölzerner Reifen oder Rahmen wird wie bei einem halben Betthimmel an der Wand befestigt und nötigenfalls von unten abgestützt. Daran lassen sich dann an einer Gardinenstange Vorhänge anbringen. Man kann ein kleines »Dach« für den Pavillon machen, indem man Stoff über den Rahmen legt, ihn oben rafft und diesen Teil an der Wand befestigt.

Warmer roter Filz, mit Stechpalmen behängt und von Kerzen beleuchtet, bietet einen einladenden Anblick.

Dieser durch Raffung erzielte Effekt läßt sich auch dafür benutzen, die Decke auf Idealhöhe abzusenken und Risse zu verdecken. Eine simple und preiswerte Methode ist, mit Stoff überzogene Drähte über die Decke zu spannen und daran entlang das Material dann so zu raffen, daß es in wallenden

Falten dazwischen herabhängt. Hinter dieser zweiten Decke wirkt jedes Licht angenehm gefiltert und diffus.

Räume können für ein einmaliges Ereignis als Zelt ausgestattet werden. Nehmen Sie Musselin und Schleifen als dekorativen Hintergrund für einen Hochzeitsempfang oder ein Kinderfest. Stellen Sie sich einen Hausflur vor, der mit warmem Filztuch behängt und zur Weihnachtszeit mit Kerzen beleuchtet ist. Denken Sie an ein Zelt aus wogendem Musselin, hier und dort mit Schleifen zurückgefaßt, mit einem Labyrinth aus Topfpflanzen. Oder stellen Sie sich ein marineblaues Baumwollzelt vor, dessen Decke mit glitzernden Silbersternen rund um einen funkelnden Halbmond verziert ist – und Sie fühlen sich fast schon zurückversetzt in die Welt des Nadir Schah.

RECHTS *Das ganze Gestell für diese Markise kann im Sommer leicht aufgebaut und im Winter weggepackt werden.*

OBEN *An den Rand eines Schirms kann als zusätzlicher Sonnen- oder Windschutz eine Krempe angesetzt werden – im Stil der Fremdenlegionäre.*

WANDBEHANG

Die einfachste Art der Wandverkleidung ist die, Vorhänge an einer Schiene aufzuhängen. In diesem Schlafzimmer wurden durchsichtige Stoffbahnen so zusammengenäht, daß sie sich über Türen und Fenstern öffnen lassen. Bringen Sie die Schiene ganz oben an der Wand an, so daß sie an die Decke stößt, oder verwenden Sie eine Deckenschiene, wenn Sie wenig Platz haben. In den Ecken und an den Unterseiten der Säume können Gewichte angebracht werden, damit der Stoff dicht anliegt.

OBEN *Das Gefühl von Luxus entsteht, wenn durchsichtige Vorhänge bis auf den Boden reichen.*

Anfertigung des Vorhangs

Rings um die Zimmerdecke herum Vorhangschienen montieren (s. SCHIENEN UND GARDINENSTANGEN). Öffnungen des Vorhangs festlegen und Schiene den einzelnen Abschnitten entsprechend ausmessen. Gardinenband aussuchen und Anzahl der für jeden Abschnitt benötigten Stoffbahnen ausrechnen (s. WAHL DES GARDINENBANDES).

Abstand zwischen Vorhangschiene und Fußboden ausmessen und Stoff mit 10 cm Zugabe für den Saum und 1 cm für die Oberkante auf richtige Länge zuschneiden. Für die einzelnen Abschnitte Stoffbahnen zusammenstecken und -heften und mit Kappnähten verbinden.

Die Seitenkanten jedes Teilstückes zu doppelten Säumen von 2 cm Breite, die Unterkante zu einem doppelten Saum von 5 cm Breite einschlagen. Die Ecken dabei auf Stoß falten (s. ECKEN AUF STOSS FALTEN). Stecken, heften und nähen.

1

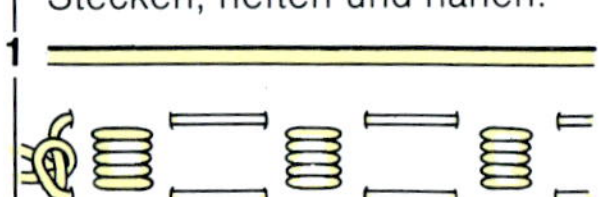

Oberkante jedes Teilstükkes 1 cm einschlagen. Vom Gardinenband soviel abschneiden, daß es 10 cm länger ist als die Oberkante. Schnüre auf der Rückseite an einem Ende 4 cm weit herausziehen und zusammenknoten **(1)**. Gardinenband am Ende 1 cm umschlagen und es dann 3 mm unterhalb der Oberkante des Vorhangstoffes feststecken. Das Band am entgegengesetzten Ende abschneiden, dabei 1 cm zum Einschlagen belassen. Die Schnüre von der Vorderseite her herausziehen. Oberen und unteren Rand des Bandes jeweils in derselben Richtung anheften und -nähen. Seitliche Kanten festnähen und darauf achten, daß der Stich nicht über die Schnüre greift.

Zum Raffen das offene Ende der Schnüre in eine Hand nehmen und das Band zu gleichmäßigen Falten zusammenschieben, bis es

2

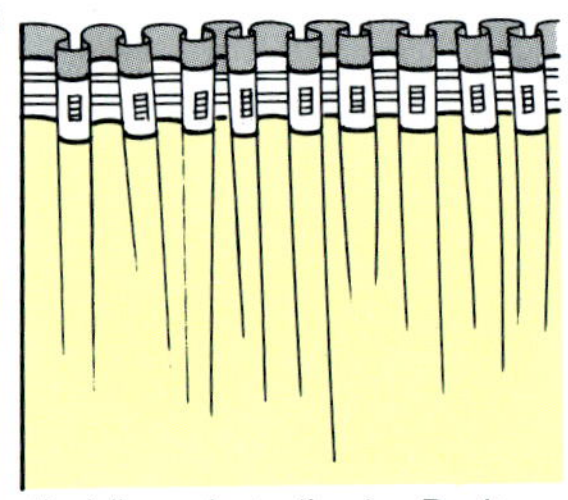

die Länge hat, die der Breite des Vorhangteils entspricht **(2)**. Die restliche Schnur zusammenknoten, nicht abschneiden. Etwa jede 8 cm Gardinenhaken einsetzen und aufhängen.

OBERKANTEN, SCHIENEN UND GARDINENSTANGEN	206
WAHL DES GARDINENBANDES	206
NÄHTE	200
ECKEN AUF STOSS FALTEN	201

IDEEN FÜR WANDBEHÄNGE

Schaffen Sie eine orientalische Atmosphäre mit einem Gitter aus Bambusstäben, das für einen sanft gekräuselten Vorhang aus Baumwolle oder Chintz mit Glanzappretur geheftet wird. Verwenden Sie Jadegrün und Elfenbein oder bräunliche Rottöne und Gold, um einen exquisiten, üppigen Effekt zu erzielen. Oder entscheiden Sie sich fürs Japanische und nehmen Sie lackroten Stoff und schwarz bemalte Stäbe.

Rosa wie Zuckerwatte ist der hauchdünne, an den Rändern mit rosaroten Bändern zusammengehaltene Musselin. Damit verdeckt man einfach und schnell eine unebene Wand. Anstatt mit Gardinenband oder Schienen kann man diesen Vorhang auch mit Rundstäben befestigen.

TÜRVORHANG

Bespannen Sie die Glasfüllung einer Tür mit einem durchsichtigen, gerafften Vorhang. Befestigen Sie ihn an 1 cm dicken Messingstangen, die durch ein Futteral geführt werden. Außerdem wird oben und unten jeweils noch etwas Stoff zugegeben, damit Rüschen entstehen, wenn der Vorhang gerafft wird.

Bei einem ausgeprägten Muster sollte das Hauptmotiv auf jeden Fall auf die Mitte der Füllung zentriert sein.

Anfertigung des Vorhangs

Ober- und unterhalb des Glases Gardinenstäbe anbringen.

Die Gardinenfülle bestimmen – anderthalb mal die Breite des Glases sollte ausreichen. 4 cm für die seitlichen Kanten zugeben. Als nächstes die Lage der Scheibe ausmessen und 28 cm für die Futterale zugeben.

Ein Stück Stoff auf diese Länge und Breite zuschneiden.

Die Seitenkanten des Vorhangs zu einem jeweils 1 cm breiten doppelten Saum einschlagen. Stecken, heften und nähen.

Oberkante zu einem 7 cm breiten doppelten Saum einschlagen; dicht an der Saumkante entlang feststekken, -heften und -nähen. 3 cm darüber eine zweite Naht legen, so daß ein Futteral für die Stange entsteht **(1)**.

Den letzten Arbeitsgang für die untere Gardinenstange wiederholen. Stäbe durch die Futterale schieben und den Vorhang aufhängen.

1

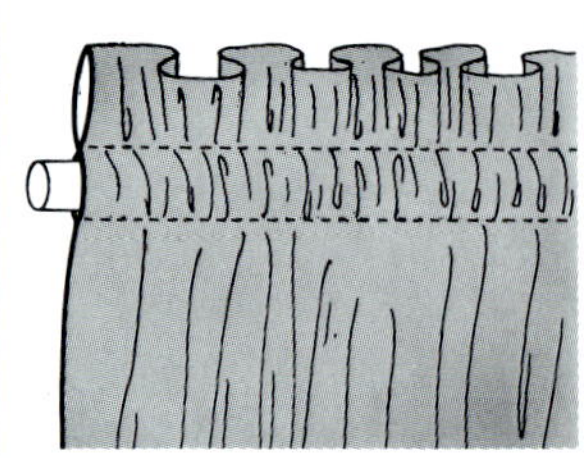

NÄHTE 200

OBEN *Passen Sie den Stoff der Stimmung der Umgebung an. Romantische Spitze sähe auf schlichtem Kiefernholz gut aus.*

STELLWAND AUS STOFF

Stellwände aus Stoff können leicht neu bezogen werden. Entfernen Sie Bespannung, Scharniere und Nägel und schmirgeln Sie den Holzrahmen ab. Bespannen Sie jedes Stück einzeln mit Stoff und verbinden Sie das Ganze wieder mit Scharnieren, von denen zwei einen Abstand von 10 cm zum oberen und unteren Rand haben und das dritte dazwischenliegen sollte. Der Stoff kann mit Ziernägeln am Rahmen befestigt oder angeheftet sein. Verdecken Sie die Stifte mit Borte oder bemalten Holzknöpfen.

Zuschneiden

Für die Vorderseite den Stoff mit der verkehrten Seite nach oben legen. Einen Holzrahmen mit den Seitenrändern parallel zur Webkante auf den Stoff legen. Gemusterten Stoff auf die Mitte zentrieren. Die Umrisse des Rahmens auf dem Stoff markieren. Rahmen entfernen und die Form rundherum mit einer Zugabe von 1,5 cm ausschneiden **(1)**. Mit diesem Stück Stoff als Vorlage die restlichen Vorderseiten zuschneiden.

Für die Rückseiten ein Vorderteil als Muster nehmen und dabei ringsherum die Breite des Rahmens zugeben.

Bespannen

Den ersten Rückenteil auf die Mitte ausgerichtet an den ersten Holzrahmen anlegen. Stoff in den unteren Ecken übereinanderfalten und anheften **(2)**.

An den Seitenrändern Stoff um den Rahmen herum bis auf die Vorderseite einschlagen und anheften. Dabei ständig kontrollieren, ob der Stoff gerade und straff gespannt ist. Dazu kann man ihn provisorisch auf den Seitenkanten des Rahmens fixieren.

Den Stoff am geschwungenen Kopfteil entlang fälteln, wo es notwendig ist. Darauf achten, daß die Falten in regelmäßigen Abständen liegen, sie dann provisorisch feststecken und danach auf die Vorderseite umschlagen und anheften.

Bei allen Vorderteilen die Kanten jeweils 1,5 cm weit einschlagen und das erste auf die Mitte ausgerichtet über die Vorderseite eines Rahmens legen, so daß die Schnittkanten des Rückenteils verdeckt sind. In regelmäßigen Abständen mit Ziernägeln befestigen **(3)**.

Die Rückseite kann gegebenenfalls genauso verziert werden.

1

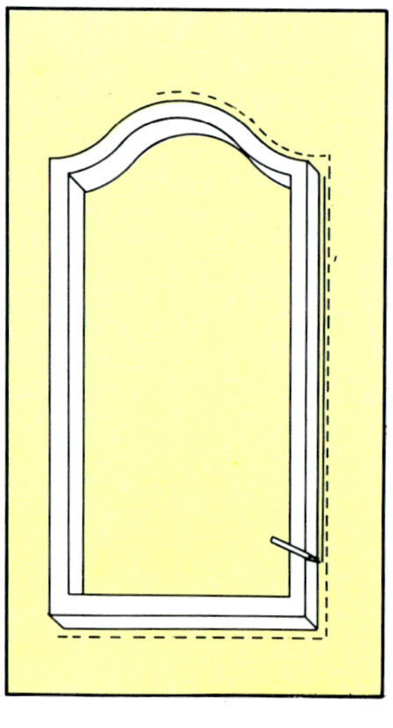

2

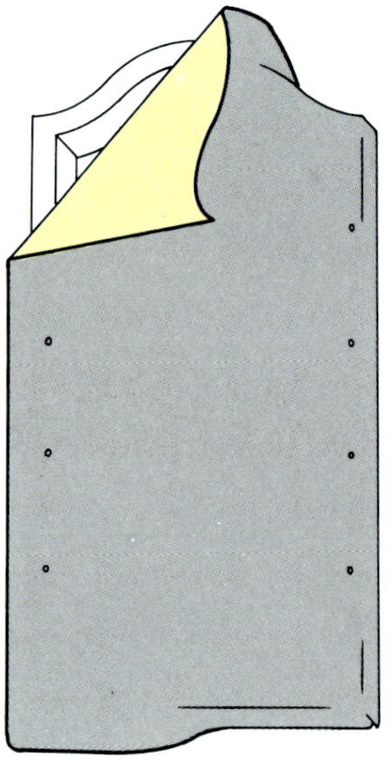

3

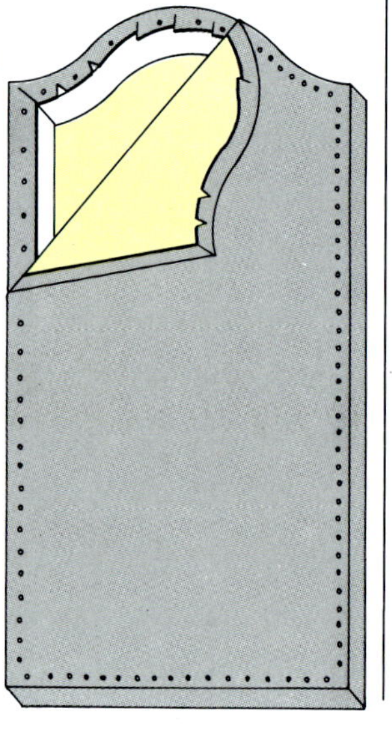

OBEN *Ein Paravent schirmt nicht nur einzelne Bereiche eines Raums ab, sondern ist auch eine brauchbare Fensterabdeckung.*

MARKISE FÜR DEN WINTERGARTEN

UNTEN *Selbst bei nur schwachem Sonnenschein kann es in einem Wintergarten drückend heiß werden. Mit dieser einfachen Dekkenverkleidung bleibt es darin kühl und schattig.*

Halten Sie grelles Sonnenlicht mit Hilfe von Stoffschleiern ab, die Sie über die Scheiben eines Wintergartens spannen. Gehalten werden sie von Zugschnüren, die durch seitliche Futterale geführt werden. Die Abdeckung bleibt zwar normalerweise geschlossen, kann aber auch per Hand zurückgeschoben werden.

Ausführung

Für jede Scheibe wird eine Verkleidung angefertigt. Cremefarben oder Weiß sind die besten Farben für einen Stoff, der ständig der sengenden Sonne ausgesetzt ist. Jedes Stück Stoff auf die richtige Länge und Breite zuschneiden und dabei auf allen Seiten jeweils 5 cm für Säume bzw. Futterale zugeben.

An beiden Enden einen doppelten Saum von je 2,5 cm Breite einschlagen; abstecken, heften und nähen. An beiden Seiten einen doppelten Saum als Futteral von je 2,5 cm Breite einschlagen; abstecken, heften und nähen.

Dünne Schnüre durch beide Futterale ziehen und die Enden an Ösen befestigen, die in den Holzrahmen geschraubt sind **(1)**.

1

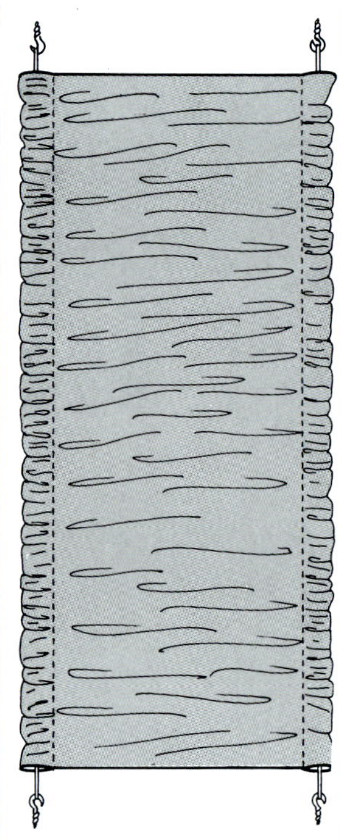

AUSSENMARKISE

Ausführung

Die Breite der Fläche ausmessen, die von der Markise abgedeckt werden soll, für die Säume 8 cm zugeben. Danach die Tiefe des Überhangs bestimmen, den Umfang eines Holzstabes hinzurechnen und 2 cm für die eingeschlagenen Kanten auf beiden Seiten zugeben. Nach diesen Maßen ein Stück Stoff zuschneiden oder zusammensetzen.

An jeder Seite einen doppelten Saum von 2 cm Breite einschlagen; abstecken, heftenten und nähen.

Für die Futterale an den oberen und unteren Kanten der Markise jede Kante in der erforderlichen Breite umschlagen und dann noch einmal 1 cm breit einschlagen. Dicht an der Umbruchkante entlang das Futteral abstecken, heften und nähen.

Holz- oder Bambusstäbe durch die Futterale ziehen **(1)**. Stäbe oben und unten wie abgebildet an Stützstreben befestigen. Für beide Seiten Markisen nach demselben Schema anfertigen. Ebenso aufhängen, aber den unteren Stab nicht abstützen.

1

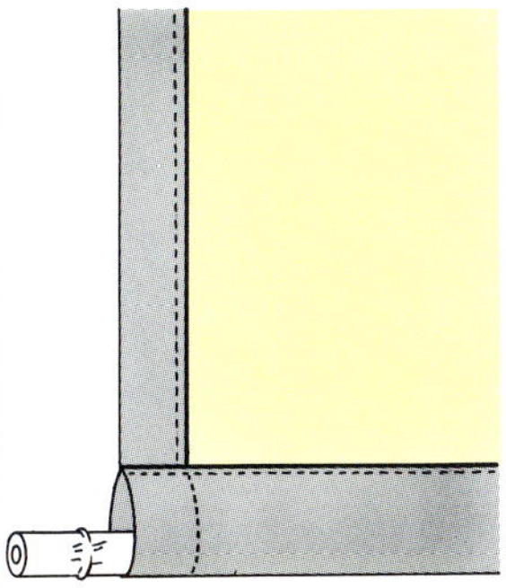

Ähnlich wie eine Schaufenstermarkise besteht diese vereinfachte Version aus Stoffstreifen, die durch Holz- oder Bambusstäbe gestrafft werden. Diese laufen jeweils oben und unten durch eingeschlagene Kanten. Die Breite der Markise kann der Stoffbreite entsprechen, um jedes häßliche Anstückeln zu vermeiden.

UNTEN *Diese Markise kann man sowohl für Fenster benutzen, um das grelle Licht abzuhalten, als auch für einen schattigen Platz auf der Terrasse.*

ZELTRAUM

Verdecken Sie rissig gewordene Wände und Dekken, und verwandeln Sie einen uncharakteristischen, schlecht proportionierten Raum in ein buntes, exotisches Zelt. Bespannen Sie erst die Decke und dann die Wände, wobei Sie die Heftzwecken durch eine mit Stoff überzogene Leiste abdecken. Wenn Sie gestreiften Stoff verwenden, so achten Sie beim Zuschneiden darauf, daß die Streifen in die gleiche Richtung laufen, wenn die Stücke zusammengesetzt werden. Der Stoff wird an 2 mal 2 cm starken, ringsum laufenden Leisten befestigt.

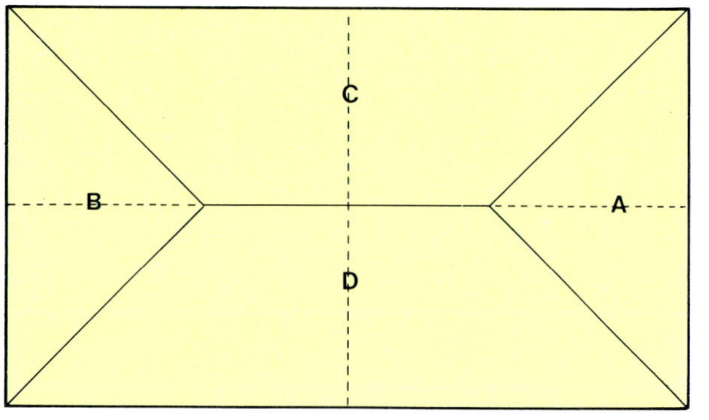

Deckenverkleidung

Zunächst rundherum mit einem Strich die Höhe markieren, in der die Stoffdecke hängen soll.

Leisten zuschneiden und sie ringsum in dieser Höhe jeweils etwa alle 20 cm an der Wand festschrauben **(1)**. Den Mittelpunkt der Decke

1

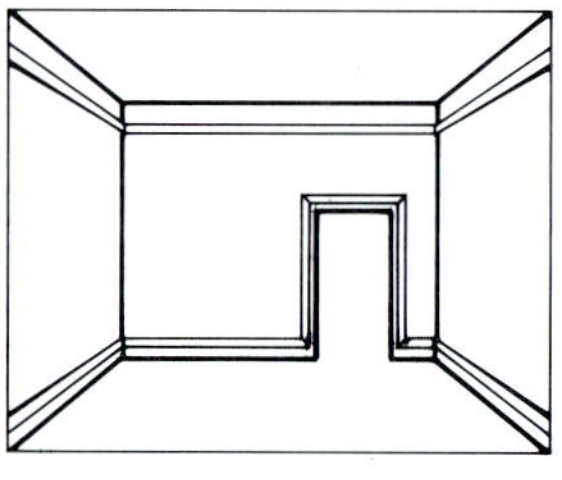

markieren, dann durch diesen Punkt der Länge nach eine parallel zu den Wänden verlaufende Linie ziehen. Darauf in einem Abstand von etwa 60 cm vom Mittelpunkt zwei weitere Punkte markieren – das genaue Maß hängt von der Länge des Raums ab.

Von hier aus den Abstand zur Zimmerecke ausmessen, aus dem sich die Länge der Schrägseiten von Teil A ergibt. Die gerade Seite entspricht dann dem Abstand von Ecke zu Ecke. Nach diesen Maßen ein Schnittmuster aus Papier anfertigen. Das Ganze für Teil B wiederholen; danach Schnittmuster für die vierseitigen Teile C und D zuschneiden und darauf achten, daß die Teile zusammenpassen.

Alle Teile mit einer Nahtzugabe von 1,5 cm an den Schrägseiten und den kurzen Seiten von C und D und einer Zugabe von 2 cm an den Außenseiten zuschneiden. Um die nötige Größe zu erreichen, Teile gegebenenfalls aus mehreren Stücken zusammensetzen; Nähte dabei gleichmäßig verteilen.

Mit genau übereinanderliegenden Schnittkanten die beiden vierseitigen Teile an den Innenkanten von links zusammenstecken, -heften und -nähen. Aus zwei 12 cm langen Bändern Schlaufen formen und links auf jeder Seite der Innenkante entsprechend der vorgegebenen Naht festnähen **(2)**. Die

2

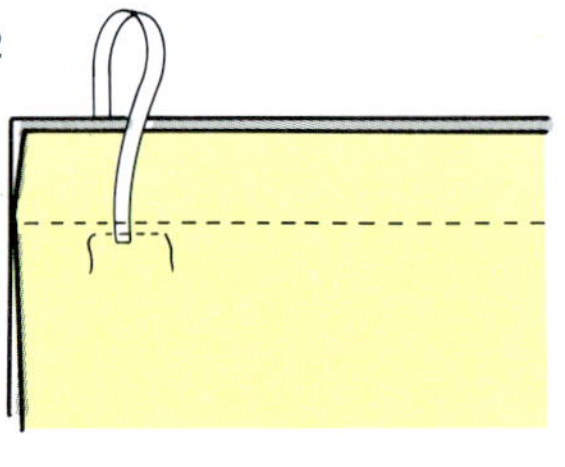

drei- und vierseitigen Teile zu einem großen Rechteck zusammenstecken, -heften und -nähen.

Zwei Haken für die Schlaufen in die Decke schrauben. Die Stoffdecke daran aufhängen.

Jeweils von der Mitte aus den Stoff an jeder Wand an die Leiste heften; dabei straff spannen und Nähte auf die Ecken ausrichten.

Wandverkleidung

In den Ecken von oben nach unten Leisten anbringen, ebenso über den Fußleisten und um Türen und Fenster herum, und zwar mit einem Abstand von jeweils 3 mm.

Als nächstes der Reihe nach Höhe und Breite jeder Wand ausmessen. Die für jede Wand benötigte Anzahl von Stoffbahnen mit einer Zugabe von je 1,5 cm für die Nähte und 2 cm für alle Außenkanten zuschneiden. Stoffbahnen mit flachen Nähten miteinander verbinden.

Obere Kante jedes Stoffteils an die Kopfleiste heften. An Fenstern und Türen die Stoffkante einfach in den Zwischenraum zwischen Leiste und Fenster oder Tür schieben. Untere Kante des Stoffes zwischen Leiste und Fußleiste schieben **(3)**.

Leistenabdeckung

Für jede Wand einen Stoffstreifen zuschneiden, der 53 cm breit und so lang wie die Wand ist. Den Streifen mit der rechten Seite nach innen längsseits auf halbe Breite falten. Mit 1,5 cm

3

Nahtzugabe zu einem langen Schlauch zusammenstekken, -heften und -nähen. Versäubern und umwenden. Den Schlauch mit der Naht auf der Rückseite glattbügeln.

2,5 cm dicken Schaumstoff auf Länge und Breite des Schlauches zuschneiden und ihn dann hineinschieben. In der Mitte der Leiste fixieren und mit der Hand an Wänden und Decke festnähen. Schnittkanten des Stoffes in den Zimmerecken einschlagen und mit Schlupfstich vernähen. Schaumstoff dabei so zurechtschneiden, daß die Stoffkanten zusammenstoßen.

4

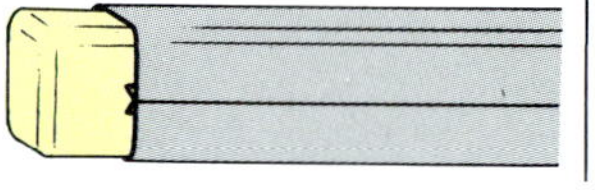

OBEN *Kreieren Sie selbst einen Raum im Raum aus Stoff. Überlegen Sie sich ein Thema und dazu das Material, das es am besten unterstützt.*

Fenster

Fenster sind die Augen eines Hauses und rahmen Ihren Anblick auf die Welt ein. Gleichzeitig lassen sie andere hineinsehen. Sie können architektonische Gebilde sein, die selbst schon sehenswert sind, oder einfach funktionale Notwendigkeiten. Sie müssen beweglich sein – sich öffnen und schließen lassen, Tageslicht oder Zugluft abhalten und gut aussehen. Diese Mischung aus Praxis und Schönheit bestimmt, wie Sie Ihre Fenster dekorieren – ob Sie wollen, daß das Tageslicht ausgesperrt, gefiltert oder maximiert wird; ob Sie sie dominieren oder zurücktreten lassen wollen.

Brauchen Sie aber überhaupt Stoff, wenn die Aussicht schön ist und man von außen nicht hineinsehen kann? Tun Sie so, als wäre das Fenster ein Bild, und lassen Sie es unverhüllt. Müssen Sie aber dem Rahmen etwas von seiner Härte nehmen, so richten Sie sich nach der Landschaft. Folgen Sie etwa dem Blick auf einen See, dessen Farbe ständig zwischen Blau, Grau und Grün wechselt. Die Fenster werden mit schimmerndem blaugrünem Stoff behängt, und der restliche Raum nimmt diese Farben ebenfalls auf, so daß man fast das Gefühl hat, er sei ein Teil der Außenwelt.

Tag und Nacht machen jedes Fenster zu einem Schauplatz der Verwandlung. Aus dem bezauberndsten Ausblick bei Tag wird nachts ein schwarzes Loch. Selbst wenn niemand hineinsehen kann, wollen Sie die kahle Schwärze der Scheiben vielleicht mit einem Gazeschleier mildern oder mit einem Stück Spitze, durch dessen Muster der Kontrast erst richtig wirkt.

Wenn Sie einerseits Abgeschiedenheit wünschen, andererseits das vorhandene Licht aber so gut wie möglich ausnutzen wollen, so sind die konventionellen, auf Halbmast hängenden Netzgar-

RECHTS *Das Licht läßt die Konturen dieser Stoffe dramatisch hervortreten, betont ihr Gewebe und bringt die Farben zum Leuchten. Wenn Fenster nicht vollständig verhängt werden müssen, so experimentieren Sie mit Kleidungen in ungewöhnlichen Formen.*

Ein chinesischer Papierdrachen, preiswert und witzig, dient als improvisierte Jalousie.

dinen die phantasieloseste Lösung. Ziehen Sie stattdessen eine durchscheinende Blende aus Papier in Betracht, die halb übers Fenster reicht, und ein hochgezogenes Rouleau – oder geben Sie den Vorübergehenden etwas zum Angucken, wie zum Beispiel einen chinesischen Papierdrachen in Form eines Fisches. Maximieren Sie das Licht im Raum, indem Sie in der Fensternische Spiegel anbringen.

Vielleicht brauchen Sie aber auch vollständige Verdunkelung, um schlafen zu können, was eher mit einem besonders dicht gewebten Stoff als mit einer bestimmten Farbe zu erreichen ist. Füttern Sie die Vorhänge oder denken Sie sich eine Kombination aus Jalousien und Gardinen aus, die die Farbzusammenstellung des Raums selbst nicht beeinträchtigt oder dunkler macht. Vielleicht müssen empfindliche Möbelstücke vor dem Ausbleichen geschützt werden: Gazevorhänge genügen zwar als Schutz gegen die grelle Sonne, aber man kann auch aus der Not eine Tugend machen, indem man das Fenster kunstvoll und kreativ in mehreren Lagen dekoriert. Es gibt nicht nur eine Riesenauswahl an Stoffen, sondern man kann sie auch nach Textur und Muster schichtweise miteinander kombinieren – Jalousien mit Gardinen, drapierte Vorhänge mit Rouleaus und mehrere Vorhänge, die unterschiedlich schwer sind.

RECHTS *Ein einfaches Fenster wird durch einen durchsichtigen Vorhang vervollständigt, der nicht mit dem Ausblick konkurriert. Das Schablonenmuster klingt an die Belaubung draußen an und rahmt den Vorhang ein.*

RECHTS *Der Wunsch nach Abgeschiedenheit und Schutz vor der Sonne ist Grund genug, dieses herrliche Fenster zu verkleiden. Seine Konturen werden von dem gazeartigen Stoff nicht verborgen und der Faltenwurf lenkt den Blick auf die Rundung.*

Die persönliche Note kann aus den unscheinbar-

sten Vorhängen etwas Besonderes machen. Man muß sich auch nicht auf ausgesprochene Gardinenstoffe beschränken. Eine Taftbahn, die tagsüber seitlich in einem Knoten geschürzt wird, sieht kostbar aus und hat Stil. Weich fließende Saris sind anmutig. Filz läßt sich gut drapieren, wirkt warm, ist in leuchtenden Farben erhältlich und muß nicht gesäumt werden. Die simpelsten Vorhänge wickelt man einfach ungesäumt und ungefüttert locker um die Gardinenstange. Zur Sicherheit kann man sie hinten mit ein paar Stichen zusammenhalten. Aus Laken, Umhängetüchern und Tischdecken lassen sich im Nu Vorhänge machen. Tagsüber kann man sie an der Gardinenstange zur Seite schieben oder über Eck hochnehmen. Das zweiteinfachste sind ungefütterte Vorhänge mit einem Minimum an Näharbeit für die Aufhängung. Es gibt keinen Grund, warum die einzelnen Stoffbahnen zusammengenäht werden sollten, da ungefütterte Vorhänge nicht in erster Linie dazu da sind, Zugluft oder Kälte abzuhalten. Lassen Sie sie, wie sie sind, oder schneiden Sie an den Seiten Löcher hinein und binden Sie sie mit Schleifen zusammen.

Sparen Sie bei klassischen gerafften Vorhängen jedoch nie an der Breite, sonst sehen sie armselig aus, mag das Material auch noch so gut sein. Nehmen Sie für den Futterstoff eine kräftige Farbe, die bei cremefarbenen oder weißen Gardinen durchschimmert, oder wählen Sie ein kleingestreiftes oder gesprenkeltes Muster, das mit dem Vorhangstoff harmoniert – und schlagen Sie die Vorhänge dann zurück, um die »verkehrte« Seite zu präsentieren. (Verwenden Sie jedoch keinen kostbaren Stoff zum Füttern, denn er wird durch das Sonnenlicht schnell verschlissen.) Auch der obere und untere Rand von Gardinen bietet sich zur Verzierung an. Unten kann der Vorhang einfach in drapierten Falten auf den Fußboden fallen oder eingefaßt, gerüscht oder ausgebogt sein. Oben werden Gardinen zwar häufig gerafft, aber warum soll man sie nicht auch einmal in ihrer ganzen Länge von einer Spezialfirma in Ziehharmonikafalten legen lassen? Man braucht dafür etwa die dreifache Breite des Stoffes. Musselin wäre hier schon sehr eindrucksvoll; Taft oder geflammte Seide hätte die verführerische Wirkung eines Ballkleides.

LINKS *Grauer Flanell und glänzender rotbrauner Anstrich ergeben eine raffinierte Farbmischung und haben eine interessante Textur. Der weiche Faltenwurf der Gardinen ist ein guter Kontrast zu den strengen Linien der Möbel.*

Kopfteil und unterer Rand haben eine Langetten-Kante – mit der Maschine oder mit der Hand anzufertigen.

Den maximalen Effekt erzielen Sie mit Vorhängen in mehreren Lagen. Beginnen Sie mit einer üppigen, bauschigen Schicht Tüll oder Gaze. Nehmen Sie dazu dann Seide oder leichte Baumwolle, einfarbig oder kleingemustert; als Abschluß wählen Sie einen schwereren, einfarbigen oder großgemusterten Stoff. Ziehen Sie die einzelnen Vorhänge in versetzten Abständen zur Seite. Die ersten beiden Lagen könnten zusammen an einer zweiläufigen Schiene hängen, der schwerere Stoff über eine Gardinenstange drapiert sein und seitlich in Schleppen herabfallen. Preiswerter und zurückhaltender in der Wirkung ist es, ein Rouleau mit einem einzelnen Gardinenschal zu kombinieren, der um eine Stange gewickelt ist und an einer Seite des Fensters auf den Boden herabhängt.

Für Jalousien braucht man nicht nur weniger Stoff als für Vorhänge, sondern sie sind auch sehr

RECHTS *Ein Blumenmuster wird auf zwei unterschiedlich geformten Querbehängen bestens zur Geltung gebracht.*

RECHTS *Querbehänge sehen auch ohne Gardinen gut aus, oder sie können mit einem Rollo kombiniert werden. Behandeln Sie das Fenster wie ein Bild, dem man einen Rahmen geben oder das man wie eine leere Leinwand ausfüllen kann.*

OBEN *Ein Raum, der kahl aussehen könnte, wirkt durch die Verkleidung der Fenster, die ein sanftes, diffuses Licht erzeugt, warm.*

vielseitig zu verwenden und passen sowohl zu modernen als auch zu herkömmlichen Einrichtungen. Das angemessenste Material ist ein festes, dichtes Gewebe, aber mit Stärke eingesprüht. Dadurch bekommen auch zarte Stoffe das nötige Volumen – sogar Spitze. Rouleaus sind der perfekte Untergrund für Malversuche, auch die untere Kante läßt sich dekorativ gestalten.

Faltjalousien sehen am besten in kräftigen Farben oder klaren Mustern aus. Sie wirken eleganter als Rouleaus, und sie halten die Zugluft besser ab, da sie aus viel dickerem Stoff angefertigt und auch gefüttert werden können. Man kann den Futterstoff auch wie eine Einfassung über die Kanten hinausstehen lassen.

Gekrauste Jalousien sind ursprünglich für hohe Fenster gedacht; bei kleinen können sie albern aussehen. Stellen Sie sie zur Abwechslung aus einfarbigem oder glatt blauweiß gestreiftem Stoff her. Wenn keine Rüsche aufgesetzt wird, sehen sie in herabgelassenem Zustand wie Vorhänge aus. Eine Kräuseljalousie macht sich auch gut als Querbehang über einem schlichten Rouleau und formt – wenn sie nur eine Schnur in der Mitte hat – beim Hochziehen auf beiden Seiten eine Schleppe.

Den letzten Schliff verleihen Querbehänge, Volants und Krausbänder – und das Zubehör wie Gardinenstange, Ringe und Zugschnüre. Da diese Elemente die klaren Linien der Architektur nachzeichnen oder eine weiche Umrahmung aus Falten

OBEN *Raffjalousien und Rollos lassen sich gut kombinieren. Man kann sie getrennt oder zusammen benutzen.*

bilden können, sollten sie von Anfang an als Teil eines einheitlichen Designs eingeplant werden. Wie aufwendig oder minimal Ihre Fensterdekoration auch sein mag, so bleibt doch eine Regel zu beachten: halten Sie das Glas sauber!

LINKS *Vorhänge kann man behandeln wie Kleiderstoff. Dieser Stoff wurde in Ziehharmonikafalten gelegt, mit einer dicken Schleife in der Mitte des Fensters anstatt an der Seite zusammengefaßt.*

LINKS *und* UNTEN *Alles, was lang genug ist, kann als Krausband benutzt werden – von Blumengirlanden bis zu Ketten, Perlenschnüren und aufgereihten Muscheln.*

MASSNEHMEN – VORHÄNGE

Vor dem Ausmessen sollten Schiene oder Gardinenstange schon angebracht sein (s. OBERKANTEN, SCHIENEN UND GARDINENSTANGEN). Ein aufrollbares Bandmaß aus Metall mißt genauer als eins aus Stoff und läßt sich leichter handhaben.

Länge berechnen
Im allgemeinen sehen Vorhänge am besten aus, wenn sie bis zum Boden oder Fensterbrett reichen. Aber in Relation zum Fenster eignet sich auch eine beliebige Zwischenlänge. Man kann die Vorhänge auch in drapierten Falten auf den Fußboden schleifen lassen.

Legen Sie die Länge fest und messen Sie sie von der Oberkante der Schiene oder direkt von unterhalb der Gardinenstange aus wie abgebildet. Zugaben für Saum und Oberkante (s. OBERKANTEN) hinzurechnen. Für Vorhänge bis zum Boden oder Fensterbrett 1 cm abziehen, damit sie jeweils einen knappen Abstand halten.

Breite berechnen
Die Anzahl der benötigten Stoffbahnen hängt von der Länge der Schiene oder Gardinenstange ab und der Art des oberen Abschlusses, den Sie für Ihren Vorhang wählen. Manche Oberkanten erfordern mehr Stoff als andere. Viele Oberkanten im nächsten Kapitel sind selbstgemacht, die Menge des erforderlichen Stoffes ist in den Instruktionen angegeben; andere entstehen, indem man fertiggekauftes Gardinenband verwendet; die Mengen dafür sind in OBERKANTEN, SCHIENEN UND GARDINENSTANGEN angegeben.

Um die Gesamtzahl der benötigten Stoffbahnen auszurechnen, müssen Sie die Länge von Schiene oder Gardinenstange wissen. Teilen Sie diese Zahl durch die Breite einer Stoffbahn und runden Sie auf. Für zweigeteilte Vorhänge muß diese Zahl halbiert werden. Etwaige halbe Bahnen an den äußeren Rändern des Vorhangs anbringen.

OBERKANTEN, SCHIENEN UND GARDINENSTANGEN **206**

OBERKANTEN, SCHIENEN UND GARDINENSTANGEN **206**

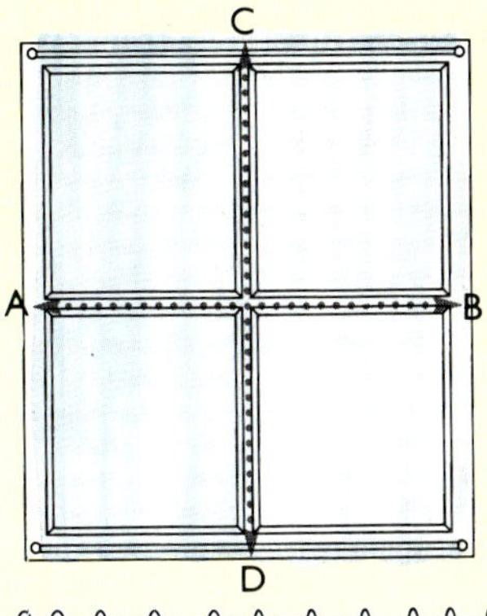

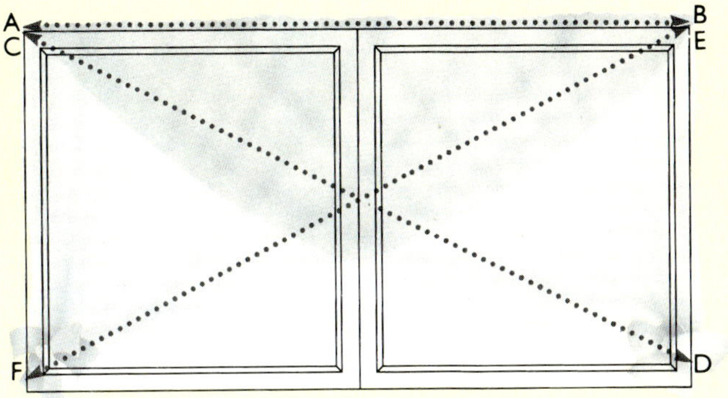

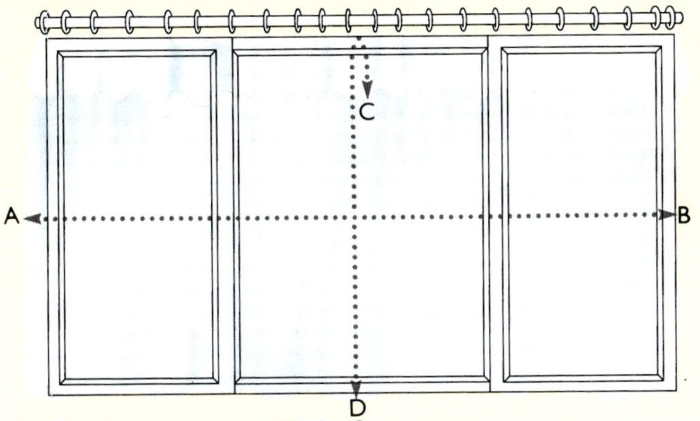

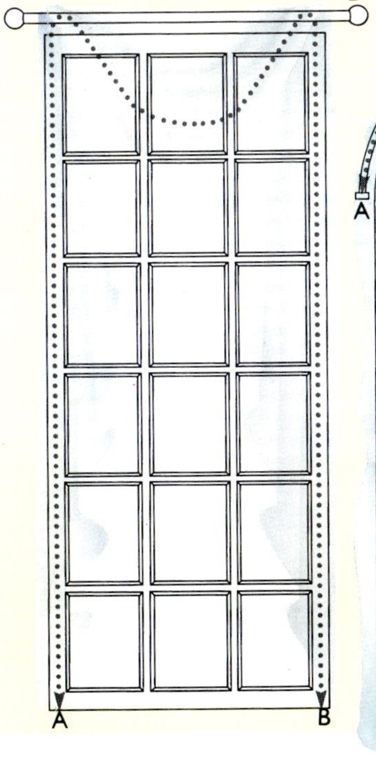

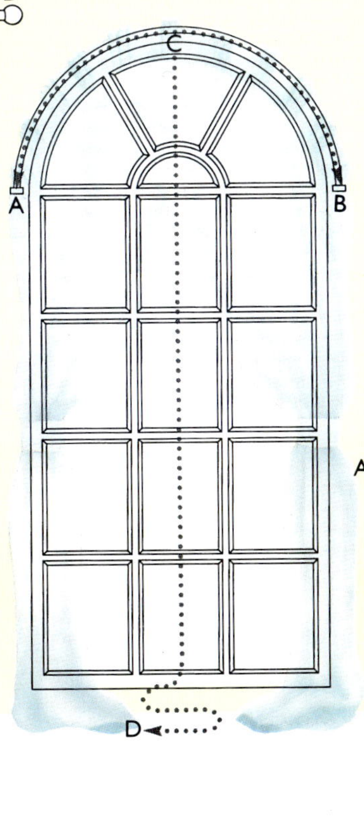

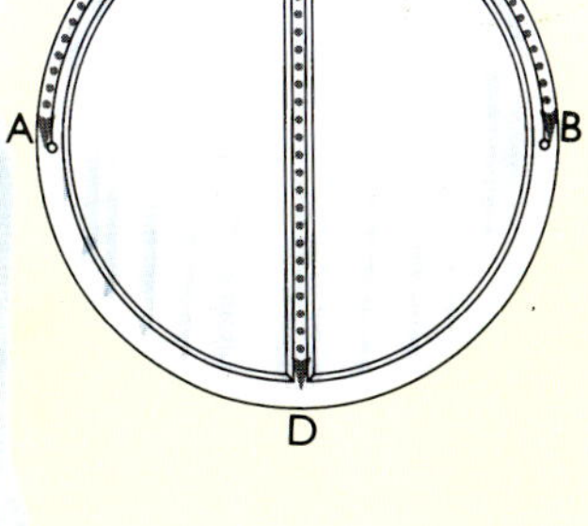

Stoffmenge berechnen
Länge des Vorhangs mit der Anzahl Stoffbahnen multiplizieren, die zur Verkleidung des Fensters notwendig sind. Bei einem großgemusterten Stoff eine ausreichende Menge für das Angleichen des Musters zugeben (s. GEMUSTERTE STOFFE).

An Futterstoff (s. EINLAGEN UND FUTTERSTOFFE) wird ebenso viel benötigt wie an Vorhangstoff. Die eventuellen Zugaben für die Angleichung des Musters fallen hier natürlich weg.

Zuschneiden
Legen Sie den Stoff glatt hin und vergewissern Sie sich, daß Muster oder Flor in der richtigen Richtung liegen.

Rand begradigen (s. VORBEREITUNGEN ZUM NÄHEN) und die erste Bahn ausmessen. Quer über den Stoff mit Bleistift oder Schneiderkreide einen geraden Strich ziehen; dazu ein rechtwinkliges Objekt, wie etwa ein Buch, an die Webkante legen. An dieser Linie entlang abschneiden. Die weiteren Stoffbahnen ebenso zuschneiden. Siehe GEMUSTERTE STOFFE, wenn der Vorhang große aufgedruckte oder eingewebte Muster hat.

Vorhangbahnen halbiert man, indem man die Stoffbahn auf halbe Breite faltet, Webkante auf Webkante absteckt und den Stoff im Umbruch mit einer scharfen Schere durchschneidet.

Um den fest gewebten Rand etwas zu lockern, Webkanten vor dem Säumen oder Nähen knapp einschneiden.

GEMUSTERTE STOFFE **217**
EINLAGEN UND FUTTERSTOFFE **196**
VORBEREITUNGEN ZUM NÄHEN **217**
GEMUSTERTE STOFFE **217**

DURCHSICHTIGE GARDINEN

Diese Gardinen mit drapiertem Mittelteil sind aus einem Stück. Die Vorhänge selbst sind oben an das Mittelstück angenäht. Mit Futteralen, die um die Gardinenstange herumführen, werden sie am Herunterrutschen gehindert. Die Vorhänge sollten bis auf den Boden reichen oder etwas länger sein.

Anfertigung der Gardinen

Für die Gardinen maßnehmen (s. MASSNEHMEN), dabei 8 cm Saum- und Nahtzugabe plus den Umfang der Gardinenstange in der Länge hinzurechnen.

Zum Maßnehmen für den drapierten Mittelteil eine Schnur an einem Ende der Gardinenstange festbinden, sie so weit wie gewünscht herunterhängen lassen und am anderen Ende der Stange wieder befestigen. Diese Strecke entspricht dann der langen Vorderkante des Mittelteils. Die kurze hintere Kante sollte so lang sein wie der Abstand zwischen den beiden Vorhängen plus 46 cm. Die Seitenkanten müssen in ihrer Länge der vollen Gardinenbreite entsprechen.

Aus dem Stoff zwei Vorhänge in der gewünschten Breite anfertigen; einzelne Bahnen dabei mit Kappnähten zusammensetzen. Doppelte Säume von 2 cm Breite an den Seiten und 3 cm an der unteren Kante einschlagen, die Ecken dabei auf Stoß falten (s. ECKEN AUF STOSS FALTEN). Alle Säume abstecken, heften, nähen.

Für den drapierten Mittelteil mit einer doppelten Saumzugabe von je 1 cm für vordere und hintere Kante und einer Nahtzugabe von 1,5 cm für jede Seite ein Schnittmuster aus Papier anfertigen.

Mittelteil zuschneiden. Vordere und hintere Kante zu einem doppelten Saum von 1 cm Breite einschlagen und abstecken, heften und nähen. Beide Vorhänge an der oberen Kante von rechts **(1)** an die Seitenkanten des links liegenden Mittelteils stecken, heften und nähen. Von dieser Naht aus jede Gardine so falten, daß ein Futteral vom Umfang der Gardinenstange plus 2 cm entsteht. Abstecken, heften und nähen.

Gardinenstange durch beide Futterale ziehen **(2)** und dann den drapierten Mittelteil über die Stange nach vorn legen **(3)**.

1

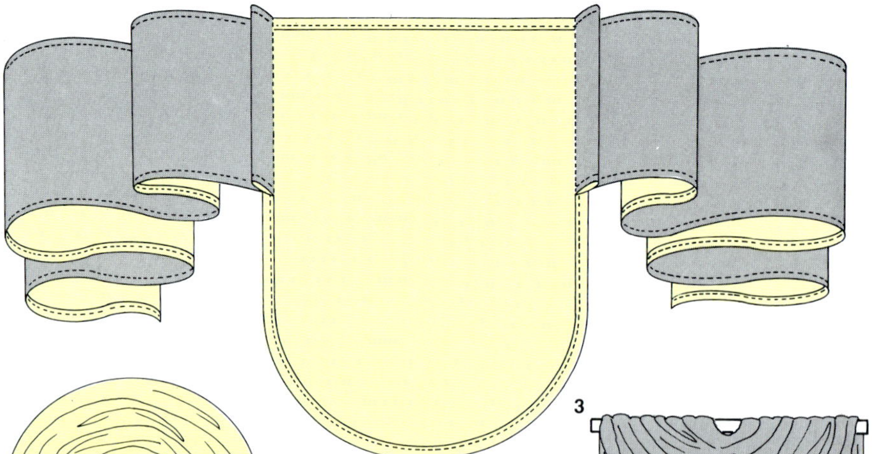

2

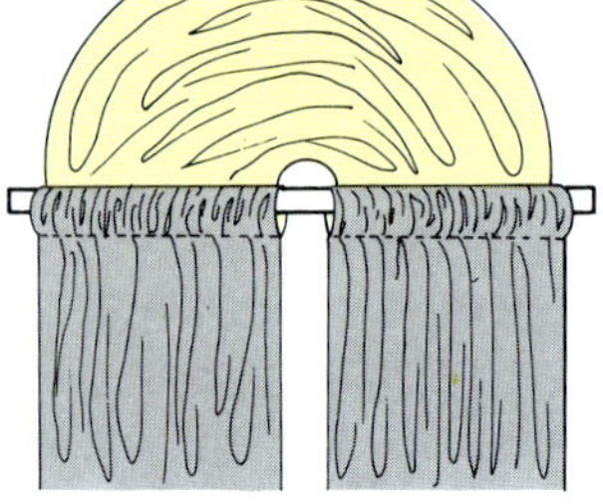

3

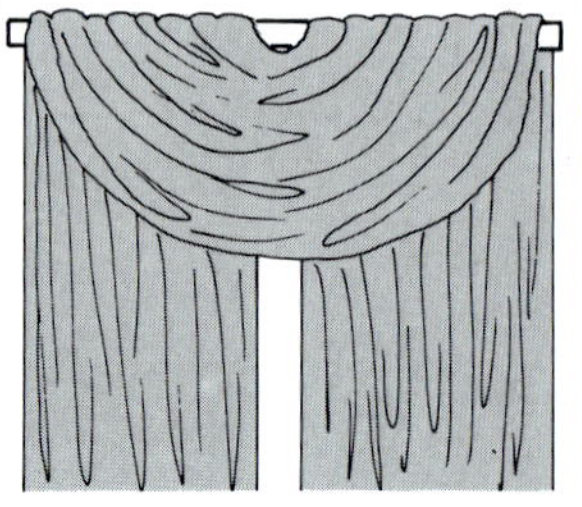

MASSNEHMEN 76

NÄHTE 200

ECKEN AUF STOSS FALTEN 201

OBEN *Bei richtiger Verarbeitung sind durchsichtige Vorhänge nicht nur funktional, sondern können bezaubernd und elegant aussehen.*

UMWICKELN DER GARDINENSTANGE

Wenn es nicht nötig ist, das Fenster mit Gardinen zu verhängen, so umreißen Sie es stattdessen mit einem Rahmen aus Stoff. Dazu brauchen Sie nur eine Hülle für die Gardinenstange und eine einzige Stoffbahn. Nachdem Sie die Gardinenstange und die Knäufe an beiden Enden mit Stoff bezogen haben, drapieren Sie den Pseudovorhang in schwungvollen Falten darüber. Oder schlingen Sie den Stoff einfach locker um die Gardinenstange und hängen ein Paar konventionelle Vorhänge dahinter.

Umwicklung der Gardinenstange

Über dem Fenster Träger für die Gardinenstange befestigen (s. OBERKANTEN, SCHIENEN UND GARDINENSTANGEN).

Für jeden Knauf ein kreisförmiges Stück Stoff zuschneiden, dessen Durchmesser etwas größer sein sollte als der Umfang des Knaufs. Den Stoff über den Knauf legen und ihn in gleichmäßigen Falten umwickeln. Falten abstecken, festkleben oder tackern. Eventuell müssen die Falten auch vorher mit der Hand zusammengenäht werden **(1)**.

Ein Stück Stoff zuschneiden, das so lang wie die Gardinenstange plus 4 cm und so breit wie ihr Umfang plus 4 cm ist. Gardinenstange so umwickeln, daß der Stoff überlappt. An der Längsseite je 2 cm einschlagen und mit der Hand zusammennähen. Jedes Ende 2 cm weit einschlagen

1

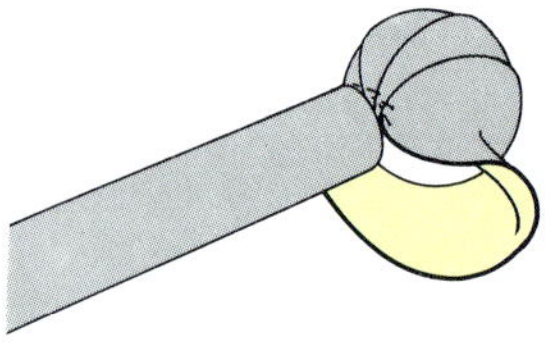

und per Hand an den gefälteten Teil nähen **(2)**.

Mit der Naht auf der Rückseite die Stange über das Fenster legen.

2

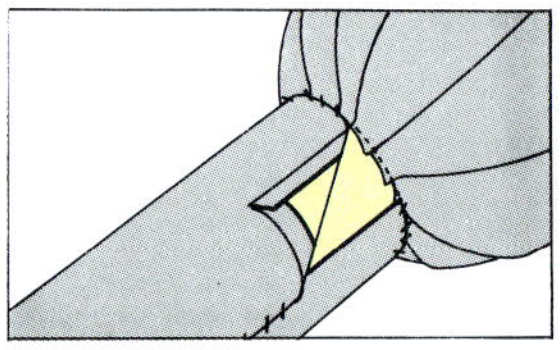

Drapierter Teil

Für den drapierten Teil mit einer Schnur maßnehmen. Die Schnur so um die Gardinenstange winden, daß sie in losen Bögen bis zum Fenster hinunterschwingt, und an beiden Seiten mit einer Extrazugabe für den Faltenwurf bis auf den Fußboden hängen lassen **(3)**.

Stoffbahn auf diese Länge zuschneiden. Für eine voluminösere Drapierung mehrere Bahnen zusammennähen. Doppelte Säume von 1 cm Breite an den Seiten und 5 cm an den Enden ein-

3

schlagen; die Ecken dabei auf Stoß falten (s. ECKEN AUF STOSS FALTEN). Alle Säume heften und nähen.

Den Vorhang an der Stelle markieren, wo er außen über die Gardinenstange drapiert wird und ihn dort mit zwei Reihen Heftstichen versehen. Stoff an dieser Stelle auf halbe Breite raffen und entsprechend befestigen.

Haftband auf die Länge der Raffung zuschneiden. Die eine Hälfte auf der Unterseite des Vorhangs über den Heftstichen feststecken, -heften und -nähen **(4)**. Die andere Hälfte auf die Gardinenstange nähen. Das

4

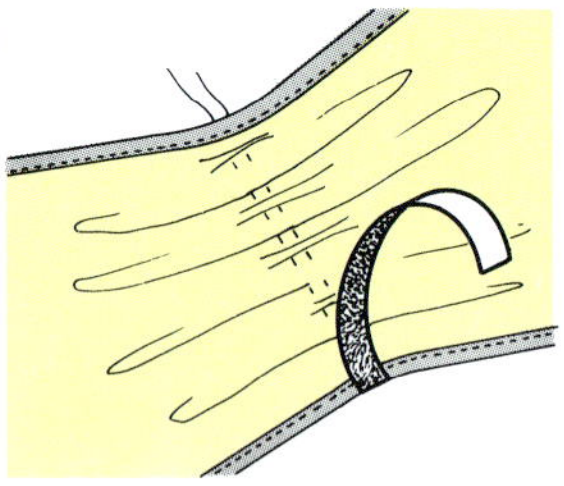

Ganze am anderen Ende der Stange wiederholen. Anschließend Vorhang dort raffen, wo er über die Mitte der Gardinenstange hängt, diesmal aber nur auf zwei Drittel der Stoffbreite. Haftband anbringen wie zuvor.

Stoff über die Gardinenstange drapieren und Haftband zusammendrücken.

OBEN *Dieser drapierte und gewickelte Vorhang, simpel, aber wirkungsvoll, widerlegt den Mythos, daß Gardinenstangen streng aussehen.*

OBERKANTEN, SCHIENEN UND GARDINENSTANGEN 206
ECKEN AUF STOSS FALTEN 201
STICHE 197
VERSCHLÜSSE 208

UNTEN *Wenn Ihnen die Gardinenstange auf Seite 80 zu pompös ist, probieren Sie diese zurückhaltendere, nicht weniger elegante Version.*

Zweite Methode

Die Gardinenstange verkleiden wie zuvor. Eine Schnur in lockeren Windungen wie abgebildet um sie herum drapieren **(1)**. Danach eine Stoffbahn zuschneiden und ringsherum einen doppelten Saum von 1 cm Breite einschlagen. Das eine Ende hinter der überzogenen Gardinenstange befestigen, den Stoff locker um sie herumschlingen und an deren Ende festmachen **(2)**.

Zwei Vorhänge nach der üblichen Methode (s. MASSNEHMEN) anfertigen und hinter der Gardinenstange an einer konventionellen Vorhangschiene aufhängen.

1

2

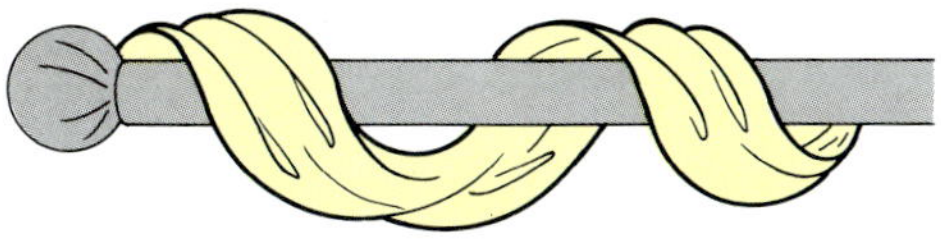

MASSNEHMEN 76

UNGEFÜTTERTE VORHÄNGE

Hoch über einem halbrunden Fenster befestigen Sie eine Gardinenstange, an der Sie dann Vorhänge mit einem lose herabfallenden Kopfteil aufhängen. Wählen Sie einen voluminösen Stoff, so daß die Falten gut fallen. Dadurch machen die Vorhänge einen Eindruck von Üppigkeit, den man sonst nur mit einem Futter erzielt.

UNTEN *Überlänge, eine Messingstange und eine voluminöse obere Kante erzeugen einen theatralischen Gesamteindruck, der darüber hinwegtäuscht, daß die Vorhänge simpel und ungefüttert sind.*

Ausführung

Mit einer Zugabe von 40 cm für das Kopfteil und 50 cm für den Faltenwurf am Boden für die Vorhänge maßnehmen (s. MASSNEHMEN). Die erforderliche Breite der Vorhänge entspricht der anderthalb- bis zweifachen Länge der Gardinenstange.

Doppelte Säume von 2 cm Breite an den Seiten und 5 cm an den unteren Kanten einschlagen; dabei die Ecken auf Stoß falten (s. ECKEN AUF STOSS FALTEN). Säume rundherum abstekken, heften und nähen.

Die Vorhänge an der Oberkante jeweils 40 cm breit nach links, die Schnittkante noch einmal 1 cm weit einschlagen und am Vorhang feststecken, -heften und -nähen.

Vorhang mit Markierungen an der oberen Saumkante in etwa 20 cm große Abschnitte einteilen. An jeder Markierung einen Gardinenring an den Vorhang nähen. Gardinenstange durch die Ringe ziehen und das Kopfteil auf die rechte Seite umschlagen **(1)**.

1

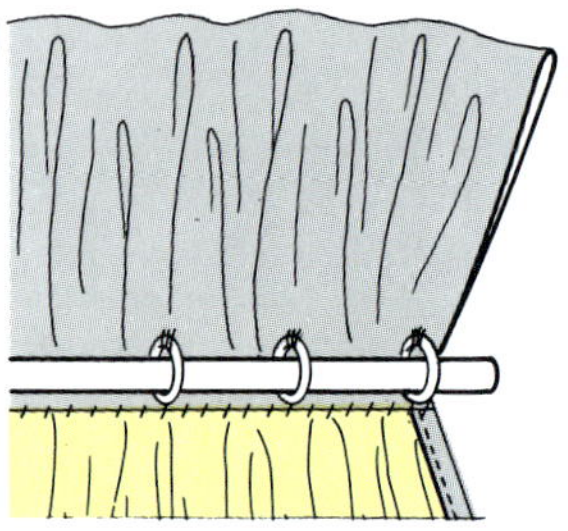

MASSNEHMEN	76
ECKEN AUF STOSS FALTEN	201

DURCHSICHTIGE VORHÄNGE

Raffiniert eingesetzt, gibt es für unaufwendige durchsichtige Vorhänge viel mehr Dekorationsmöglichkeiten, als man vermutet. Treffen Sie Ihre Wahl unter einer riesigen Vielfalt an Texturen, Mustern und Fasern in Weiß oder Naturfarben. Nähen Sie, wie abgebildet, ein einfaches Futteral als Kopfteil, durch das sie eine dünne Metallstange führen.

UNTEN *Nur wenige Textilien passen so gut in eine High-Tech-Umgebung wie die kühle Eleganz eines transparenten Stoffes.*

Ausführung

Für den Vorhang maßnehmen (s. MASSNEHMEN), wobei die Breite der doppelten Länge der Metallstange entsprechen sollte. Erforderliche Anzahl von Stoffbahnen zuschneiden und mit Kappnähten zusammensetzen.

Doppelte Säume von 1 cm Breite an den Seiten und 4 cm an der unteren Kante einschlagen und dabei die Ecken auf Stoß falten (s. ECKEN AUF STOSS FALTEN). Abstecken, heften und nähen.

An der Oberkante des Vorhangs einen 6 cm breiten doppelten Saum einschlagen und dicht an der Saumkante entlang abstecken, heften und nähen. Eine zweite Naht 2,5 cm über die erste Naht legen, so daß ein Futteral entsteht. Metallstange durch das Futteral schieben und Gardine aufhängen. Dabei rafft sich der Stoff oberhalb des Futterals zu einer Rüsche **(1)**.

1

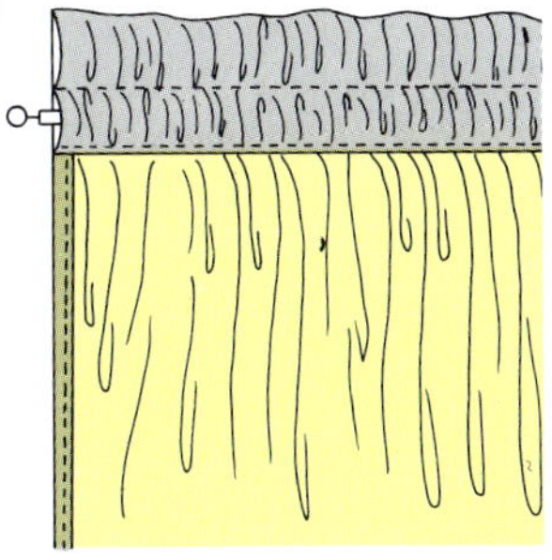

MASSNEHMEN	**76**
NÄHTE	**200**
ECKEN AUF STOSS FALTEN	**201**

GEKREUZTE GARDINEN

Zwei durchsichtige Stoffbahnen werden kreuzweise über einem Paar Untergardinen angebracht und dann über weiße Porzellanknäufe drapiert, die neben dem Fenster befestigt sind. Oben werden sie mit Bändern, die durch in den Stoff gelochte Ösen führen, an die hölzernen Gardinenringe geknotet, an denen die Untergardinen hängen.

Untergardinen

Für die Untergardinen maßnehmen (s. MASSNEHMEN), wobei die Breite der doppelten Länge der Vorhangschiene entsprechen sollte. Falls notwendig, Stoffbahnen mit Kappnähten zusammensetzen.

Doppelte Säume von 2 cm Breite an den Seiten und 5 cm an der unteren Kante einschlagen; dabei die Ecken auf Stoß falten (s. ECKEN AUF STOSS FALTEN).

An der oberen Kante einen 2 cm breiten doppelten Saum einschlagen, Ecken versäubern. Abstecken, heften und nähen.

Die Faltstellen in 26 cm großen Abständen an der oberen Kante des Stoffes entlang markieren. An jede Markierung eine 1 cm tiefe Falte legen **(1)**. Falten auf der Rückseite 10 cm nach unten abstecken, heften und zusammennähen.

Hinter jeder Falte mit der Hand einen Haken annähen und zum Aufhängen der Gardinen über die Gardinenringe haken.

1

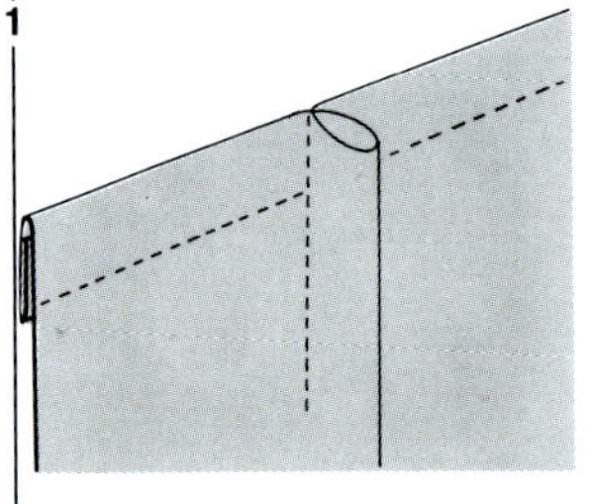

Mit Bändern geknotete Gardinen

Eine Schnur an der gewünschten Position auf der Gardinenstange festbinden, sie quer übers Fenster über einen der Knäufe bis zum Fußboden legen und zwei einzelne Stoffbahnen auf diese Länge zuschneiden. Dabei für jeden Vorhang 8 cm für Saum und Oberkante zugeben. Doppelte Säume von 1 cm Breite an den Seiten und 3 cm für die untere Kante einschlagen; dabei die Ecken auf Stoß falten wie oben beschrieben.

Die erforderliche Anzahl 30 cm langer und 1 cm breiter Bänder zum Knoten zuschneiden und sie paarweise übereinander an die obere Schnittkante legen.

2

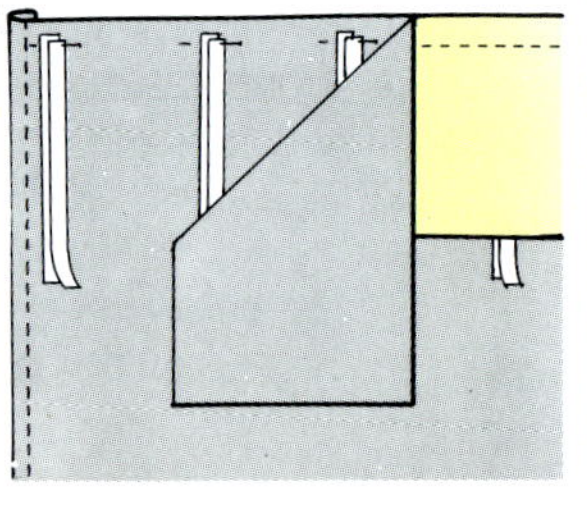

Das jeweils erste und letzte Paar sollte an den seitlichen Kanten, die dazwischen in Abständen von etwa 15 cm angeordnet sein **(2)**.

Einen 5 cm breiten Besatz anfertigen, dessen Länge der Breite des Vorhangs entspricht. Den Besatz kantengleich mit der rechten Seite auf den oberen Rand des Vorhangs über die Bänder legen. Mit 2 cm Nahtzugabe abstecken, heften und nähen. Besatz auf die linke Seite umschlagen und an Kante und Seiten 1,5 cm weit umbügeln. Abstecken, heften und nähen.

Bänder von beiden Seiten durch die Gardinenringe ziehen und zusammenknoten. Vorhänge über Kreuz legen und um die an der Wand angebrachten Türknäufe schlingen.

VORHANGIDEEN

Mit etwas Phantasie und wenig Arbeit kann man mit einem Paar durchsichtiger Vorhänge verblüffende Wirkungen erzielen. Kombinieren Sie leuchtende Farben miteinander. Wenn Sie ein Paar dreieckige Vorhänge, die sich gegenseitig verdecken, aufhängen, bekommen Sie ein ungewöhnliches diagonales Design.

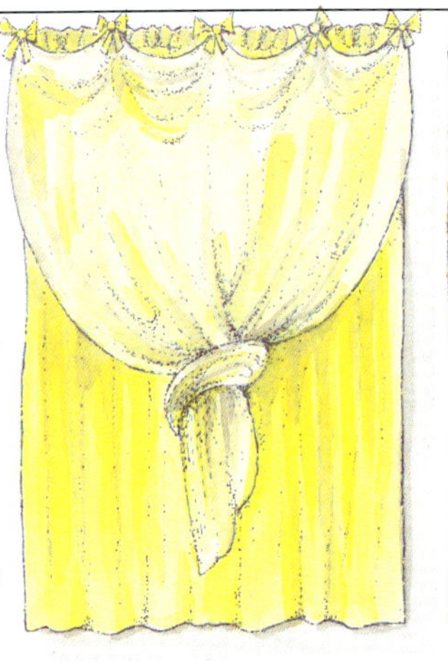

MASSNEHMEN	76
ECKEN AUF STOSS FALTEN	201
NÄHTE	200

OBEN *Der über Kreuz gelegte Teil dieser Fensterverkleidung kann jede Art von Gardinen ergänzen.*

GEFÜTTERTE VORHÄNGE

Machen Sie Vorhänge von fachmännischer Qualität, damit Sie sicher sein können, daß sie ihr phantastisches Aussehen lange behalten. Am besten erzielt man einen Eindruck von Üppigkeit, wenn man das Obermaterial und das Futter in Abständen der Länge nach zusammensteppt. Wählen Sie für das Futter einen zum Stoff passenden oder mit der Hausfassade harmonierenden Farbton.

Zusätzliches Volumen entsteht, wenn man ein Zwischenfutter einsetzt. Die Vorhänge werden dadurch extrem haltbar, die Isolierung verstärkt. Gardinenband, mit dem der Stoff oben in Kellerfalten, Quetschfalten oder Fächerfalten gelegt wird, eignet sich für schwere, gefütterte Vorhänge am besten.

Anfertigung der eigentlichen Vorhänge

Für die Vorhänge maßnehmen (s. MASSNEHMEN) und Vorhang- und Futterstoff entsprechend zuschneiden.

Die einzelnen Bahnen des Vorhangstoffes zu einfachen flachen Nähten zusammenstecken, -heften und -nähen. Säume von 6,5 cm Breite an den Seiten und 15 cm an der unteren Kante jedes Vorhangs einschlagen; die Ecken dabei auf Stoß falten (s. ECKEN AUF STOSS FALTEN). Falls Gardinengewichte notwendig sind, sollten sie an dieser Stelle eingesetzt werden (s. OBERKANTEN, SCHIENEN UND GARDINENSTANGEN). Seitliche und untere Säume mit Hexenstich befestigen.

Markierung der Steppnähte

Vorhänge mit der linken Seite nach oben flach hinlegen und den Verlauf der Steppnähte markieren. Mit Zollstock und Schneiderkreide in der Mitte des Vorhangs von oben nach unten einen Strich ziehen. Parallel dazu alle 30 cm über die ganze Vorhangbreite Markierungslinien aufzeichnen.

MASSNEHMEN	**76**
ECKEN AUF STOSS FALTEN	**201**
OBERKANTEN, SCHIENEN UND GARDINENSTANGEN	**206**
STICHE	**197**

Verarbeitung des Futters

Futter- und Vorhangstoff kantengleich links auf links legen. An der Mittellinie entlang zusammenstecken. Futter zurückschlagen und beide Stoffe mit einem farblich passenden Faden von oben bis zur Saumkante mit Steppstich zusammennähen **(1)**. Den Futterstoff wieder auflegen, nächste Markierungslinie abstecken und Stoffe wie oben zusammensteppen. Das Ganze von der Mittellinie aus auf beiden Seiten für alle aufgezeichneten Striche wiederholen.

Beide Stoffe an der Oberkante entlang zusammenheften. Futterstoff an den Seiten und unten entsprechend den Säumen des Vorhangstoffes zurechtschneiden und an den seitlichen Kanten 2 cm, an der Unterkante 5 cm breit einschlagen; die Ecken dabei sauber falten **(2)**. Futter auf die Vorhangsäume stecken und heften; mit Schlupfstich annähen.

1

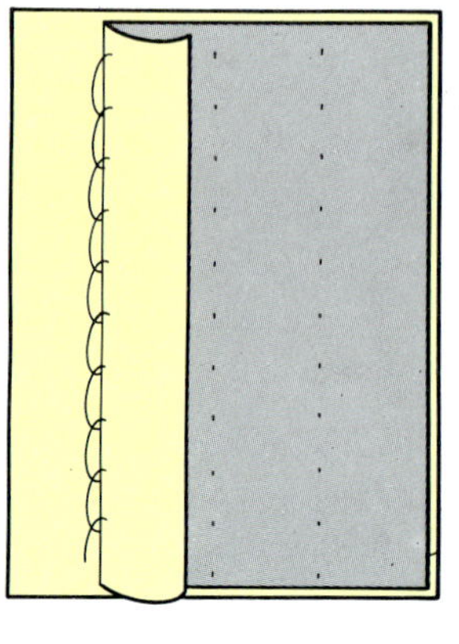

EINLAGEN UND FUTTERSTOFFE **196**

2

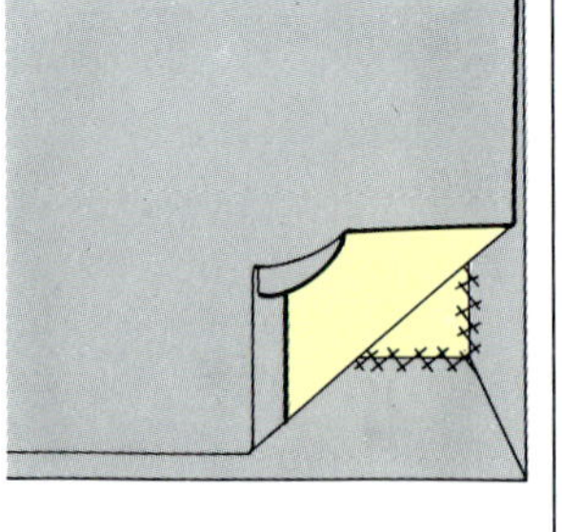

Anbringen des Gardinenbandes

An der Oberkante das gewünschte Gardinenband anbringen, wobei beide Stoffe als einer verarbeitet werden.

OBERKANTEN, SCHIENEN UND GARDINENSTANGEN **206**

OBEN *Weich drapierte, gefütterte Vorhänge überspielen harte Linien und verändern die Proportionen von Mauerbögen oder Fenstern.*

VORHÄNGE MIT SPITZENEINSATZ

Diese Vorhänge sollten genau auf das Fenster zugeschnitten sein und ohne Gardinenband und Falten ganz glatt hängen. Wählen Sie Spitzen, die gut mit dem restlichen Material harmonierten, und setzen Sie eventuell noch eine Spitzenkante auf die seitlichen Gardinenränder.

Anfertigung der Vorhänge

In der Fensternische an der Decke eine Messingstange einpassen (s. OBERKANTEN, SCHIENEN UND GARDINENSTANGEN). Länge der Stange und gewünschte Länge des Vorhangs von der Stange aus ausmessen. Zwei Stücke Stoff entsprechend zuschneiden. Jedes davon sollte in der Breite der halben Länge der Messingstange plus 4 cm entsprechen, in der Länge dem gewünschten Maß plus 6 cm für den Saum minus etwa 25 cm für den Spitzeneinsatz (abhängig von der Größe des Fensters und der verwendeten Spitze).

Doppelte Säume von 1 cm Breite an den Seiten und 3 cm an der unteren Kante einschlagen; die Ecken dabei auf Stoß falten (s. ECKEN AUF STOSS FALTEN). Abstecken, heften und nähen.

Für die Zierkante ein Schnittmuster aus Papier anfertigen, 6 mm unter der Schnittkante auf den Vorhangstoff legen und den

1

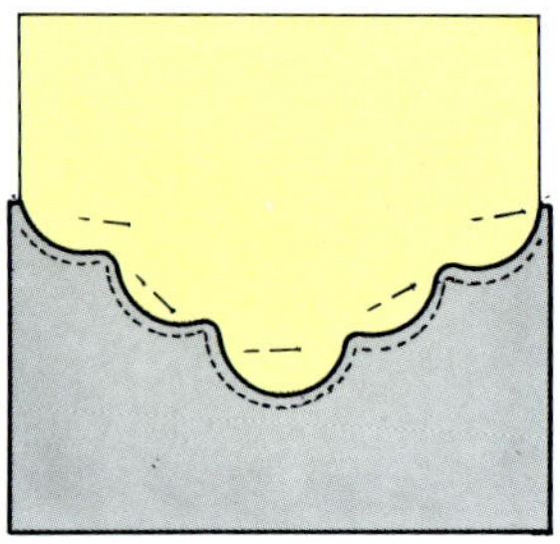

Umriß darauf markieren **(1)**. Direkt neben der Markierungslinie den Stoff heften, der Markierung entsprechend abschneiden und mit Zickzackstich ringsherum befestigen.

Einsetzen der Spitze

Vom Spitzenstoff zwei Stücke in derselben Breite wie die beiden Vorhangteile plus 2 cm auf jeder Seite und der gewünschten Länge plus 3 cm zuschneiden. An den Seiten doppelte Säume von 1 cm Breite einschlagen; abstecken, heften, nähen.

Die Spitze so auf den Vorhang legen, daß sie die Oberkante um 1 cm überlappt **(2)**. Dicht an der Spitzenkante entlang abstecken, heften und zusammennähen. Einen doppelten Saum für die obere Kante von 1 cm Breite einschlagen; abstecken, heften und nähen.

Oberkante des Vorhangs in gleichmäßigen Abständen an den Gardinenringen festnähen und die Ringe über die Messingstange ziehen.

2

3

OBEN *Betonen Sie den dekorativen Aspekt eines Raums durch einen Hauch Spitze.*

OBERKANTEN, SCHIENEN UND GARDINENSTANGEN	**206**
ECKEN AUF STOSS FALTEN	**201**

DREI VORHANGIDEEN

UNTEN *Konzentrieren Sie sich auf die Oberkante, um aus einfachen, ungefütterten Vorhängen etwas Besonderes zu machen.*

Nehmen Sie kontrastierenden Stoff für eine ansonsten schmucklose Oberkante. Raffen Sie den Vorhang am oberen Rand, und schaffen Sie mit Holzstäben den Eindruck ländlicher Behaglichkeit. Verbinden Sie ein Paar Gardinen, indem Sie eine Stoffbahn quer durch die Gardinenringe schlingen.

RECHTS *Schlingen Sie über einen durchgehenden Vorhang Bahnen aus demselben Stoff.*

UNTEN *Wenn Sie mehr Licht brauchen, nehmen Sie die Vorhänge einfach an einer Seite hoch.*

Kontrastierende Kante

Ein 5 cm breites Stück Stoff zuschneiden, das so lang ist wie der Vorhang in nicht gerafftem Zustand. Oberkante des Vorhangs 1 cm breit nach rechts einschlagen. Kantenstreifen ringsherum 1 cm breit einschlagen und so auf den Vorhang legen, daß die gefalteten Ecken zusammenstoßen **(1)**. Zusammenstecken, -heften und -nähen.

1

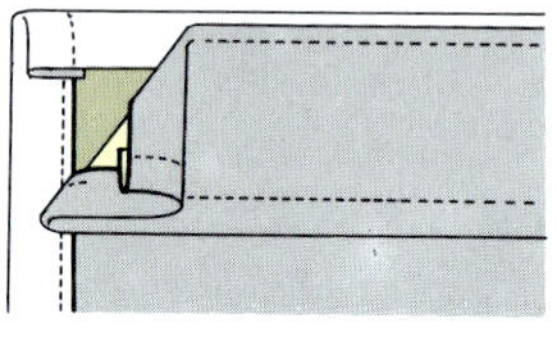

Nach der üblichen Methode (s. OBERKANTEN, SCHIENEN UND GARDINENSTANGEN) Gardinenband anbringen. Abhängig von der Breite des Gardinenbandes läßt sich die Naht möglicherweise mit der der Einfassung zusammenlegen **(2)**.

2

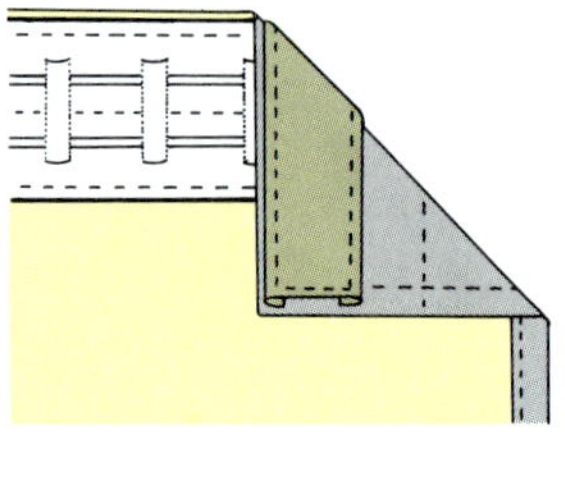

Falten und Rundstabverzierung

Über der ganzen Fensterfront eine 2 cm breite Leiste anbringen. Den fertigen Vorhang 17 cm nach links umschlagen. Schnittkante dann 1 cm breit einschlagen und den Stoff durch alle Schichten hindurch an der Saumkante entlang mit zwei Reihen Heftstich raffen **(1)**.

1

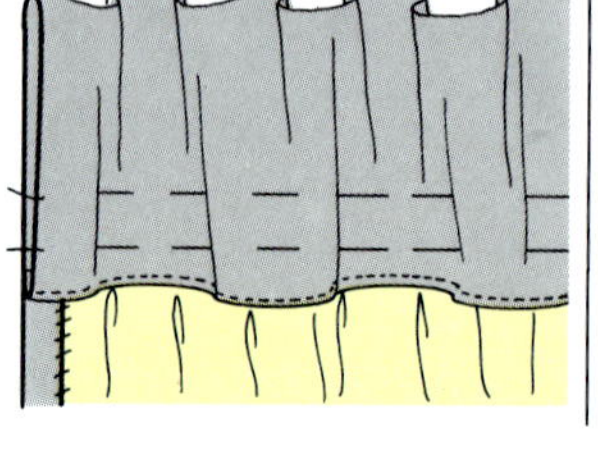

Vorhang auf die Länge der Leiste zusammenziehen und in Abständen von etwa 30 cm provisorisch anheften **(2)**. Falten so auseinanderzupfen, daß sie gleichmäßig verteilt sind, und den Stoff dann etwa alle 10 cm an der Leiste festnageln.

2

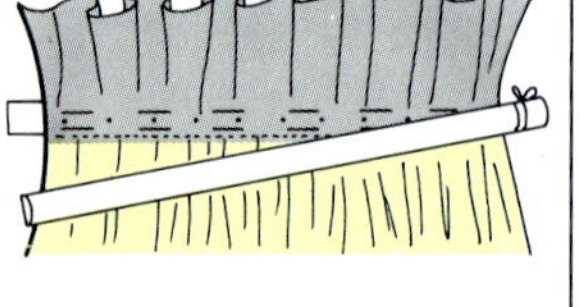

Ein Rundholz auf Fensterbreite zuschneiden und über den gerafften Vorhängen auf Trägern aufhängen.

OBERKANTEN, SCHIENEN UND GARDINENSTANGEN 206

STICHE 197

Bänder und Girlanden aus Stoff

Paarweise soviele Bänder anfertigen, wie man benötigt, um sie in Abständen von 20 cm an der oberen Kante des Vorhangs anzubringen.

Für jedes Band ein 5 mal 22 cm großes Stück Stoff zuschneiden. Stoff mit der rechten Seite nach innen auf halbe Breite falten; Längsseiten mit einer Nahtzugabe von 1 cm abstecken, heften und zusammennähen. Nahtränder umklappen und an einem Ende festnähen. Versäubern und nach rechts wenden.

Für die obere Kante des Vorhangs einen 5 cm breiten Besatz anfertigen; dabei notfalls Stoffbahnen aneinandernähen. Besatz an der unteren Kante 1,5 cm breit einschlagen; abstecken und heften. Bänder paarweise mit der Schnittkante nach unten in gleichmäßigen Abständen von Ecke zu Ecke auf die Oberkante des nach rechts gewendeten Vorhangs legen. Besatz rechts auf rechts über die Bänder auf die Vorhangkante legen; mit 1,5 cm Nahtzugabe abstekken, heften und annähen. Nahtrand versäubern und Besatz nach links wenden. Die seitlichen Kanten einschlagen und mit Schlupfstich befestigen. Unteren Saum des Besatzes nähen.

2 cm neben jedem Band am Vorhang zur Vorderseite hin zu einer 1 cm breiten Biese falten und die beiden Lagen Stoff 4 cm nach unten abstecken, heften und zusammennähen. Die Biesen sollten zum Vorhang abstehen **(1)**.

Stoffbahn an den Schnittkanten säumen – die Länge hängt von der Fenstergröße ab – und den Stoff über die ganze Vorhangbreite hinweg durch beliebig viele Gardinenringe ziehen, so daß eine Girlande entsteht.

1

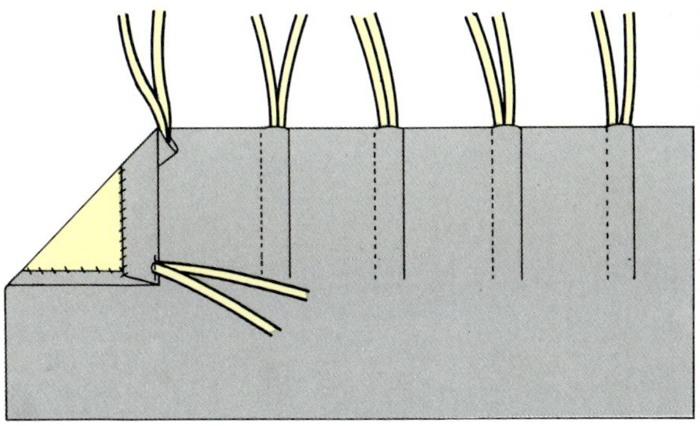

STICHE 197

SECHS OBERE ABSCHLÜSSE FÜR VORHÄNGE

Oberkante mit Ösen

Ein 11 cm breites Stück Stoff auf die Länge zuschneiden, die der Breite des fertigen Vorhangs entspricht. Einen Streifen Einlage zum Aufbügeln zuschneiden, der halb so breit wie der Stoff minus 1 cm Nahtzugabe ist. Die Einlage von links so aufbügeln, daß Sie oberhalb der Naht liegt. Stoffstreifen rechts auf rechts auf halbe Breite falten und an den Enden zusammennähen. Versäubern und wenden.

Eine Längsseite des Streifens kantengleich rechts auf rechts auf den oberen Rand des gerafften Vorhangs legen und mit 1,5 cm Nahtzugabe festnähen. Verbleibenden Rand umschlagen.

Ösen am Rand entlang anbringen und Vorhang mit Schnur über eine Gardinenstange hängen.

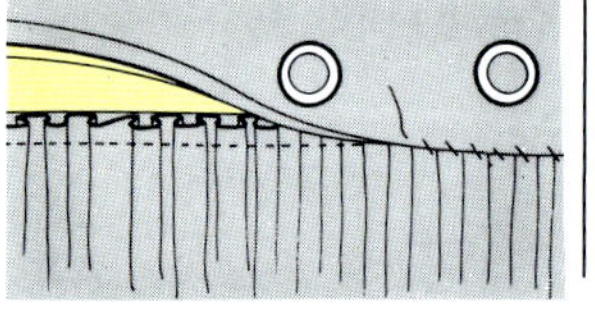

Oberkante mit Schlaufen

Für jede Schlaufe zwei 8 × 23 cm große Streifen zuschneiden, rechts auf rechts legen, abstecken, an den Seiten zusammennähen. Versäubern, nach rechts wenden.

Schlaufen auf halbe Länge falten und kantengleich am Vorhangrand feststecken, und zwar eine an jeder Seite; die Schlaufen dazwischen in Abständen von 15 cm plazieren.

Längenmäßig der Breite des Vorhangs entsprechend einen 6,5 cm breiten Besatz anfertigen und oben am Rand annähen. Versäubern und nach links wenden. Seiten und Unterkante einschlagen.

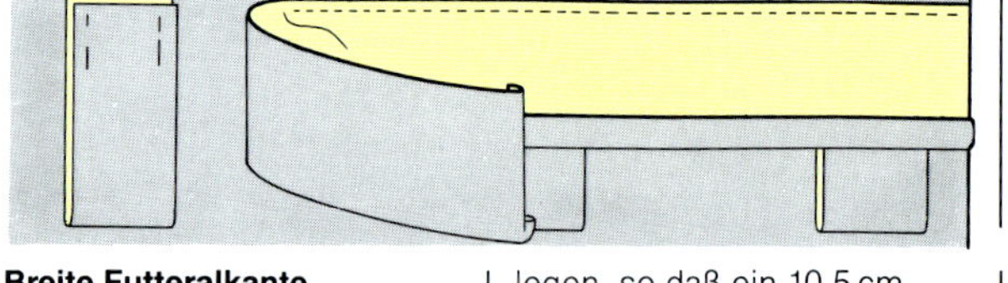

Breite Futteralkante

Nach dem Vernähen der seitlichen Säume den oberen Rand des Vorhangs 14 cm nach links einschlagen. Schnittkante 1 cm umschlagen und nähen. 2,5 cm unterhalb des Saumumbruchs eine zweite Naht legen, so daß ein 10,5 cm breites Futteral mit Zierkante entsteht. Eine flache Gardinenstange durch das Futteral ziehen und den Vorhang raffen.

EINLAGEN	196
STICHE	197

Gefältelte Oberkante

Oberkante des Vorhangs 4 cm einschlagen. Schnittkante 1 cm umschlagen, mit Hand annähen. Markierungen für Kellerfalten anbringen mit einem Umbruch von 6,5 cm zu beiden Seiten (s. FALTEN). Oberen Rand in Falten legen, abstecken, heften. 5 cm unterhalb des Randes quer über die Falten eine Naht legen. Dreieckige Stücke selbstklebenden Stoff zuschneiden. Wie abgebildet jeweils ein Dreieck über den Faltenumbruch und zu beiden Seiten der Falte plazieren, ankleben, umnähen. Hinter jeder Falte einen Gardinenring annähen.

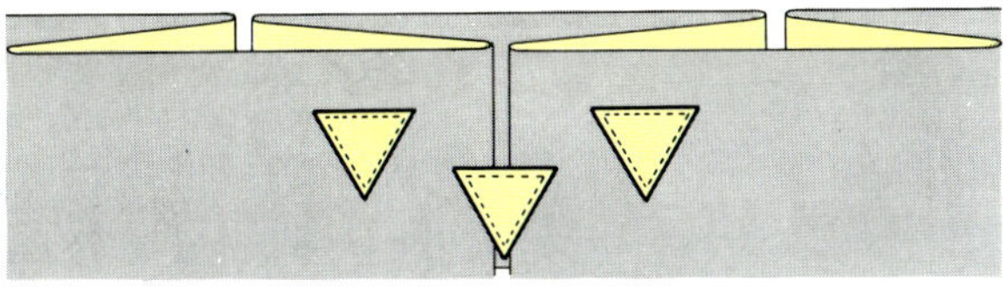

Gesmokte Oberkante

Aus dem Vorhangstoff 1 cm breite Bänder in gewünschter Anzahl anfertigen und paarweise an den Vorhangrand anlegen. Entsprechend der Vorhangbreite einen 8,5 cm breiten Besatz zuschneiden und rechts auf rechts kantengleich am oberen Rand des Vorhangs festnähen. Am Rand in etwa 6-mm-Abständen sechs Reihen Reihfäden einziehen, dabei aber nicht durch den Besatz stechen. Reihlinien auf die gewünschte Länge zusammenziehen und befestigen. Besatz über die Rückseite des Smoks falten, seitlich und unten einschlagen. Als Alternative kann man auch den Vorhang oben zu einem 6 mm breiten doppelten Saum einschlagen, die Reihlinien einziehen und dann die Bänder auf der Rückseite des Vorhangs annähen.

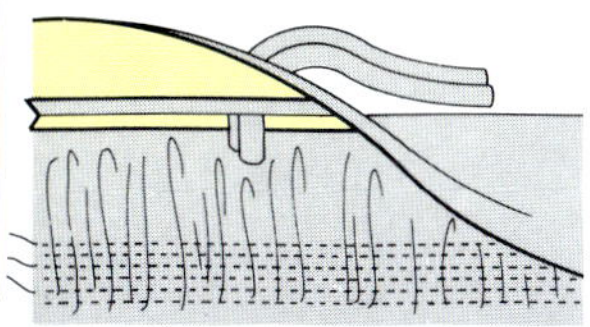

Mit Samt garnierte Oberkante

Nach dem Säumen der seitlichen Kanten den oberen Rand des Vorhangs 9 cm nach links einschlagen. Schnittkante 1 cm umschlagen und heften. Die seitlichen Saumkanten mit Schlupfstich vernähen. Stoff mit zwei Reihen Heftstich direkt über der Saumkante raffen. Falten gleichmäßig auf die gewünschte Breite zurechtzupfen und Heftfäden verknoten. Falten mit Stichen befestigen, den Saum dabei mit vernähen. 2,5 cm breites Samtband über die Nähte legen und dicht an den Bändern festheften. Die Enden umschlagen und das Band annähen.

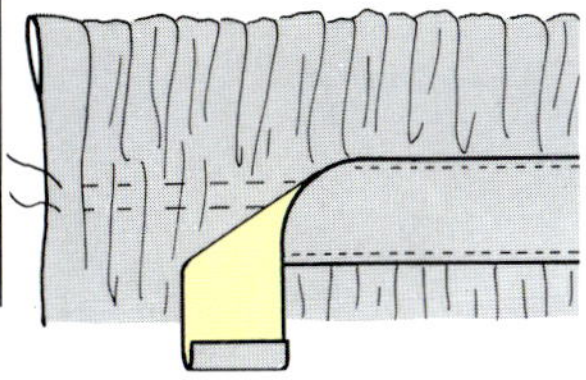

FALTEN	205
STICHE	197

MASSNEHMEN – QUERBEHÄNGE

Der erste Schritt ist der, die Verschalung zum Festmachen des Querbehangs über dem Fenster anzubringen.

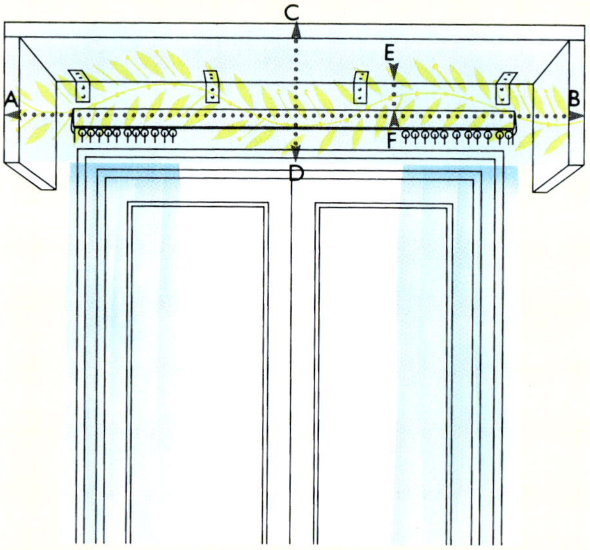

Verschalung einpassen
Die Verschalung ist ein 10 cm breites Brett aus 1,5 bis 2 cm dickem Sperrholz. Zwischen 5 und 8 cm über dem Fenster anbringen. Sie sollte an den Seiten mindestens 5 cm über die Vorhangschiene hinausragen. Kleine Träger an jedem Ende und in Abständen von 30 cm dazwischen befestigen. An jede Seite ein Sperrholzquadrat von 10 cm Seitenlänge nageln. Bei einem breiten Querbehang ist es eventuell notwendig, zur zusätzlichen Verstärkung des Behangs eine Hartfaserplatte vorn an der Verschalung zu befestigen.

Größe des Querbehangs berechnen
Für die Länge des Querbehangs Länge des Brettes ausmessen plus 20 cm für die Seitenteile zwischen Verschalung und Wand. Bei der Bestimmung der Breite die Proportionen von Querbehang und Gardine in Betracht ziehen.

Stoff, Einlage und Futter in richtiger Form und Größe zuschneiden. Falls der Querbehang sehr lang ist, eine ganze Stoffbahn in die Mitte setzen und Seitenteile anstückeln.

Gemusterte Stoffe sollten an den Nähten aufeinander abgestimmt werden (S. GEMUSTERTE STOFFE).

GEMUSTERTE STOFFE 217

OBEN *Durch einen Querbehang kann man die Proportionen eines Fensters verändern.*

GLATTER QUERBEHANG

Ein Querbehang bildet den dekorativen Abschluß der oberen Vorhangränder. Er besteht aus drei Schichten: dem Obermaterial und dem Futter, die durch ein selbstklebendes steifes Gewebe miteinander verbunden und dann an den Kanten mit Schlupfstich zusammengenäht werden. Der Querbehang wird an einer Verschalung über dem Fenster festgeheftet. Nehmen Sie dafür Ziernägel oder verdecken Sie den Rand mit Litze. Diese Art Querbehang ist am einfachsten anzufertigen, da man kein Schnittmuster dazu braucht.

Zuschneiden

Für den Querbehang maßnehmen (s. MASSNEHMEN) und die obere Lage Stoff mit 1,5 cm Saumzugabe an allen Seiten entsprechend zuschneiden. Notfalls einzelne Stoffbahnen zusammenstecken, -heften und -nähen, um auf die erforderliche Länge zu kommen.

Für das Futter ein Stück Stoff mit denselben Maßen zuschneiden. Einlagematerial zur Versteifung des Querbehangs entsprechend zuschneiden, aber ohne Saumzugabe.

Verarbeitung

Stoff für die oberste Lage bügeln und mit der linken Seite nach oben hinlegen. Einlagematerial auf einer Seite von der Schutzschicht befreien, auf den Stoff legen und glatt aufbügeln. Die zweite Schutzschicht abziehen, Stoffkanten darüberschlagen und aufbügeln **(1)**.

Futterstoff rundherum 1,5 cm breit nach links einschlagen und glattbügeln, kantengleich auf das Einlagematerial legen, sorgfältig aufbügeln und glätten. Kanten des Futterstoffes am Obermaterial feststecken und mit Schlupfstich zusammennähen. Querbehang an jeder Seite 10 cm weit umschlagen und sorgfältig kniffen **(2)**.

Querbehang mit Haftpunkten an der Verschalung befestigen, wenn er nicht mehr verziert werden soll. Haftpunkte in Abständen von 8 cm auf die Rückseite nähen, die anderen Hälften entsprechend an die Verschalung kleben.

Als Alternative mit Ziernägeln befestigen.

1

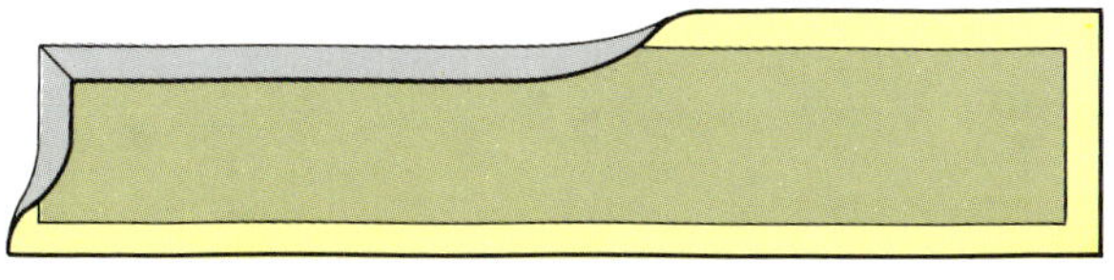

2

MASSNEHMEN	**94**
STICHE	**197**
VERSCHLÜSSE	**208**

VERZIERTER QUERBEHANG

Ein Querbehang muß nicht an eine Verschalung montiert werden, sondern kann auch, wie abgebildet, auf beiden Seiten der Fensternische befestigt werden. Der dekorative Rand dieses Querbehangs wird nach einem Schnittmuster zugeschnitten. Weiter verfährt man dann entsprechend der Arbeitsanleitung für glatte Querbehänge. Danach näht man auf die Rückseite Klettverschlüsse, deren Gegenstücke an die Wand geklebt werden.

Ausführung

Breite der Fensternische ausmessen und 13 cm hinzurechnen. Die jeweils breitesten und schmalsten Stellen des Querbehangs festlegen.

Auf einem Schnittmusterbogen die seitlichen Kanten des Querbehangs im richtigen Abstand voneinander eintragen. Die am weitesten innen liegenden Punkte des Querbehangs und die Kurvenpunkte in den richtigen Proportionen markieren. Mit Hilfe eines Kurvenmaßes, eines Tellerrandes oder anderer runder Gegenstände diese Punkte miteinander verbinden **(1)**.

Schnittmuster ausschneiden.

Nach diesem Muster je eine Lage Futterstoff, Einlagematerial und Obermaterial, ersteres und letzteres rundherum mit einer Saumzugabe von 1,5 cm, zuschneiden. Querbehang fertigstellen wie beschrieben (s. GLATTER QUERBEHANG).

1

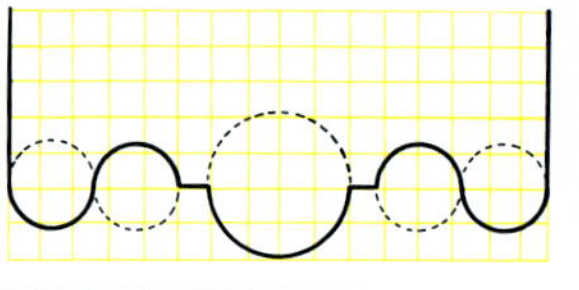

EINIGE IDEEN FÜR QUERBEHÄNGE

Flache und kastenförmige Querbehänge lassen sich an den Kanten sehr dekorativ verarbeiten. Man kann damit eine bestimmte Linienführung im Raum aufnehmen, sie dem Stil der Vorhänge angleichen oder eine Spur Dramatik in einen schmucklosen Raum bringen.

Streifen passen gut zu viereckigen Vorsprüngen und Blumenmuster gut zu abgerundeten Formen. Man kann auch ein Blumenmuster mit Plattstich umsticken und den Rand dann zu einer geschwungenen Kante abschneiden. Auch Applikationen sind ideal, und Lochstickerei sieht sehr hübsch aus, da das Licht durch die Muster scheint.

GLATTER QUERBEHANG 95

OBEN *Geben Sie einer tiefen Fensternische durch einen dekorativen Querbehang weichere Konturen.*

SCHÄRPEN UND SCHLEPPEN

Schärpen und Schleppen sehen am besten an hohen Fenstern und in hohen Räumen aus. Nehmen Sie den gleichen Stoff wie für die Vorhänge, aber betonen Sie die Ränder mit eng gekräuselten doppelten Rüschen und einem farblich abstechenden Samtband. Schärpen und Schleppen müssen gefüttert sein, damit die Falten den richtigen Schwung bekommen.

Schärpen

Über dem Fenster Verschalung wie für einen Querbehang anbringen (s. MASSNEHMEN). Ihre Vorderkante entspricht in der Länge der rückseitigen Kante der Schärpe. Gewünschte Länge der herunterschwingenden vorderen Schärpenkante mit Bandmaß oder einem Stück Schnur ausmessen **(1)**.

1
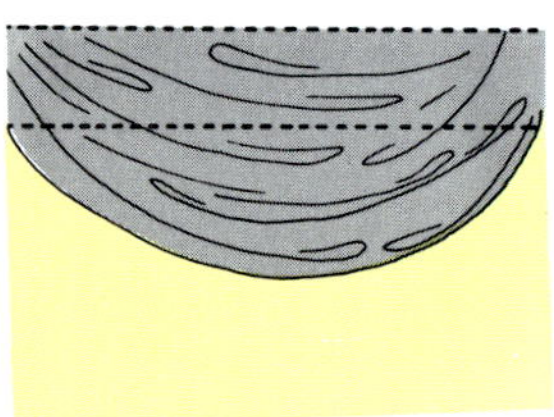

An den Seiten sollten die Schärpen etwa ein Sechstel so lang sein wie die Vorhänge, vorher allerdings in 5 bis 10 cm breite Messerfalten gelegtn werden (s. FALTEN). Nach diesen Maßen ein Stück Stoff mit einer Saumzugabe von rundherum 1,5 cm schräg zuschneiden. Futterstoff auf dieselbe Größe zuschneiden.

Unteren Rand ausmessen und in zweifacher Länge eine 8 cm breite doppelte Rüsche anfertigen (s. RÜSCHEN). Rüsche kantengleich rechts auf den unteren Rand der Schärpe stecken und heften. Futterstoff und Obermaterial kantengleich rechts auf rechts abstecken, heften und zusammennähen, die Schärpe dabei oben offenlassen **(2)**. Versäubern und nach rechts wenden.

Obere Kanten zusammen 1,5 cm nach links einschla-

2
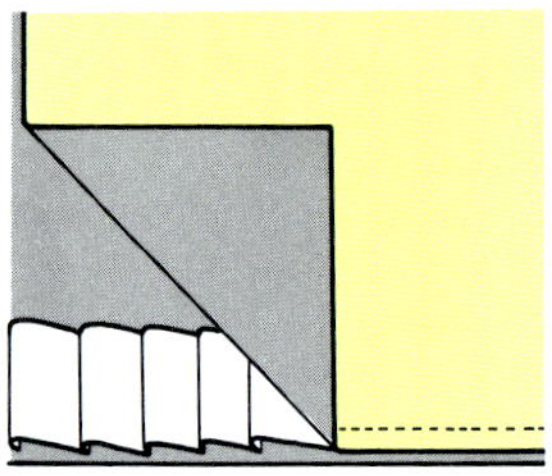

gen. Haftband über die Schnittkanten legen; abstecken, heften und festnähen **(3)**. Andere Hälfte des Haftbandes an die Verschalung kleben. Etwa 10 cm von oben beginnend Schärpe seitlich in Falten legen. Abstecken und heften. Falten auf der Rückseite mit der

3
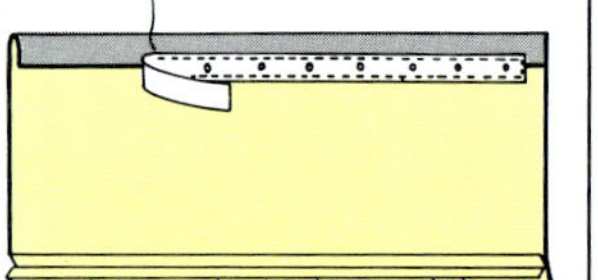

Hand festnähen, notfalls in regelmäßigen Abständen unsichtbar befestigen.

Samtband auf die rechte Seite der Schärpe über die Rüschennaht legen **(4)**; abstecken, heften und annähen.

4
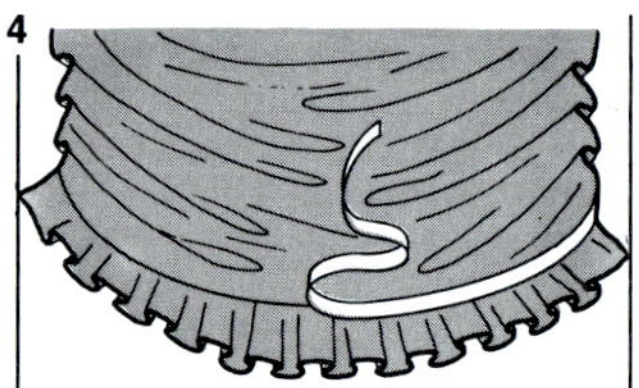

Schleppen

Für jede Schleppe ein 130 mal 180 cm großes Stück Stoff mit einer Saumzugabe von rundherum 1,5 cm zuschneiden; für das Futter ebenfalls. Aus Papier ein Schnittmuster für den unteren Rand der Schleppe anfertigen. Dazu ein Quadrat von 90 cm Seitenlänge ausschneiden. Auf der linken Seite 30 cm von unten einen Punkt markieren; von da aus 30 cm weit waagerecht einen zweiten Punkt markieren. Von der linken unteren Ecke über diesen Punkt Linie bis zur gegenüberliegenden Seite ziehen und daran entlang das Dreieck ausschneiden, das als Muster dient **(5)**.

5
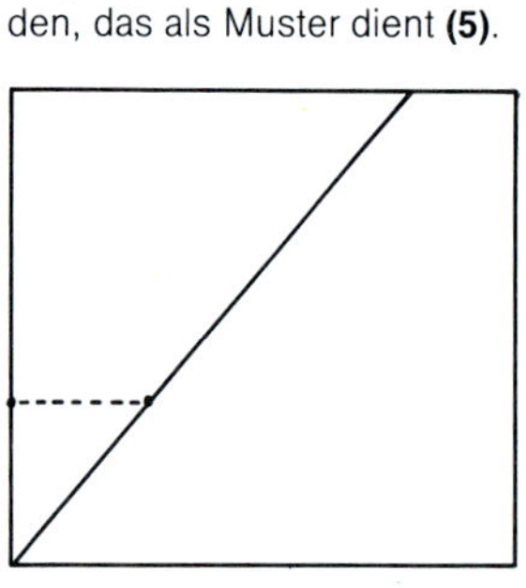

Den Stoff der Länge nach auf halbe Breite falten. Schnittmuster so mit der kürzesten Seite an den Faltenumbruch legen, daß die Spitze 1,5 cm über der unteren Kante des Stoffes ist. Stoff mit 1,5 cm Saumzugabe diagonal abschneiden. Dasselbe für den Futterstoff wiederholen.

Nach der gleichen Methode wie bei den Schärpen doppelte Rüschen anfertigen und kantengleich auf der rechten Seite am unteren Rand der Schleppe feststecken, -heften und -nähen.

Futter kantengleich auf die rechte Seite des Stoffes legen, rundherum abstecken, heften und annähen; oberen Rand dabei offenlassen. Versäubern und nach rechts wenden.

Wie bei der Schärpe Samtband auf die Rüschennaht stecken und nähen. Die oberen Schnittkanten von Stoff und Futter 1,5 cm breit nach innen einschlagen und Öffnung mit Schlupfstich zunähen.

Stoff von jeder Längsseite aus zur Mitte hin in eine 30 cm tiefe Falte legen. Falten oben abstecken und heften, notfalls mit der Hand zusätzlich in der Mitte festnähen.

Schleppen mit Haftband an den Schärpen befestigen oder mit der Hand annähen.

Für die Außenseiten jeweils eine halbe Schleppe anfertigen. Genügend Stoff zugeben, um die rückwärtige Krümmung der Verschalung abzudecken.

MASSNEHMEN 94
RÜSCHEN UND FALTEN 205
VERSCHLÜSSE 208
STICHE 197

OBEN *Diese Fensterverkleidung sieht am besten an hohen Fenstern und in einem Raum mit eher eleganten Möbeln aus.*

SECHS KRAUSBÄNDER

Wattiertes Krausband

Zunächst um den Vorhang herummessen, um die Länge des Krausbands zu erhalten. In der Höhe, wo sich das Krausband befinden soll, ein Bandmaß locker um den Vorhang legen und 3 cm

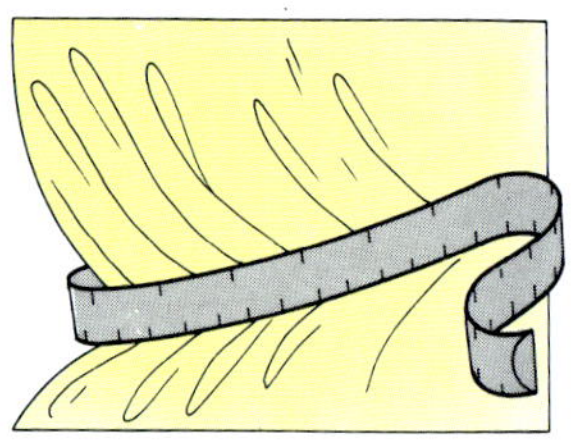

Saumzugabe hinzurechnen. Breite des Krausbands bestimmen und ein Stück Stoff doppelter Breite plus 3 cm zuschneiden.

Den Stoff rechts auf rechts auf halbe Breite falten. Abstecken, heften und nähen. Säume zurückschlagen, an beiden Enden feststecken, -heften und -nähen, wobei an einem Ende in der Mitte eine Öffnung gelassen wird. Versäubern und nach rechts wenden.

Einen Streifen schwerer Polsterwatte so zuschneiden, daß er in das Krausband paßt, und hineinstekken. Kanten über der Öffnung einschlagen und zunähen.

Mit Knopflochstich an jedem Ende einen Gardinenring so annähen, daß die Ringe etwas überstehen.

Das zweite Krausband auf die gleiche Weise anfertigen.

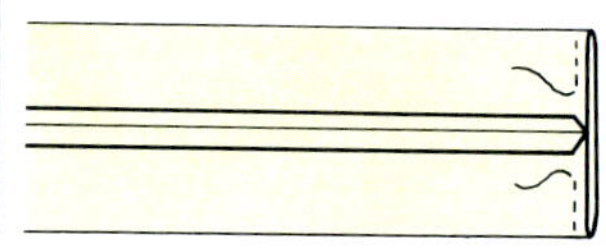

Geflochtenes Krausband

Länge des Krausbandes ermitteln wie oben beschrieben.

Breite des Krausbands bestimmen und diese Zahl durch Drei teilen. Drei Stoffschläuche in unterschiedlichen Farben anfertigen, die in geflochtenem Zustand die erforderliche Länge ergeben. Nach der Arbeitsanleitung für das wattierte Krausband verfahren, aber mittelschwere Polsterwatte nehmen.

Die drei Schläuche leicht versetzt an einem Ende aufeinanderlegen und mit der Hand sorgfältig zusammennähen. Einen Zopf daraus flechten und am anderen Ende wieder zusammennähen.

Das zweite Krausband genauso anfertigen.

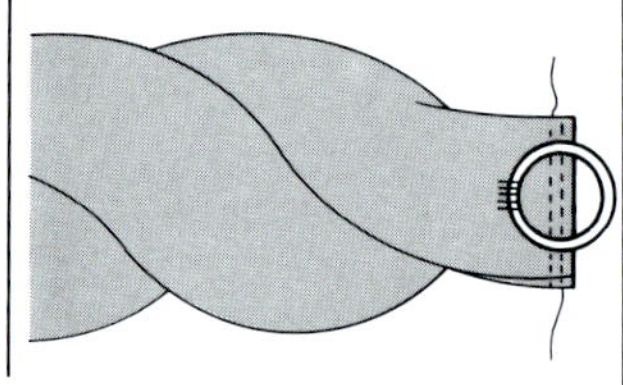

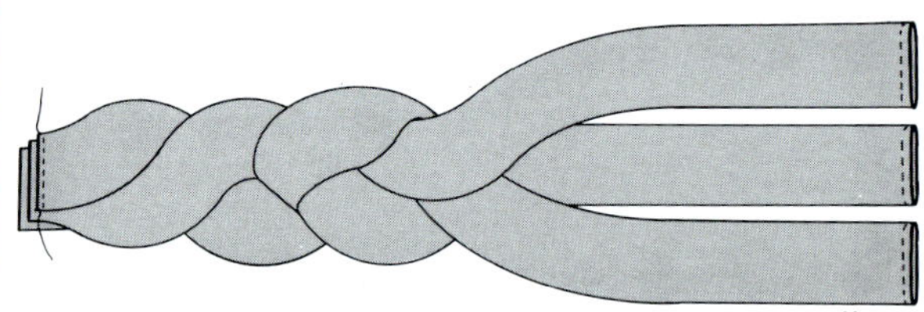

Krausband mit Schleife

Länge des Krausbands so ermitteln, wie für das wattierte Krausband beschrieben. Breite des Krausbands bestimmen.

Zunächst ein einfaches, gerades Krausband anfertigen. Dazu zwei Stücke Stoff maßgerecht mit 1,5 cm Nahtzugabe zuschneiden. Zwei Stücke Einlage zum Aufbügeln nach demselben Maß, aber ohne Nahtzugabe, zuschneiden. Einlage auf die linke Seite des einen Stoffstückes legen und aufbügeln. Stoff rechts auf rechts legen und rundherum zusammenstecken, -heften und -nähen, dabei an einem Ende eine Öffnung in der Mitte lassen. Versäubern und nach rechts wenden. Kanten an der Öffnung einschlagen und Öffnung mit Schlupfstich zunähen.

Wie bei wattiertem Krausband einen Gardinenring an beide Enden nähen.

Für die Schleife zwei Stücke Stoff mit den Maßen 93 mal 11 cm zuschneiden. Rechts auf rechts legen, abstecken, heften und rundherum zusammennähen; dabei an einem Ende in der Mitte eine Öffnung lassen. Versäubern und nach rechts wenden. Kanten an der Öffnung einschlagen, zunähen.

Für den mittleren Teil ein Stoffquadrat mit einer Seitenlänge von 11 cm zuschneiden. Rechts auf rechts auf halbe Breite falten und an der langen Kante abstecken, heften und zusammennähen. Versäubern und nach rechts wenden. Naht auf die Mitte bügeln.

Stoffstreifen zu einer Schleife binden und feststecken. Den mittleren Teil darumlegen, Schnittkanten einschlagen und zusammennähen. Schleife mit Hand am Krausband festnähen.

EINLAGEN 196
STICHE 197
STICHE 197

V-förmiges Krausband

Länge des Krausbands auf die gleiche Art ermitteln wie für das wattierte Krausband. Das Maß halbieren und auf einem Stück Papier ein Rechteck in dieser Länge und 28 cm Breite aufzeichnen. Auf der linken Seite von unten her 14 cm abmessen und eine Linie bis zur rechten oberen Ecke ziehen. Von da aus 5 cm nach unten gehen und eine Diagonale bis zur linken unteren Ecke einzeichnen. Stoff auf halbe Länge falten. Breite Seite des Schnittmusters an den Faltenumbruch legen und Stoff mit einer Nahtzugabe von 1,5 cm ausschneiden. Für die Rückseite des Krausbandes ebenso verfahren und anschließend ein entsprechendes Stück leichter Polsterwatte zuschneiden.

Polsterwatte auf die linke Seite des einen Stoffstückes legen; abstecken und heften. Mit Stickgarn von der linken Seite her das Stück Stoff so absteppen, daß 3 cm große Quadrate entstehen.

Stoff für die Rückseite kantengleich rechts auf rechts darüberlegen; abstekken, heften und mit einer Öffnung zum Umwenden zusammennähen. Versäubern und nach rechts wenden. Kanten an der Öffnung einschlagen und mit Schlupfstich zusammennähen.

Wie beim wattierten Krausband einen Gardinenring mit Knopflochstich an jedem Ende annähen.

Ein zweites Krausband auf die gleiche Art und Weise anfertigen.

Gestreiftes Krausband

Länge des Krausbands auf die gleiche Art ermitteln wie für das wattierte Krausband. Breite bestimmen und durch drei teilen; für jedes Teil eine Nahtzugabe von 3 cm hinzurechnen, aus unterschiedlichem Stoff zuschneiden.

Für die Rückseite nur ein Stück Stoff in voller Größe plus Nahtzugabe von 1,5 cm auf allen Seiten zuschneiden. Die drei Stücke für die Vorderseite mit je einer Nahtzugabe von 1,5 cm zusammensetzen.

Schweres Einlagematerial zum Aufbügeln zu einem Stück von der Größe des Krausbandes ohne Nahtzugabe zuschneiden, auf die linke Seite der Rückseite legen und aufbügeln.

Die beiden Krausbandteile rechts auf rechts legen und an der Kante des Einlagematerials entlang abstecken, heften und zusammmennähen; dabei an einem Ende eine Öffnung lassen. Nähte versäubern und nach rechts wenden. Kanten an der Öffnung einschlagen und zusammennähen.

Wie beim wattierten Krausband einen Gardinenring mit Knopflochstich an beiden Enden annähen.

Zweites Krausband genauso anfertigen.

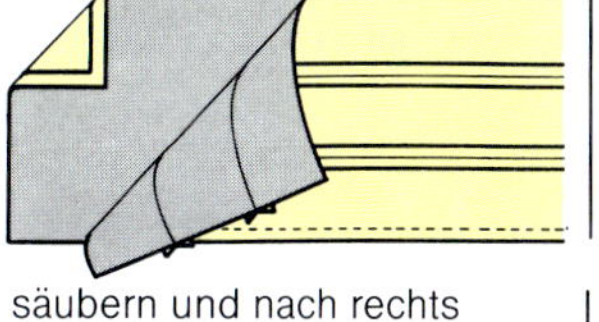

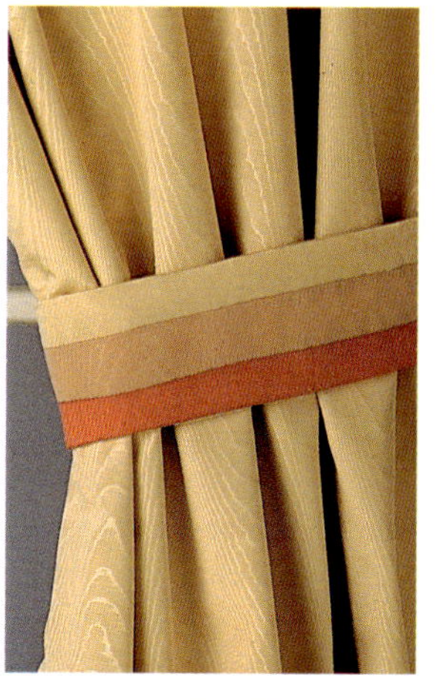

Krausband mit Paspeln

Länge des Krausbands auf die gleiche Art ermitteln wie für das wattierte Krausband.

Auf ein Stück Papier einen Streifen zeichnen, der halb so lang wie das Krausband und etwa 11 cm breit ist. Die untere Seite des Streifens in einer sanften Kurve so zulaufen lassen, daß der Streifen an einem Ende nur noch 4 cm breit ist. Ausschneiden.

Stoff auf halbe Länge falten. Breite Seite des Schnittmusters an den Faltenumbruch legen und Stoff mit einer Nahtzugabe von 1,5 cm ausschneiden. Das Ganze für die Rückseite wiederholen. Schweres Einlagematerial zum Aufbügeln ohne Nahtzugabe zuschneiden und auf der linken Seite des Krausbands anbringen.

Umfang des Krausbands ausmessen. Einen 4 cm breiten Schrägstreifen dieser Länge plus 2 cm zuschneiden und Paspelschnur damit beziehen (s. PASPELN). Paspel auf der einen Seite des Krausbands befestigen.

Beide Seiten kantengleich rechts auf rechts legen, abstecken, heften und mit einer Öffnung an einem Ende zusammennähen. Versäubern und nach rechts wenden. Kanten an der Öffnung einschlagen und vernähen.

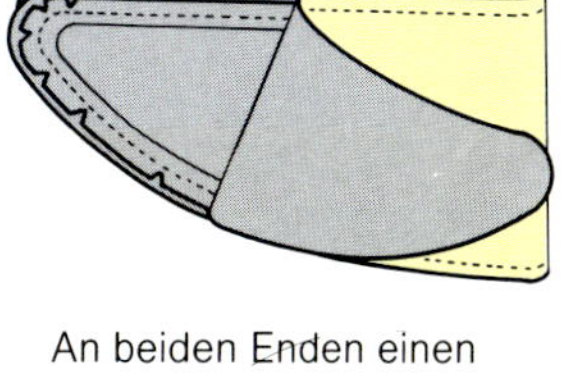

An beiden Enden einen Gardinenring annähen.

Zweites Krausband nach demselben Verfahren anfertigen.

EINLAGEN	196
PASPELN	203
STICHE	197

MASSNEHMEN – JALOUSIEN

Rollos
Bei Fenstern mit tiefer Nische ist es üblich, die Jalousie dicht an der Scheibe zu befestigen. Fensternische mit einem metallenen Bandmaß von einer Seite zur anderen horizontal ausmessen. An jeder Seite 1,5 cm für den Springmechanismus abziehen. Träger etwa 3 cm unter dem oberen Rand der Nische anbringen, damit sich das Rollo ganz

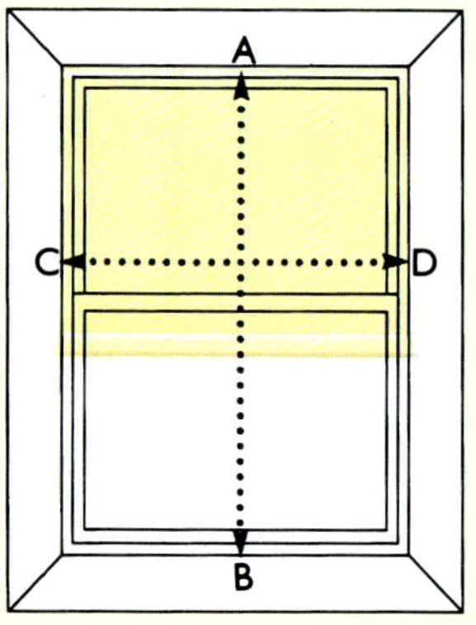

aufrollen läßt. Fallhöhe des Rollos vom oberen Rand der Holzrolle aus messen.

Bei Fenstern ohne Nische wird das Rollo auf den Fensterrahmen an eine geeignete, ebene Stelle montiert, sonst auf die Wand neben dem Rahmen. Noch mehr Licht wird ausgeschlossen, wenn das Rollo oben und an den Seiten über das Fenster hinausreicht.

Faltjalousie
Faltjalousien werden auf einer 50 mal 25 mm dicken Holzleiste am Fenster befestigt. Ist eine Fensternische vorhanden, so wird die Leiste hier an der Decke angebracht. Damit ist die Fallhöhe der Jalousie von der Oberkante der Leiste bis zum Fensterbrett

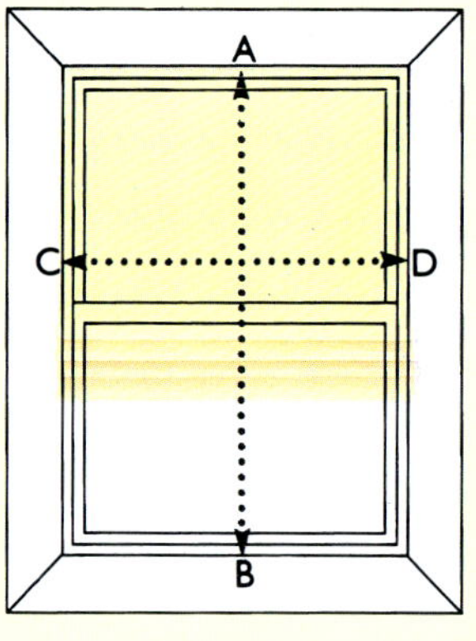

auszumessen. Die Breite entspricht der Länge der Holzleiste.

Bei einem Fenster ohne Nische muß die Leiste auf Träger montiert werden. In diesem Fall Träger in gewünschter Höhe über dem Fenster anbringen. Fenster ausmessen wie gewohnt.

Raffjalousien
Raffjalousien werden oben mit Gardinenband eingereiht und hängen an einer Spezialschiene mit Ösen. Schiene innerhalb der Fensternische wie üblich montieren und Breite des benötigten Stoffes durch Multiplizieren der erforderlichen Menge für das Gardinenband mit der Länge der Schiene aus-

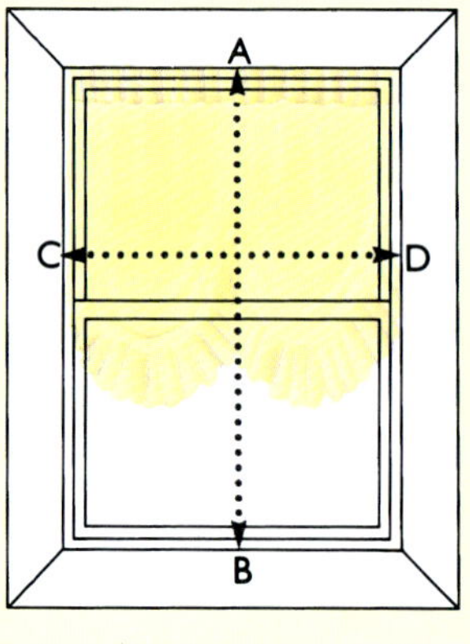

rechnen (s. OBERKANTEN).

Bei einem Fenster ohne Nische sollte die Schiene 15 cm über die Ränder eines flachen Fensters hinausgehen und bei einem vorspringenden Fensterrahmen mit diesem in einer Linie liegen. Die Fallhöhe mißt man von der Oberkante der Schiene bis zum Fensterbrett.

OBEN *Das Rollo ist eine gelungene Lösung für ein ungünstig geschnittenes Fenster.*

OBERKANTEN, SCHIENEN UND GARDINENSTANGEN **206**

ROLLO

Die klaren, unaufdringlichen Linien eines Rollos passen in jede Umgebung. Es gibt Fertigzubehör für Rollos, das alles enthält, was man zur Anfertigung braucht: eine Holzrolle, Trägerbügel, eine Zugschnur und eine schmale Leiste, die durch den unteren Rand des Rollos geführt wird.

Dieses Rollo wurde aus speziell verstärktem Stoff hergestellt, der an den Seiten nicht gesäumt werden muß. Mit Hilfe einer hölzernen Gardinenstange liegt es eng an der Scheibe an.

Ausführung

Holzrolle notfalls passend zuschneiden und an den Trägerbügeln befestigen. Länge der Holzrolle und Höhe des Fensters ausmessen. Speziell verstärkten Stoff entsprechend zuschneiden; dabei in der Länge 30 cm für das Futteral und zur Abdeckung der Holzrolle zugeben. Untere Kante zu einem 4 cm breiten doppelten Saum nach links einschlagen. Anbügeln und an der Saumkante und einer Seite so zusammennähen, daß ein Futteral entsteht. Eine Holzlatte auf die Länge des Futterals minus 2 cm zuschneiden, hineinstecken **(1)** und die Öffnung vernähen.

1

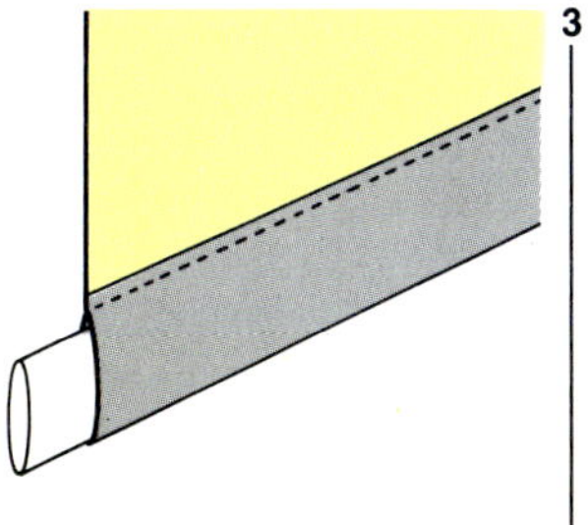

Oberen Rand 1,5 cm nach rechts umschlagen und mit dem Finger andrücken. Holzrolle so auf die rechte Seite des Rollos legen, daß der Schnappmechanismus links ist. Die umgeschlagene Kante an die Markierungslinie auf der Holzrolle legen. Mit Hammer und Nägeln in Abständen von 2 cm befestigen **(2)**. Das eine

2

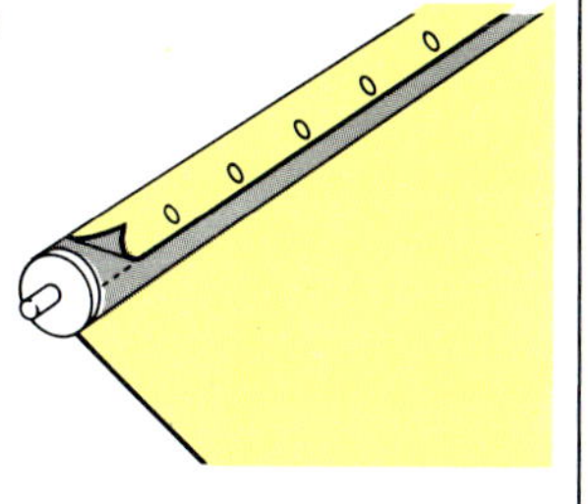

Ende der Zugschnur durch die Halterung fädeln und verknoten, das andere Ende durch den Zugknauf ziehen. Halterung in der Mitte des Rollos an der Latte im unteren Rand festschrauben **(3)**. In der Fensterschräge

3

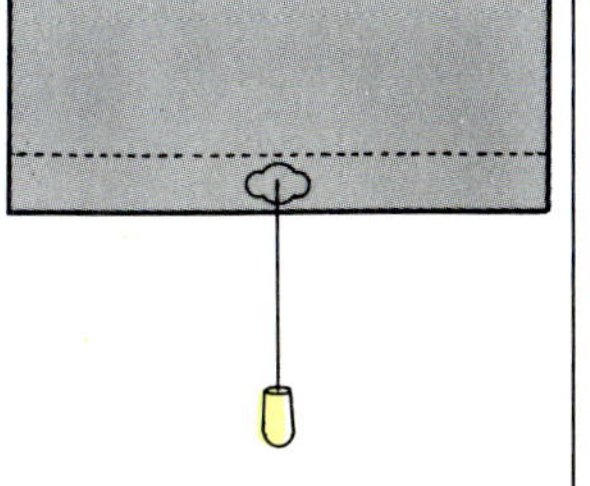

zwei Metallträger befestigen und daran eine Holzstange von passender Länge anbringen. Rollo oben an den Trägerbügeln aufhängen und hinter der Holzstange nach unten führen.

RAFFJALOUSIE

Raffjalousien sind ein Fensterschmuck, der einem schlichten Raum eine weiche Note gibt. Wenn man zum Aufhängen die speziell dafür vorgesehene Schiene benutzt, ist sie genauso leicht zu montieren wie Vorhänge. Sie wird wie eine Faltjalousie an Zugschnüren hochgezogen, die über schmale, mit Schlaufen versehene Bänder auf der Rückseite geführt werden. Um sie richtig üppig zu machen, kann man die Jalousie zusätzlich füttern.

Jalousie

Schiene für Raffjalousie am Fenster anbringen (s. OBERKANTEN, SCHIENEN UND GARDINENSTANGEN). Fenster ausmessen (s. MASSNEHMEN) und ein Stück Stoff von doppelter Breite zuschneiden, das in der Länge dem Fenster plus 45 cm entspricht.

Das Rollo an beiden Seiten zu einem doppelten Saum von 1 cm Breite einschlagen; abstecken, heften und nähen.

Auf der Rückseite des Rollos in 10 cm Abstand von den Seitenkanten die Positionen markieren, wo die äußeren Reihen der mit Ösen besetzten Bänder verlaufen. Bänder feststecken, -heften und -nähen und darauf achten, daß die Ösen horizontal auf einer Linie liegen **(1)**. Die erste Reihe von Ösen sollte 3 cm von unten beginnen. Die restlichen Bänder in Abständen von etwa 30 cm abstecken, heften und annähen.

Für eine etwaige Rüsche einen 16 cm breiten Stoffstreifen von der zweifachen Länge der Jalousie-Breite zuschneiden. Gegebenenfalls Stoffstreifen mit Rechts-Links-Nähten aneinandersetzen, um auf die benötigte Länge zu kommen.

An Seiten und Unterkante die Rüsche zu einem 1 cm breiten doppelten Saum einschlagen; die Ecken dabei auf Stoß falten (s. ECKEN AUF STOSS FALTEN). Abstecken, heften und nähen.

Rüsche mit zwei Reihen Heftstich am oberen Rand einreihen. Falten abschnittweise auseinanderzupfen, wenn die Rüsche sehr lang ist.

Rüsche rechts auf rechts auf den unteren Jalousierand legen und auf die richtige Länge raffen; mit einer Nahtzugabe von 2 cm beim Rollo und 1,5 cm bei der Rüsche abstecken, heften und annähen; die unteren Enden der Bänder dabei mit vernähen **(2)**. Nahtkante der Rüsche versäubern. Schnittkante der Jalousienaht zum Rollo hin einschlagen und sauber vernähen.

Oberen Rand der Jalousie 1 cm breit einschlagen. Gardinenband anbringen (s. OBERKANTEN, SCHIENEN UND GARDINENSTANGEN). Das geraffte Band mit Gardinenhaken versehen und Jalousie aufhängen.

Einfädeln der Zugschnüre

Auf der rechten Seite des Fensters eine Klampe anbringen. Von links beginnend Zugschnüre einfädeln.

Die Länge jeder Schnur errechnet sich aus der zweifachen Länge der Jalousie plus ihrer Breite. Schnur an die unterste Öse links knoten und durch sämtliche Ösen senkrecht nach oben führen, anschließend durch die Löcher in der Schiene bis ganz nach rechts.

Dasselbe für jede Reihe der mit Ösen besetzten Bänder wiederholen, bis alle Schnüre rechts oben zusammenlaufen. Schnüre zusammenknoten und in der Höhe des Fensterbretts gleichmäßig abschneiden. Rollo hochziehen, Schnüre straff um die Klampe wickeln **(3)**.

1
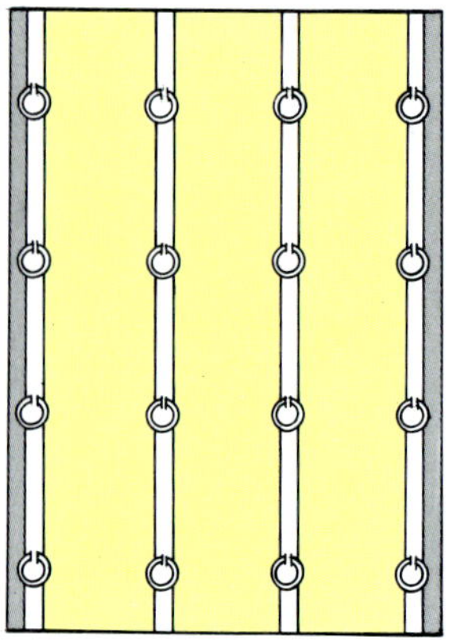

2
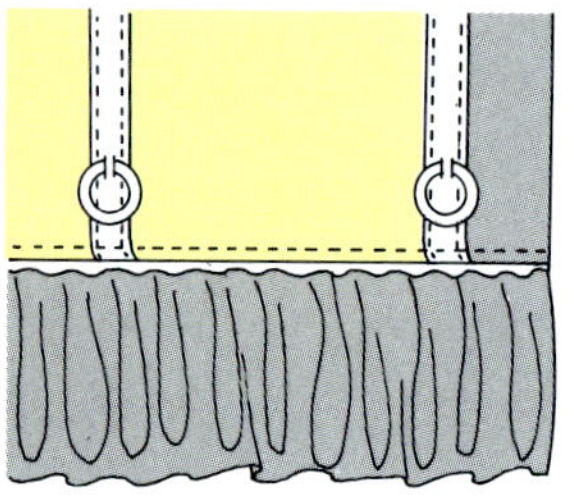

3
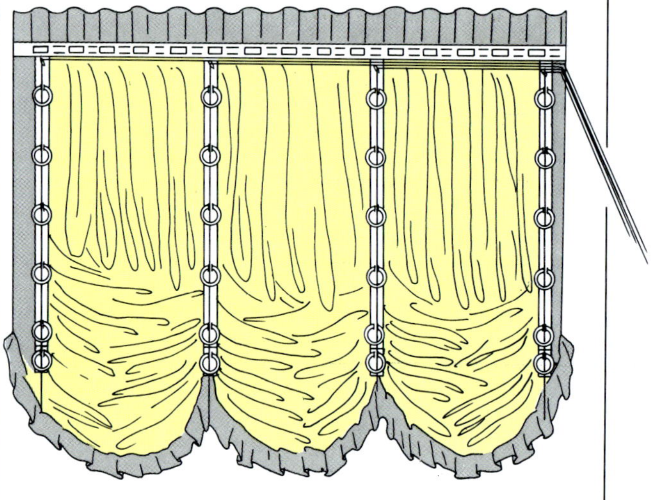

OBERKANTEN, SCHIENEN UND GARDINENSTANGEN 206
MASSNEHMEN 102

NÄHTE 200
ECKEN AUF STOSS FALTEN 201
STICHE 197

OBERKANTEN, SCHIENEN UND GARDINENSTANGEN 206

OBEN *Raffjalousien haben den doppelten Vorteil, daß sie hochgezogen ordentlich und heruntergelassen wie Vorhänge aussehen.*

FALTJALOUSIE

Nach Maß gefertigt, lassen sich Faltjalousien in glatten Falten hochziehen. Die Zugschnüre laufen durch kleine Ringe auf Bändern, die senkrecht an der Rückseite aufgenäht sind. Sie werden zusammengeknotet und zur Befestigung um eine Querleiste neben dem Fenster gewickelt.

Bänder mit Ringen oder Schlaufen gibt es in verschiedener Ausfertigung zu kaufen. Die Stoffbahnen sollten mit einfachen Kappnähten quer zusammengenäht werden. Die Jalousie wird gefüttert, damit sie richtig fällt. Wählen Sie dafür einen guten Baumwollsatin.

Zuschneiden

Fenster ausmessen (s. MASSNEHMEN). Eine 25 mal 50 cm dicke Holzleiste entsprechender Länge provisorisch anbringen.

Für die Breite der Jalousie 9 cm zur Länge der Leiste hinzurechnen. Für die Länge den Abstand zwischen Leiste und Fensterbrett ausmessen und 15 cm für das Futteral am unteren Saum und die Befestigung an der Leiste hinzurechnen. Nach diesen Maßen ein Stück Stoff zuschneiden oder zusammensetzen.

Für das Futter ein Stück Stoff in derselben Länge zuschneiden, das in der Breite aber 3 cm kürzer ist als die Leiste.

Annähen des Futters

Bei beiden Stoffen am oberen und unteren Rand die Mitte markieren.

Beide Teile rechts auf rechts mit einer Nahtzugabe von 1,5 cm abstecken, heften und an den Seiten zusammennähen. Nahtkante nach innen bügeln und Jalousie nach rechts wenden.

Mit dem Futter nach oben den Stoff in der Mitte so abstecken und glattbügeln, daß das Obermaterial als Rand auf beiden Seiten übersteht **(1)**.

1

Am unteren Rand beide Stoffe erst 1 cm und dann 10 cm nach innen umschlagen und abstecken.

Anbringen von Bändern, Holzlatte und Ösenschrauben

Mit Ösen besetzte Bänder, jeweils so lang wie das Rollo, auf der gefütterten Seite feststecken. Außen auf den Nähten beginnen und darauf achten, daß die Ösen in einer waagerechten Linie liegen. Die erste Reihe Ösen sollte direkt über der Saumkante verlaufen. Schnittkanten der Bänder in den Saum stecken. Zwischen den Außenreihen weitere Reihen Bänder in Abständen von 25 bis 40 cm anbringen und alle Bänder durch das Futter hindurch am Stoff annähen.

Saumkante zusammen mit den Enden der Bänder vernähen. 4 cm darunter eine zweite Naht anlegen, so daß ein Futteral für die Holzlatte entsteht. Diese sollte so lang wie das Futteral minus 2 cm sein. Latte ins Futteral stekken und Futteral auf beiden Seiten zunähen **(2)**.

Die beiden Stoffe am oberen Rand mit Zickzackstich

2

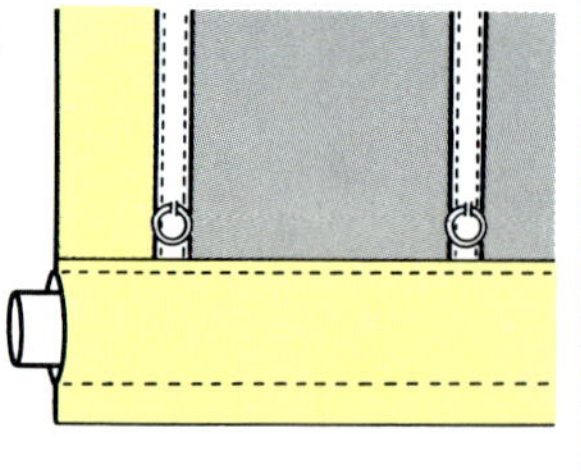

zusammennähen. Leiste vom Fenster nehmen. Oberen Rand des Stoffes auf die Oberkante der Leiste legen und festnageln oder -takkern. In der Unterseite der Leiste über jeder Ösenreihe eine Ösenschraube anbringen.

3

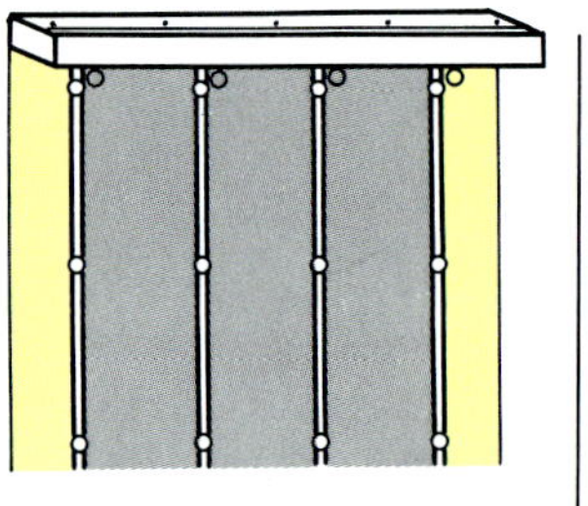

Einfädeln der Zugschnüre

Für jedes mit Ösen besetzte Band eine Zugschnur zuschneiden. Ihre Länge sollte der zweifachen Länge der fertigen Jalousie plus ihrer Breite entsprechen. Die erste Schnur an der untersten Öse links verknoten, durch alle Ösen senkrecht nach oben führen und dann durch die Ösenschrauben bis auf die rechte Seite **(3)**. Die zweite Schnur an die unterste Öse der nächsten Reihe knoten und das Ganze so für alle Schnüre wiederholen, bis sie auf der rechten Seite nebeneinander herabhängen. Leiste wieder am Fenster anbringen. Rechts neben dem Fenster eine Klampe anbringen. Schnüre auf der Höhe des Fensterbretts zusammenknoten; Jalousie hochziehen und Schnüre straff um die Klampe wickeln.

MASSNEHMEN 102
EINLAGEN UND FUTTERSTOFFE 196
STICHE 197

OBEN *Nehmen Sie für Faltjalousien einen Stoff, der in seiner ganzen Länge ebenso gut aussieht wie zusammengefaltet.*

OBEN *Die in sich gedrehte Form dieses Vorhangs gibt dem Raum eine plastische Dimension.*

IN SICH GEDREHTE JALOUSIE

Dieser elegante Behang bedeckt das Fenster nur halb, und der hauchdünne Stoff filtert das Licht. Eine dünne Schnur, die durch eine Tunnelnaht in der Mitte verläuft, zieht den Vorhang so zusammen, daß er seine ungewöhnliche Form erhält. Stoff und Zugschnur werden an einer Leiste oben am Fenster befestigt.

Ausführung

Fenster ausmessen (s. MASSNEHMEN) und eine 50 mal 25 cm dicke Leiste in entsprechender Länge zuschneiden.

Für die Breite der Jalousie gilt die Länge der Leiste plus 2,5 cm. Für die Länge Abstand zwischen Leiste und Fensterbrett ausmessen, 5 cm für den Saum und die Befestigung an der Leiste und 20 cm zum Hochraffen hinzurechnen. Nach diesen Maßen ein Stück Stoff zuschneiden. An den Seiten und am unteren Rand doppelte Säume von 6 mm Breite einschlagen, die Ecken dabei auf Stoß falten (s. ECKEN AUF STOSS FALTEN) und abstecken.

Die längsseitige Mittellinie der Jalousie mit einer Reihe Stecknadeln markieren. Ein 1 cm breites Band darüber feststecken, die Nadeln dabei entfernen **(1)**.

1

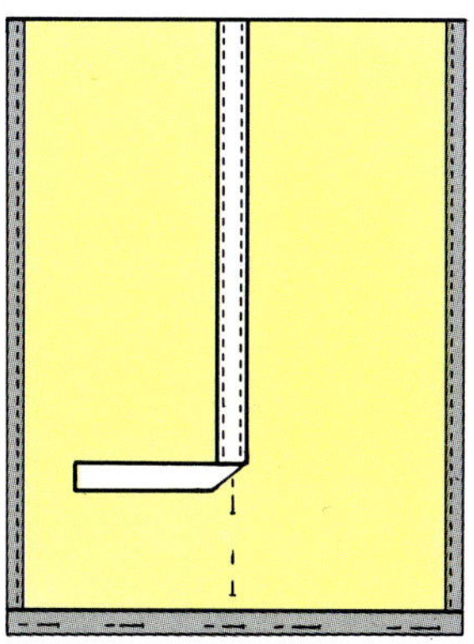

MASSNEHMEN **102**

ECKEN AUF STOSS FALTEN **201**

Das Band an den Längsseiten festheften und -nähen. Eine schmale, weiche Schnur durchfädeln und oben mit einer Nadel feststecken. Die Enden von Band und Schnur in den Saum stecken, Säume unten und an den Seiten vernähen **(2)**.

2

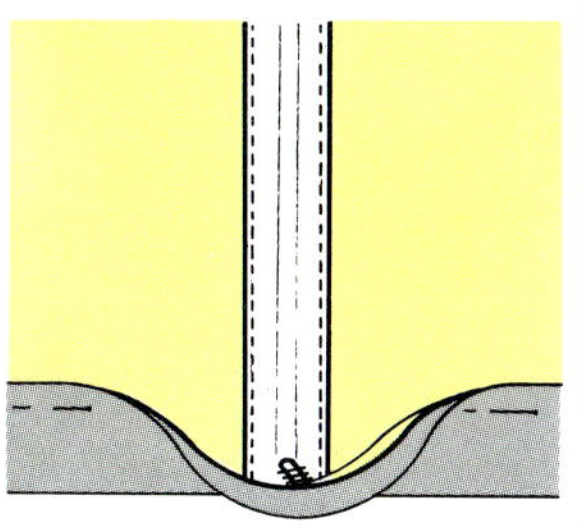

Oberen Rand des Stoffes über die Leiste legen und festnageln oder -tackern. Leiste auf die gewünschte Höhe hochhalten. Schnur so hochziehen, daß der Stoff sich in sich dreht und die unteren Ecken gerade eben das Fensterbrett berühren. Schnur entsprechend abschneiden und auf die Leiste tackern. Leiste befestigen.

3

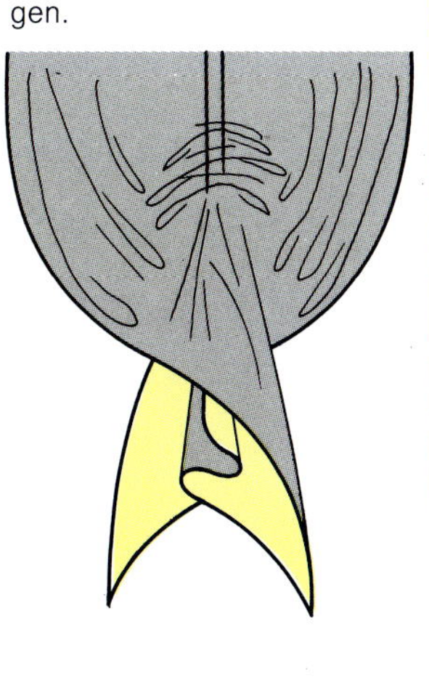

IDEEN FÜR DURCHSICHTIGE JALOUSIEN

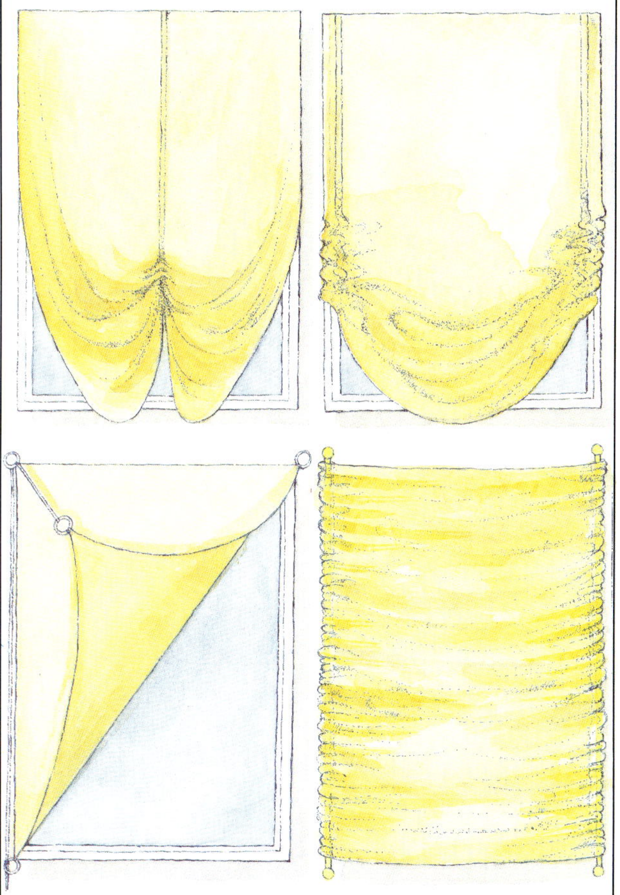

Machen Sie mit einem Stück Gaze oder anderem locker gewebten Stoff ein schlichtes Fenster zu einem plastischen Blickfang. Jede dieser Ideen ist mit Bändern und Futteralen leicht zu verwirklichen. Die eleganteste Lösung ist das Segel – der Stoff wird einfach an allen vier Ecken mit Haken und Ösen befestigt. Zum Öffnen zieht man dann eine Ecke nur mit einem Stück Schnur hoch.

SECHS JALOUSIEN-IDEEN

Jalousie mit geschwungenem Rand

Schnittmuster für den Rand folgendermaßen anfertigen: ein Rechteck in der Länge der Jalousiebreite ausschneiden und auf halbe Breite zusammenfalten. Mit der freien Hand den unteren Rand zu einer Kurve formen; Schnittmuster ausschneiden.

Stoff und Futter auf die gewünschte Größe (s. MASSNEHMEN) plus 3 cm Nahtzugabe zuschneiden und rechts auf rechts legen; Schnittmuster am Rand anlegen und nachzeichnen. Stoffe mit 1,5 cm Nahtzugabe zusammennähen und dabei direkt oberhalb der gekurvten Kante seitliche Öffnungen von 4 cm freilassen. Versäubern und wenden. Randstreifen mit zwei Nähten von Öffnung zu Öffnung an die Jalousie nähen, so daß ein Futteral entsteht.

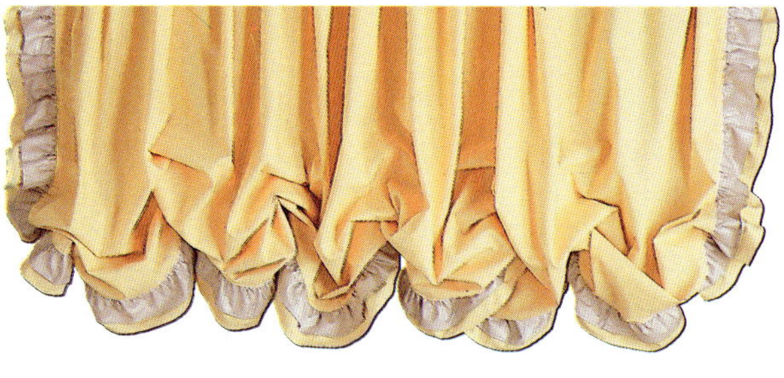

Faltjalousie mit Biesen

Obermaterial und Futter jeweils zu einem Stück Stoff von gewünschter Größe zuschneiden (s. FALTJALOUSIE). Dabei in der Breite 3 cm zugeben und in der Länge 13 cm für Futteral und Befestigung und 12 mm für jede Biese.

In gleichmäßigen Abständen die Stellen auf der Jalousie markieren, wo die Biesen sitzen sollen. Obermaterial und Futter zusammennähen und Futteral nähen (s. FALTJALOUSIE).

Stoff an den Markierungslinien entlang in Falten legen und diese 6 mm unterhalb des Faltenumbruchs mit einer Naht befestigen. Die Biesen dabei abwechselnd auf Vorder- und Rückseite der Jalousie nähen. Auf die Biesen an der Rückseite in Abständen von 30 cm Gardinenringe nähen, den ersten und letzten jeweils 2 cm vom Seitenrand entfernt. Jalousie an der Leiste befestigen und Zugschnüre einfädeln.

Rüschenjalousie

Ein Stück Stoff in der gewünschten Größe (s. MASSNEHMEN für Raffjalousie) mit Nahtzugaben von 1,5 cm zuschneiden, abzüglich 10 cm in der Länge.

Einen 9,5 cm breiten Streifen anfertigen, der die zweifache Länge von Seiten- und Unterkanten hat und an einer Seite zu einem 1 cm breiten doppelten Saum einschlagen. Einen 12,5 cm breiten Streifen ebenso zuschneiden und säumen. Streifen aufeinanderlegen und mit zwei Reihen Heftstich 1,5 cm unterhalb der Schnittkanten einreihen.

Mit Ösen besetztes Band an der Jalousie befestigen, die äußeren etwa 3 cm innerhalb der seitlichen Schnittkanten, die unterste Reihe Ösen 3 cm über dem unteren Rand.

Die doppelte Rüsche kantengleich rechts auf rechts an die Jalousie nähen; dabei gleichmäßig zurechtzupfen.

FALTJALOUSIEN 106
MASSNEHMEN 102
MASSNEHMEN 102

Rollo mit durchbrochenem Muster

Für das Muster ein rechteckiges, 2 mal 4 cm großes Stück Papier ausschneiden. Obermaterial und Futterstoff in gewünschter Größe plus 3 cm in der Breite und 5 cm in der Länge zuschneiden. Beide Stoffe rechts auf rechts legen; an den Seiten abstecken, heften und zusammennähen. Versäubern und wenden.

Parallel zum unteren Rand eine gerade Linie 12 cm ziehen und darauf die Mitte markieren. Mit dem Schnittmuster in regelmäßigen Abständen in einem Winkel von 45° auf dieser Linie sechs Rechtecke einzeichnen, drei zu jeder Seite des Mittelpunktes. Konturen mit Zickzackstich umnähen. Stoff in der Mitte ausschneiden.

Faltjalousie mit Bordüre

Obermaterial und Futter in gewünschter Größe zuschneiden (s. MASSNEHMEN). Dabei in der Breite 3 cm für den Saum zu- und 10 cm für die Bordüre abrechnen, in der Länge 8 cm zu- und 5 cm abrechnen.

Aus kontrastierendem Stoff zwei 13 cm breite Streifen in der Länge der Jalousie plus 6,5 cm und einen Streifen in der Länge der Jalousiebreite zuschneiden. Beide Streifen der Länge nach zusammenfalten und glattbügeln. Bordüre nähen; dabei die Nähte an jedem Ende 1,5 cm weit offenlassen (s. AUFEINANDER ABGESTIMMTE TISCHTÜCHER).

Bordüre rechts auf rechts und kantengleich an die Jalousie nähen.

Mit Ösen besetztes Band an der Jalousie befestigen. Bordüre einschlagen und säumen.

MASSNEHMEN 102

MASSNEHMEN 102
AUFEINANDER ABGESTIMMTE TISCHTÜCHER 160

Jalousie mit senkrechten Falten

Obermaterial und Futter in gewünschter Größe mit 1,5 cm Nahtzugabe zuschneiden (s. FALTJALOUSIE). In der Breite Stoff für 15 cm breite Kellerfalten in Abständen von 24 bis 32 cm zugeben. Arbeitsanleitungen für Kellerfalten (s. FALTEN) ausführen.

Obermaterial und Futter rechts auf rechts legen; seitliche Nähte abstecken, heften und nähen. Versäubern und wenden. Anstoß- und Faltenumbruchlinien oben und unten auf der Jalousie markieren. Entsprechende Falten legen. Oben und unten mit einer Naht befestigen.

Unterkante nach außen schlagen und 5 cm breites Band darübernähen. Auf die Rückseite der Falten in deren Mitte Gardinenringe nähen; die erste Reihe am Futteral entlang, die weiteren Reihen in Abständen von je 20 cm darüber bis nach oben. Den unteren Rand um zwei Ringe hochbinden.

FALTJALOUSIEN 106
FALTEN 205

Stühle und Kissen

Je nachdem, ob wir arbeiten, essen oder uns entspannen, wählen wir verschiedene Sitzgelegenheiten. Stuhl oder Sofa sind eventuell gepolstert oder wir machen sie mit Kissen noch bequemer. Stoffbezüge für Sitze und Kissen bieten viele dekorative Möglichkeiten. Behalten Sie die praktische Anwendung des Sitzes und seine Plazierung im Auge, und lassen Sie dann Ihrer Phantasie freien Lauf.

Polstersessel und Sofas haben häufig lose Bezüge, die, fast wie ein Kostüm, nach Maß zugeschnitten und genäht sind. Um diese Analogie noch weiter zu treiben: Es gibt viel mehr Arten, einen Sessel zu bekleiden, als mit den Grundtechniken der Schneiderei wie Quetschfalten oder Rüschenvolants. Wie die Kleidung ist die Dekoration eines Sessels eine Frage des Stils, des Gefühls für Linienführung und der Liebe zum Detail.

Die einfachste Art der Umhüllung für einen Stuhl – sozusagen das Äquivalent zu einer Toga – ist die, etwas über ihn zu werfen oder ihn zu drapieren. Steppdecken und Paisley-Schals sind ausgezeichnet dafür geeignet. Wenn Sie einen Möbelstoff verwenden, so seien Sie großzügig mit der Menge, damit die Lässigkeit auch wirklich Stil hat. Außerdem bietet es eine hervorragende Möglichkeit, einen Stoff auszuprobieren. Lassen Sie ihn ein paar Tage liegen, um zu sehen, wie er wirkt. Gehen Sie einen Schritt weiter: legen Sie den Stoff in Positur, und wickeln Sie ihn um die Stuhlbeine. Benutzen Sie Stoffstücke in verschiedenen Farben.

Haute Couture für Polstermöbelbezüge ist das andere Extrem. Der italienische Couturier Gianfranco Ferre fertigte für ein Sofa und einen Lehnstuhl drei Garnituren an. Jede war maßgeschneidert, die weich drapierten Rückseiten anstelle eines Reißverschlusses mit einer langen Reihe Perlmutt-

RECHTS *Sessel mit nicht verkleideten Holzlehnen lassen sich leicht mit losen Bezügen versehen. Hier sind daraus ruhige Farboasen in einem großen, leeren Raum geworden.*

UNTEN *und* RECHTS *Zwei extreme Beispiele für lose Bezüge – der eine ganz eng auf Maß zugeschnitten, der andere ein simpler »Überwurf«.*

knöpfe festgemacht. Die Garnitur für Sommertage war aus Leinen, die für den Winter aus dicker, warmer Wolle mit Quasten und die dritte, das Abendkleid, aus perlfarbenem Taft. Er machte es zur Bedingung, daß für jedes Möbelstück zwei Garnituren mitgekauft werden mußten.

Die Idee, verschiedene lose Bezüge passend zu Jahreszeit und Gelegenheit zu machen, ist zwar sehr extravagant, aber durchaus nachahmenswert. Für Kissen etwa ließe sich das gut machen. Taft wäre für einen Sesselbezug sehr unpraktisch, aber ein mit Seidentaft bezogenes Kissen mit Perlmuttknöpfen könnte reizend aussehen.

Wenn Sie Kleiderstoffe als Raumtextilien wählen,

so vergewissern Sie sich, daß sie den zu erwartenden Belastungen standhalten. Bei einem losen Bezug mit gekraustem Saum ergibt sich mit grobem Drillich ein amüsanter und überraschender Kontrast zur femininen Wirkung der Rüsche. Ein solcher Sessel könnte wie bei Gianfranco Ferre auch auf der Rückseite durchgeknöpft sein – nehmen Sie Knöpfe in leuchtenden Farben, und er würde gut in ein Kinderzimmer passen.

Spezialisieren Sie sich bei losen Bezügen auf derartige Details. Führen Sie bei einem Sofa die Stoßfalten bis hoch zum Sitz oder legen Sie den Stoff in dieser Höhe um das ganze Sofa herum in

breite Quetschfalten. Zur Dekoration und um die Kanten zu verstärken, werden dann Paspeln aufgesetzt. Statt in derselben oder einfach in einer Kontrastfarbe machen Sie Paspeln aus kariertem oder gestreiftem Stoff. Schneiden Sie die Saumkante zu Bögen, Spitzen oder viereckigen Ausschnitten zu. Wenn der Stoff ein Muster hat, das sich dafür anbietet, so schneiden Sie am Saum den Umriß der Motive aus. Gefältelte Einsätze kann man wirkungsvoll in unterschiedlichen Farben und Stoffen herstellen.

Chaiselongues sind häufig mit Samt oder gestreiftem Stoff in Régence-Stil bezogen, aber sie sehen auch in leuchtenden Farben, in Matratzenstoff, breiten Streifen, wollenem Schottenstoff oder in schlichtem, cremefarbenem Kattun gut aus. Machen Sie einen Chaiselonguebezug mit kleingeblümtem Muster und einer Bordüre als Einfassung; vervoll-

LINKS *Aus grauem Leinen wird ein ungewöhnlicher Bezug für ein antikes Sitzmöbel. Die stumpfe Oberfläche des Stoffes kontrastiert zum Schimmer der Vergoldung.*

LINKS *Ein Sitz mit starren Linien bringt diesen gesteppten Bezug in Form – eine gute Verkleidung für harte und unansehnliche Sitzgelegenheiten, wenn man nicht auf sie verzichten kann.*

Auch das alltäglichste Möbelstück läßt sich durch dekorative Aufbereitung verwandeln.

UNTEN *Leuchtende Farben halten dem Sonnenlicht stand. Diese gestreiften Liegen haben ein heiteres »Strand«-Flair.*

ständigen Sie es dann mit Keilkissen und sauber gefalteter Decke zu einer Tagesliege.

Kleine Stühle ohne Armlehnen können durch Bezüge mit langen Schößen, die ihre dürren Beine verdecken, umwerfend aussehen. Sie werden dadurch zu hübschen und bequemen Sitzgelegenheiten. Selbst ein ausrangierter alter Autositz blüht unter dieser Behandlung auf. Wenn Sie Blumenmuster verarbeiten, dann in Übergröße und so, daß das Hauptmotiv in der Sitzmitte plaziert ist. Sofas und Sitze aus Rohrgeflecht können luxuriös und behaglich wirken, wenn man sie zusätzlich mit quadratischen Kissen belegt.

Eßstühle und Küchenstühle haben gewöhnlich hölzerne Rückenlehnen; der Sitz besteht aus Holz, Rohrgeflecht oder Polster. Bei der rustikalen Variante, die in der Küche zu finden ist, machen sich kleine Sitzkissen gut, die man hinten festbinden kann. Stellen Sie sie aus dünn ausgestopftem Patchwork her, flechten Sie Matten aus Stoffstreifen oder machen Sie kleine bunte Matratzen mit Quasten. Wenn kleine Kinder da sind, nähen Sie eine leicht

OBEN *Kissen und Matratzen in robustem Segeltuch sind gut für draußen geeignet und sehen zwanglos und bequem aus.*

zu waschende Bezugsgarnitur und tauschen Sie sie abends und bei Parties gegen andere Bezüge aus. Für die Rückenlehne kann man auch einen Bezug machen. Fertigen Sie ihn aus gestepptem Stoff an. Wenn Sie Sitzbänke haben, belegen Sie sie mit quaderförmigen Kissen, und machen Sie einfache viereckige Kissen zum Anlehnen. Befestigen Sie an der Wand eine Leiste mit Haken, nähen Sie Schlaufen an die Kissen und hängen Sie sie über die Haken.

Eßstühle, auch gepolsterte, können in lose Bezüge gehüllt werden. Das war früher sogar ziemlich üblich, um die kostbare Polsterung zu schützen. Nehmen Sie viereckige, strenge Formen für Stühle mit geraden Linien und Kräuselvolants für geschwungene.

Ein Lagerungsproblem läßt sich dadurch lösen, daß man für Gartenmöbel Winterbezüge macht, so daß sie bei kaltem Wetter drinnen benutzt werden können. Nehmen Sie gesteppten Stoff für Gartenliegen, ersetzen Sie das Segeltuch von Liegestühlen und Klappstühlen durch Samt oder Wildleder, und statten Sie die Kissen von Korbstühlen mit neuen Bezügen in warmen Farben aus.

Es ist erstaunlich, wie sehr sich ein Raum mit ein paar neuen Kissenbezügen aufheitern läßt. Auf Bett oder Sofa gruppiert, in unterschiedlichen Formen und Größen, können sie wunderschöne Farbtupfer abgeben, vielleicht im Einklang mit den Farben eines darüber hängenden Bildes. Alberne kleine Rüschenkissen mit applizierten oder aufgestickten, intimen oder witzigen Mitteilungen eignen sich gut zur allgemeinen Belustigung.

Stapel aus drei oder vier festen Polsterkissen, mit einer Schnur garniert und zusammengehalten, bilden gute provisorische Sitzgelegenheiten. Stabile Polsterwürfel geben auch gute Sitze oder Tische für Kinder ab. Ein interessanter Patchworkeffekt entsteht, wenn jede Seite in Farbe oder Muster unterschiedlich ist.

Für Kissen läßt sich jedes Material verwenden. Kostbare Spitze kann mit buntem oder einfarbigem Stoff unterlegt werden. Teures Material wie Plattstichstickerei oder Reste von einem Kelim kann mit schlichtem Stoff zusammen verarbeitet werden. Man kann alles verwenden, Lurex, Samt und Tweed,

Schottenkaro und andere Kleiderstoffe. Im Vergleich zu anderen Raumtextilien ist der Aufwand bei Kissenbezügen minimal, der Effekt groß und die Auswahl endlos.

Der Phantasie sind bei der Gestaltung von Kissenbezügen kaum Grenzen gesetzt. Sobald Sie mit den Grundkenntnissen der Anfertigung vertraut sind, sollten Sie sich unbedingt an eigene Entwürfe wagen.

Und mit einem selbstgenähten Kissen haben Sie – bei etwas Einfühlung in den Beschenkten und dessen Wohnräume – garantiert ein willkommenes Mitbringsel. Warum also nicht gleich damit anfangen?

Stapeln Sie Kissen und schnüren Sie sie zu einem bequemen Sitz zusammen.

UNTEN *Blumen- und Streifenmuster wurden hier durch Blau vor einem weißen Hintergrund auf einen Nenner gebracht. Eine große Menge Kissen zu beziehen, kostet relativ wenig und sieht luxuriös aus.*

OBEN *Aus Kissen und losen Polstern werden bequeme Arm- und Rückenlehnen für jeden ungepolsterten Stuhl.*

IDEEN FÜR STUHLBEZÜGE

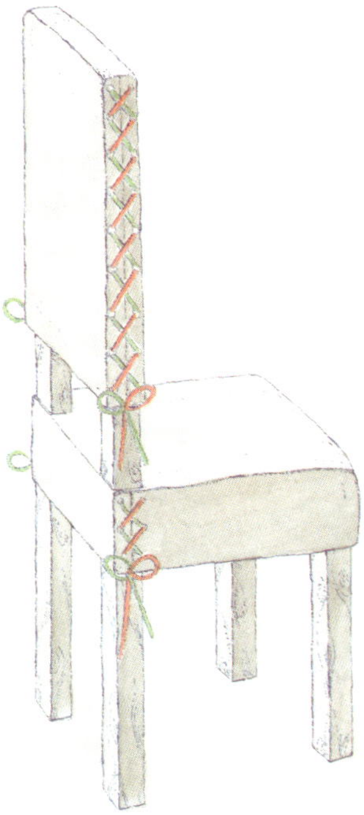

Eine einfache und stilvolle Methode, Eßzimmerstühle zu beziehen, ist die, sie an den Seiten mit farbiger Kordel oder einem Band zu verschnüren. Fertigen Sie die Bezüge nach der angegebenen Methode an, nur setzen Sie statt Bändern an den gesäumten Kanten in regelmäßigen Abständen Ösen ein. Die Ösen müssen paarweise jeweils auf einer Höhe liegen. Bezüge aufziehen und festschnüren.

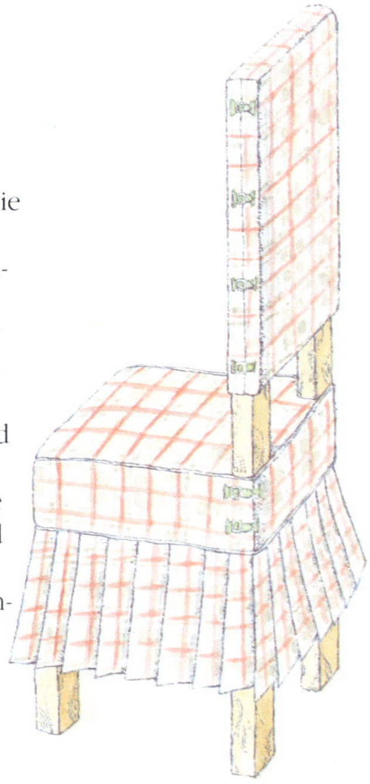

Wählen Sie sich ein Thema, und verkleiden Sie Ihre Möbel. Machen Sie Ihrem Stuhl mit Schottenstoff und Lederschnallen einen Kilt. Der Bezug für den Sitz hat einen Schoß aus Messerfalten und am oberen und unteren Rand eine kontrastierende Paspel. Der Bezug für die Rückenlehne ist glatt und wird an jeder Seite mit vier Schnallen zusammengehalten.

STUHLBEZÜGE ZUM FESTBINDEN

Dies ist eine der einfachsten Möglichkeiten, Stühle zu beziehen. Die Rückenteile sind rechteckige Stoffstücke, die oben auf dem Stuhl zusammengenäht werden. Der Stoff für die Sitze ist an den hinteren Ecken jeweils geschlitzt.

Bezug für den Sitz

Sitz einschließlich Seitenteile ausmessen. Rundherum 2 cm Nahtzugabe hinzurechnen. Stoff entsprechend zuschneiden.

Stoff mit linker Seite nach oben über den Sitz legen. Überstehenden Stoff an Ecken zu Abnähern abstecken **(1)**. Bezug abnehmen, vordere Abnäher nähen; versäubern, zu beiden Seiten flach aufbügeln. Bezug mit

1

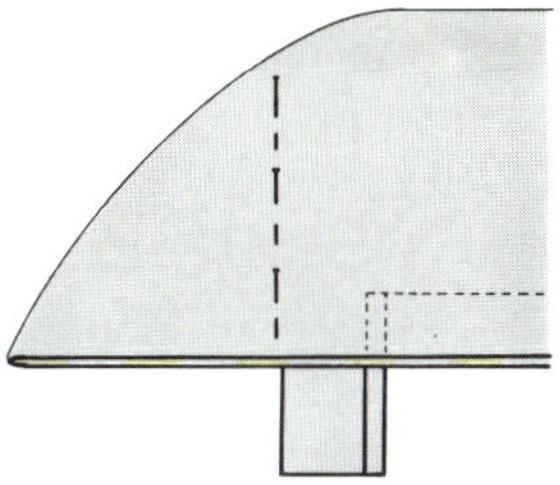

rechter Seite nach oben wieder auf den Stuhl legen. In hinteren Ecken Stoff einschneiden und für beide Beine je ein Stoffviereck ausschneiden, wobei für Saum rundherum 1 cm stehengelassen wird **(2)**. Um viereckiges Loch und eingeschnittene Öffnung herum Stoff zu 6 mm breitem dop-

2

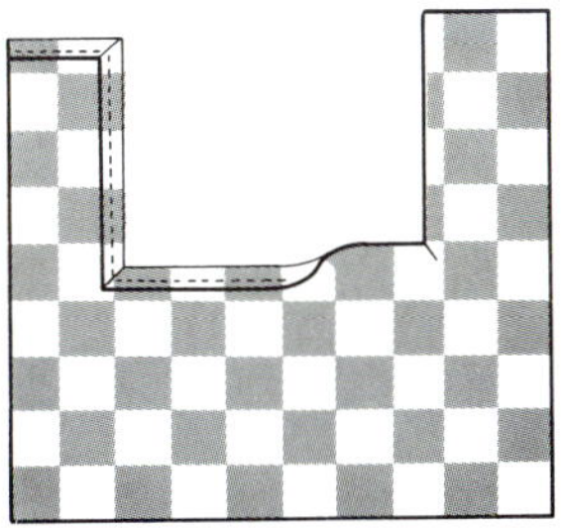

pelten Saum einschlagen; abstecken, heften, nähen.

Vier 30 mal 3 cm große Streifen aus demselben Stoff zuschneiden, der Länge nach zusammenfalten. Längsseiten und ein Ende 6 mm einschlagen; abstecken, heften, nähen, glattbügeln.

An hinteren Ecken je zwei Bänder so anbringen, daß Schnittkanten unter den Bezug geschoben und dort angenäht werden **(3)**. Ränder mit Zickzackstich vernähen, 2 cm einschlagen, festklemmen.

3

Bezug für die Rückenlehne

Höhe und Breite der Rükkenlehne ausmessen. Oben 1,5 cm, unten und an Seiten 2 cm zugeben. Stoff entsprechend zuschneiden.

Vordere Höhe der Rückenlehne mit Naht- und Saumzugaben wie oben ausmessen. Breite von hinterer Seitenkante aus um Vorderseite herum bis zur anderen hinteren Seitenkante abmessen, 2 cm zugeben. Stoff entsprechend zuschneiden. Vorder- und Rückenteil am oberen Rand zusammennähen.

Bezug mit linker Seite nach außen über Rückenlehne ziehen und an oberen Ecken zusammenstecken **(4)**. Bezug abnehmen, nähen, versäubern.

4

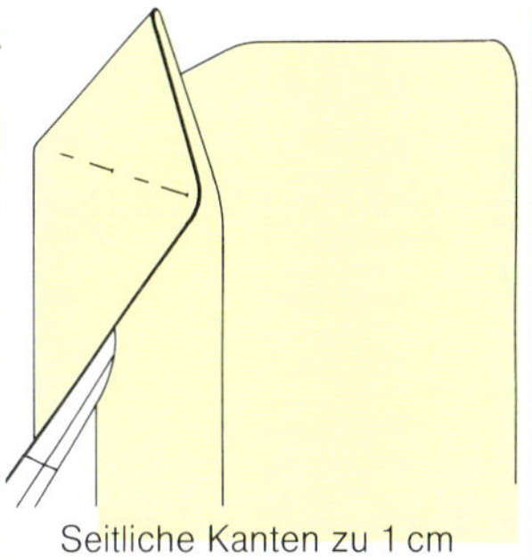

Seitliche Kanten zu 1 cm breiten doppelten Säumen einschlagen; Säume abstecken, heften, nähen. Untere Ränder mit Zickzackstich vernähen, 2 cm weit einschlagen, befestigen.

Sechs Paar Bänder auf gleiche Weise anfertigen wie für Sitzbezug. In gleichmäßigen Abständen an äußeren Rändern des Bezugs befestigen **(5)**.

5

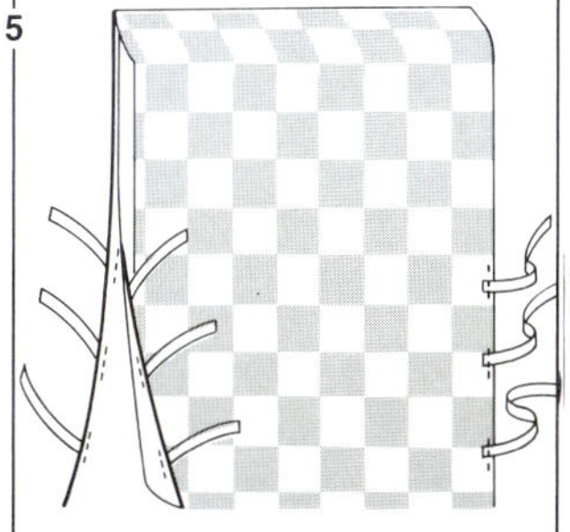

SCHNITTKANTEN VERSÄUBERN **200**

OBEN *Diese Bezüge für Sitz und Rückenlehne beleben eine Garnitur aus traditionellen Eßzimmerstühlen und sind eine leichte Aufgabe.*

SOFABEZUG ZUM FESTBINDEN

Das rechteckige Sofa wird in einem Stück bezogen. An allen vier Ecken wird der Bezug von Bändern aus demselben Stoff zusammengehalten, und die Falten zwischen den Seitenteilen und der Rückenlehne des Sofas werden abgenäht.

Anfertigung des Sofabezugs

Für die Länge das Sofa von der hinteren Unterkante aus über die Rückenlehne nach vorn, über den Sitz hinweg bis auf den vorderen unteren Rand ausmessen **(A–B)**. Auf beiden Seiten 5 cm zugeben **(1)**. Für die Breite das Sofa vom seitlichen unteren Rand über die Armlehne bis zum Sitz, quer über den Sitz und die zweite Armlehne hinweg nach unten bis zum Rand ausmessen **(C–D)**. Saumzugaben wie oben. Ein Stück

1

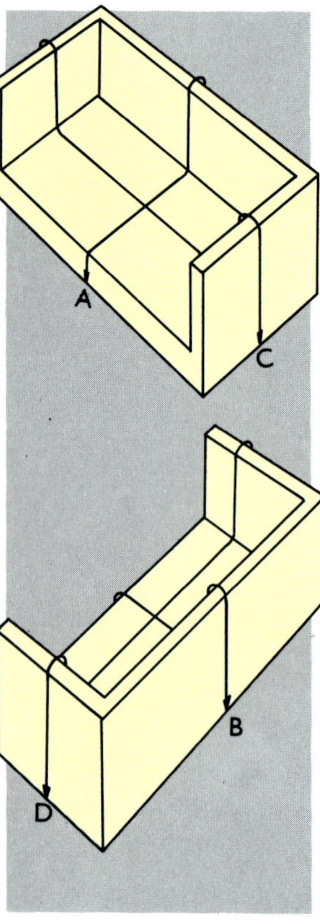

Stoff nach diesen Maßen zuschneiden. Um auf die Breite zu kommen, ist es wahrscheinlich notwendig, Stoffbahnen zusammenzusetzen. In diesem Fall die Nähte gleichmäßig über das Sofa verteilen. Flache Nähte mit 1,5 cm Zugabe arbeiten.

Zwölf 30 mal 2 cm große Stoffstreifen zuschneiden, der Länge nach zusammenlegen und längsseits und an einem Ende mit 6 mm Nahtzugabe abstecken, heften und zusammennähen. Nach rechts wenden.

Sofa überziehen

Stoff paßgerecht über das Sofa legen und die Öffnungen an den vorderen Außenkanten markieren **(E–F)**; dabei den Linien der Polsterung folgen **(2)**. Ebenso Öffnungen an den hinteren

2

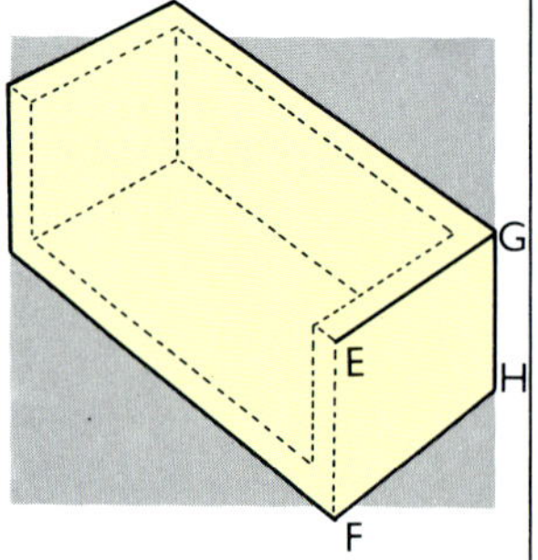

Außenkanten bis oben hin aufschneiden. Je drei Paar Bänder in gleichmäßigen Abständen mit den Schnittkanten an die Öffnungen heften.

Für die Einfassung einen 5,5 cm breiten Streifen in der zweifachen Länge der Öffnung zuschneiden, rechts auf rechts an die Öffnung legen und 3 mm von der Kante entfernt abstecken, heften und nähen. Dabei am oberen Rand nur wenige Gewebefäden erfassen **(3)**. Nahtränder auf die Einfassung bügeln und diese auf die Innenseite des Bezuges wenden, an der verbleibenden langen Schnittkante 3 mm einschlagen und mit Schlupfstich über der ersten Naht befestigen.

Das Ganze für alle Öffnungen wiederholen.

Bezug wieder über das Sofa legen und Bänder über den Öffnungen zu Schleifen

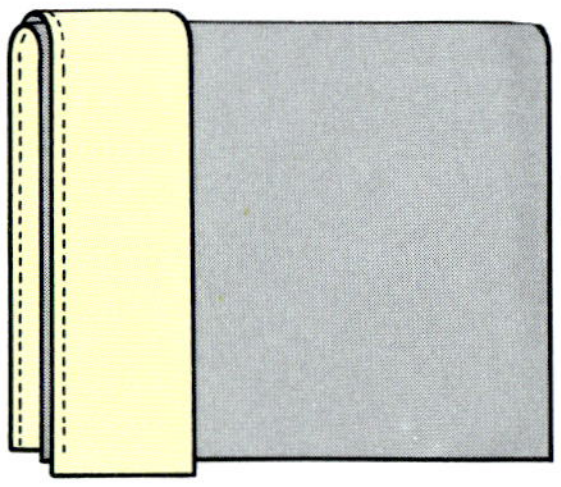

3

binden. Stoff um den Sitz herum unter die Polster drücken. Den überschüssigen Stoff in den Ecken zu zum Sitz hin auslaufenden Abnähern falten und abstekken. Bezug abnehmen; Abnäher heften und nähen, zurechtschneiden und versäubern.

Äußeren Rand des Bezuges zu einem 2,5 cm breiten doppelten Saum einschlagen. Abstecken, heften und nähen. Bezug wieder über das Sofa legen.

OBEN *Diese Bezüge sind einfach anzubringen und leicht abzunehmen – ein Pluspunkt, wenn man hellen Stoff verwendet.*

BEZUG FÜR KLUBSESSEL

Diese ungewöhnlichen Überzüge werden, ähnlich wie lose Bezüge, über die Klubsessel gestreift und darunter zusammengebunden. Sie sind schnell herzustellen, da sie nicht genau passend geschnitten sein müssen. Die leichte Raffung an der oberen Kante liefert die nötige Weite.

Ausführung

Länge des Kantstreifens von unten über die ganze Lehne hinweg bis zur andern Seite unten ausmessen, dabei auf jeder Seite 15 cm zugeben **(1)**. Danach mit 3 cm Nahtzugabe die Breite ermitteln. Kantstreifen nach diesen Maßen zuschneiden.

Breite für den eigentlichen Bezug von Kante zu Kante um die breiteste Stelle der Rückenlehne herum ausmessen. 3 cm zugeben. Höhe ermitteln, indem man vom Kantstreifen zum unteren Rand mißt und 16,5 cm zugibt. Ein Stück Stoff nach diesen Maßen zuschneiden oder zusammensetzen.

Den Linien des Sessels folgend oberen Rand des Bezugs für die Rückseite abrunden. Dazu mit Heftstichen den Stoff oben einreihen. Rückenteil so an den Kantstreifen legen, daß die unteren und vorderen Seitenkanten paßgerecht sind. Falten am oberen Rand des Rückens so raffen, daß Rückenteil und Kantstreifen übereinstimmen; abstecken, heften und zusammennähen **(2)**.

2

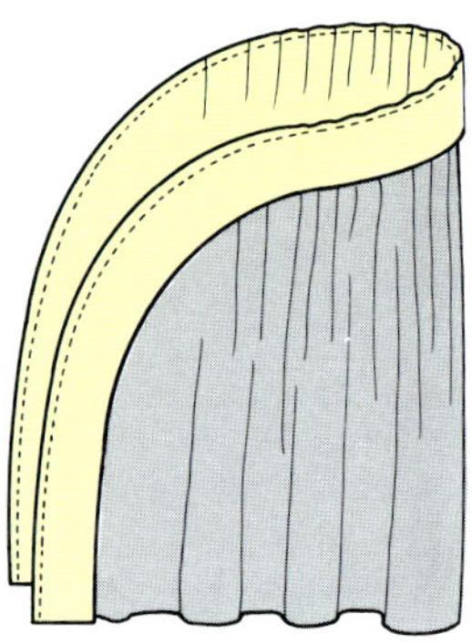

Als nächstes die Innenseite des Sessels von Kante zu Kante ausmessen und 3 cm zugeben. Die Höhe vom höchsten Punkt der Rückenlehne aus über den Sitz hinweg nach vorn und bis zum unteren Rand ausmessen, 16,5 cm zugeben. Nach diesen Maßen ein Stück Stoff zuschneiden oder zusammensetzen. Innenteil wie den Rücken an der oberen Kante entlang mit Heftstichen raffen.

Innenteil paßgerecht an den Kantstreifen legen. Oberen Rand in Übereinstimmung mit dem Kantstreifen raffen. Abstecken, heften und nähen **(3)**.

3

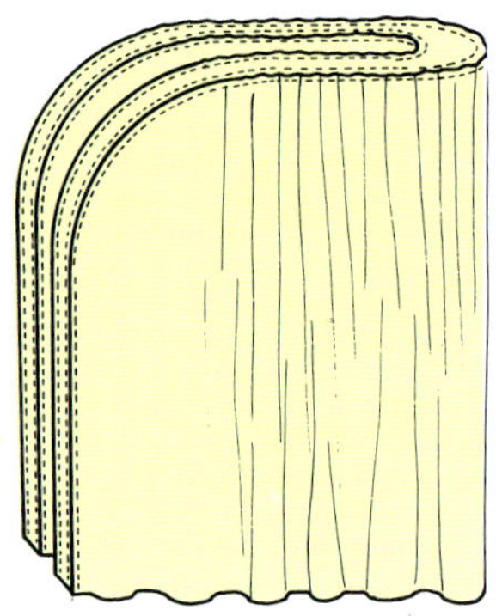

Unteren Rand erst 1 cm, dann 4 cm breit einschlagen. Dicht an der Saumkante entlang abstecken, heften und nähen, so daß ein Futteral entsteht. Naht an einer Stelle offenlassen.

1 cm breites Band durch das Futteral fädeln. Bezug über den Sessel ziehen und das Band so zusammenziehen, daß der Bezug am unteren Rand eng anliegt. Falten dabei gleichmäßig verteilen. Band verknoten und unter den Bezug schieben.

1

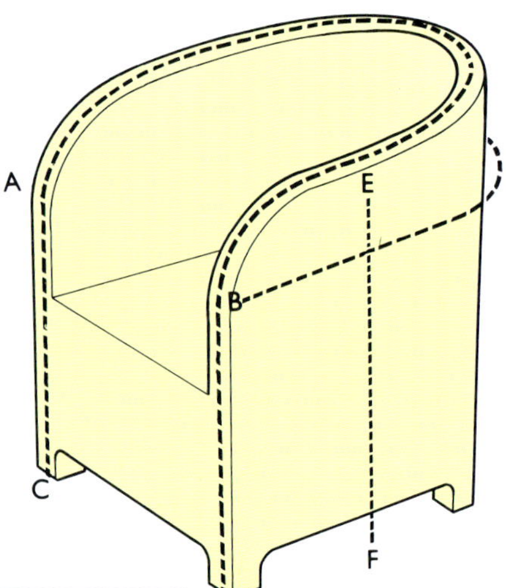

STICHE 197

OBEN *Auch die ungewöhnlichsten Sessel können überzogen werden – gehen Sie das Problem so an, als würden Sie ein Kleid anpassen.*

MASSNEHMEN – LOSE BEZÜGE

Machen Sie eine Rohskizze von Ihrem Sofa und markieren Sie darauf den Namen für jedes Teilstück.

A Rückseite außen

B Vorderseite (Einschlagkante am unteren Rand hinzurechnen)

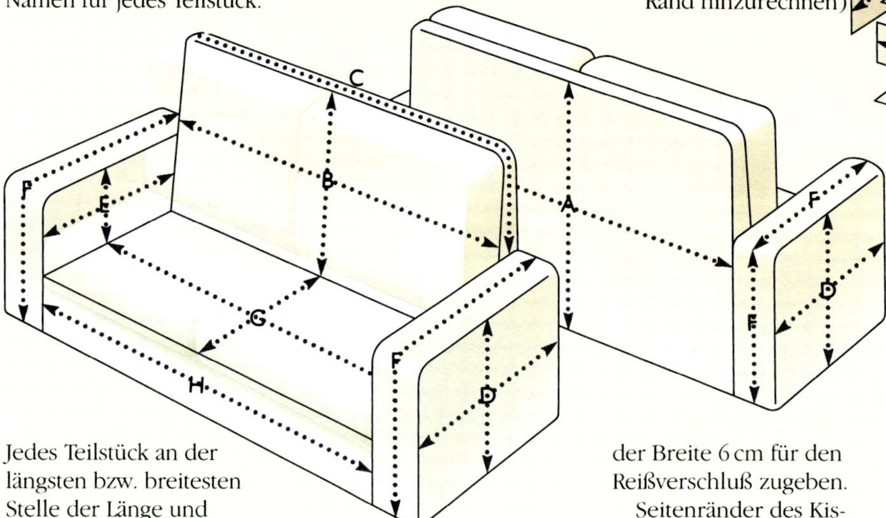

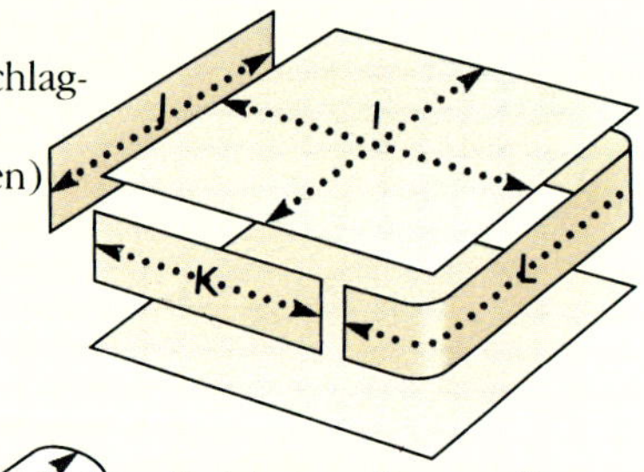

C hinterer Kantstreifen
D Armlehne außen
E Armlehne innen (Einschlag am Rand zurechnen)
F Armlehnen-Kantstreifen
G Sitzfläche (seitlich und hinten Einschläge hinzurechnen)
H vorderer Rand
I Kissenober- und -unterseite
J Vorderer Kantstreifen
K seitlicher Kantstreifen
L hinterer Kantstreifen

Jedes Teilstück an der längsten bzw. breitesten Stelle der Länge und Breite nach abmessen. Maße jedes Teilstücks in die Skizze eintragen und Fadenrichtung des Stoffes aufzeichnen.

Entscheiden Sie sich für einen bestimmten Volant (s. RÜSCHEN UND FALTEN). Für den Schoß mit Kellerfalten 14 cm von der Höhe des äußeren Rückenteils (A) und der äußeren Armlehnen (D), von der Länge der Armlehnen-Kantstreifen (F) und der Breite des vorderen Randes (H) abziehen. Jeder Teil des Schoßes sollte einer Seite des Sofas entsprechen und 18 cm breit sein. An jedem Ende 1,5 cm für Nähte zugeben. Drei von den Eckeinsätzen messen 18 cm im Quadrat. Die beiden Einsätze an der hinteren Öffnung messen 18 mal 10 cm.

Bei allen Teilstücken, außer denen von Schoß und Einsätzen, für Nähte und Korrekturen beim Abstecken rundherum je 5 cm zugeben. Wo es angegeben ist, außerdem 15 cm Einschlag- und Nahtzugabe hinzurechnen.

Für jedes Kissen das Polster auf der Oberseite in beiden Richtungen ausmessen und je 3 cm für Nähte zugeben. Der Kantstreifen besteht aus vier Teilen: einem vorderen, zwei seitlichen und einem hinteren mit einem Reißverschluß, der um die Ecken herumgeht.

Für den vorderen Kantstreifen Länge und Breite der Kissenfront ausmessen plus je 3 cm Nahtzugabe. Für den hinteren Kantstreifen Länge des hinteren Kissenrandes ausmessen und 19 cm zugeben; in der Breite 6 cm für den Reißverschluß zugeben.

Seitenränder des Kissens in beiden Richtungen ausmessen, für die Kantstreifen von der Länge 8 cm abziehen, in der Breite 3 cm zugeben.

Für die Paspeln Kissen am oberen Rand rundherum ausmessen und dieses Maß verdoppeln plus einer Zugabe von 10 cm für Nahtstellen. Der Reißverschluß sollte 16 cm länger sein als der hintere Rand des Kissens.

Abschätzen der Stoffmenge

Teilstücke maßstabsgerecht mit allen Abmessungen auf Millimeterpapier zeichnen. Bezeichnungen und Fadenrichtung eintragen. Ausschneiden.

Auf dem gleichen Millimeterpapier ein Rechteck in der Breite des von Ihnen gewählten Stoffes aufzeichnen. Bei einfarbigem Stoff die Teilstücke so dicht wie möglich anordnen und dabei den Fadenlauf der »Stoffteile« parallel zu den »Webkanten« des Millimeterpapiers legen.

Bei gemusterten Stoffen die Länge des Musters markieren (s. GEMUSTERTE STOFFE) oder die Stelle, an der das Hauptmotiv liegt, so daß man jedes Stoffstück zentriert auf das Schnittmuster legen kann.

Zur Bestimmung der Stoffmenge Entwurf ausmessen und auf die richtige Größe übertragen. Die Flächen zwischen den Teilstücken können für Paspeln benutzt werden.

RÜSCHEN UND FALTEN 205

GEMUSTERTE STOFFE 217

LOSE BEZÜGE

Lose Bezüge sind nicht schwer anzufertigen. Die wichtigsten Teile sind große Rechtecke, die auf dem Sofa abgesteckt und dann auf die richtige Form und Größe zurechtgeschnitten werden. Etwas Stoffzugabe braucht man, damit der Bezug um die Sitzfläche herum so eingeschlagen werden kann, daß er einen festen Halt hat.

Da alle Einzelteile nach dem Zuschneiden ähnlich aussehen, kleben Sie einen kleinen Zettel mit entsprechender Markierung auf die Rückseite.

Möglicherweise muß man Stoffbahnen zusammennähen, um auf die Breite von Rückenlehne, Sitzfläche und Vorderfront zu kommen. Wenn das der Fall ist, so sollten die Nähte jeweils mit den Kanten der Sitzkissen übereinstimmen. Manche einfarbigen Stoffe können auch quer verarbeitet werden, so daß dieses Problem nicht auftaucht. Stimmen Sie das Muster auf beiden Seiten der Naht aufeinander ab und plazieren Sie große Motive in den Mittelpunkt. Wählen Sie einen Polsterstoff, der robust und fest gewebt ist.

UNTEN *Ein maßgefertigter loser Bezug wirkt frisch und ordentlich, aber nicht zu steif, und verdeckt die darunterliegende verschlissene Polsterung.*

LOSE BEZÜGE IN KASTENFORM

Zuschneiden des Bezugs

Sämtliche Kissen abnehmen und Maße des Sofas entsprechend der Beschreibung in MASSNEHMEN ausrechnen. Für jedes Teil ein Rechteck aus Stoff zuzüglich der jeweiligen Zugaben zuschneiden.

Die Mitte von Vorderteil, Rückenteil, Sitz und vorderem Rand mit einer Reihe Stecknadeln markieren.

Rückenteil außen am Sofa feststecken, wobei die markierten Mittellinien auf Stoff und Sofa übereinstimmen müssen **(1)**. Stoff glattstreichen und an den Seiten feststecken. Nahtstellen markieren.

1

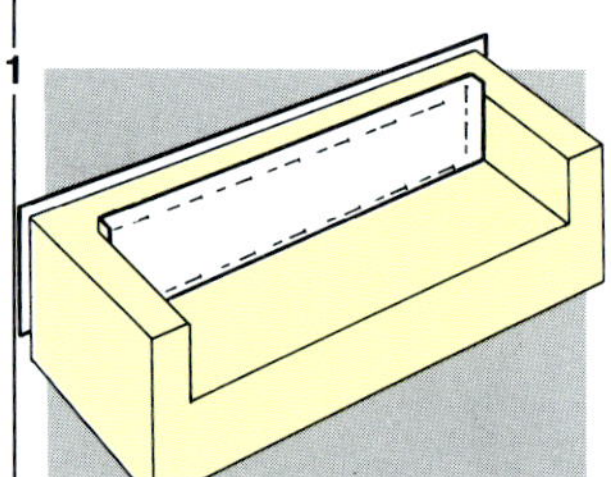

Vorderteil so am Sofa feststecken, daß die Zugabe am unteren Rand liegt, und wie oben Nahtstellen markieren.

Kantstreifen für die Rükkenlehne am Sofa und an Vorder- und Rückenteil feststecken **(2)**.

Als nächstes die Innen-

2

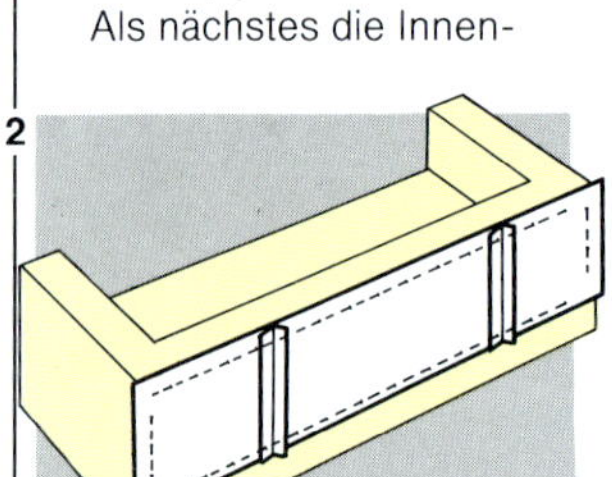

und Außenseiten der Armlehnen am Sofa feststecken; bei den Innenseiten darauf achten, daß die Zugabe zum Umschlagen unten liegt **(3)**.

Kantstreifen für die Arm-

3

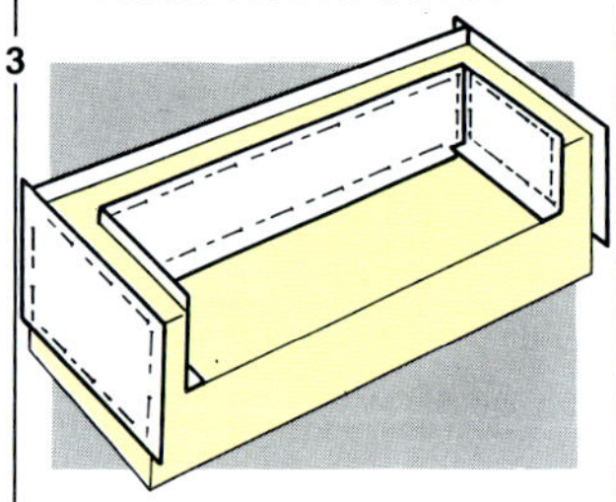

lehnen erst am Sofa, dann an den inneren und äußeren Teilen der Armlehnen und am Kantstreifen der Rückenlehne feststecken. Entlang den hinteren Ecken äußeren Rükkenteil und äußere Seitenteile zusammenstecken **(4)**.

4

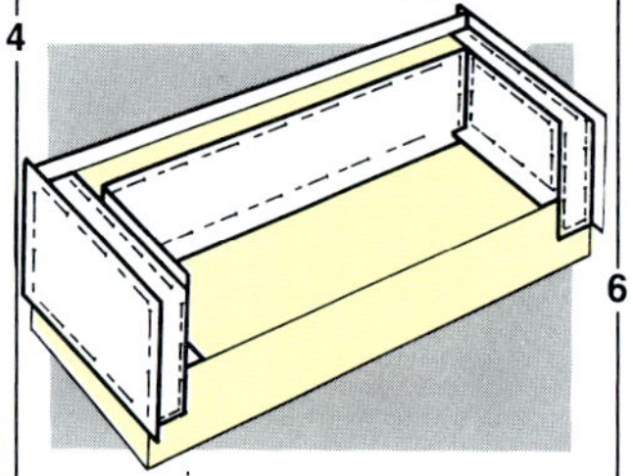

Teil für die Sitzfläche am Sofa feststecken, mit den Zugaben zum Umschlagen an den Seiten und hinten. Rund um den Sitz die umgeschlagenen Kanten zusammenstecken.

Zum Schluß den vorderen Randstreifen am Sofa und an

5

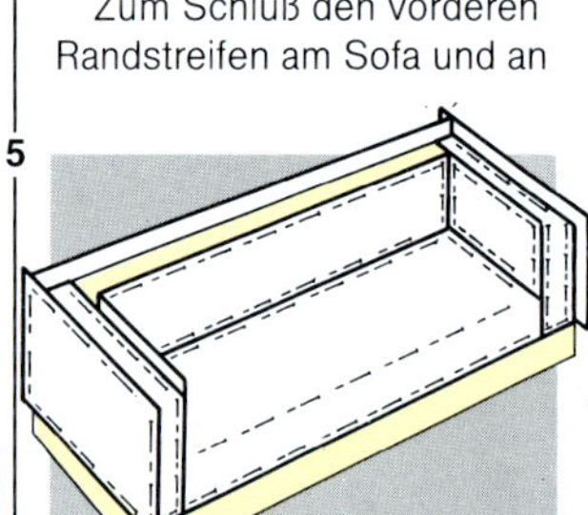

den Kantstreifen der Armlehnen feststecken **(5)**.

Bezug vom Sofa abnehmen. In der Reihenfolge des Absteckens heften und nähen, dabei eine Naht auf der Rückseite offenlassen.

Soll das Sofa gepaspelt werden, entsprechende Menge Paspeln anfertigen und vor dem Zusammennähen zwischen die Stoffteile setzen (S. PASPELN).

Nahtzugaben auf 1,5 cm beschneiden und Schnittkanten mit Zickzackstich versäubern. Bezug nach rechts wenden, über das Sofa ziehen und Paßgenauigkeit sorgfältig kontrollieren. 14 cm über dem Boden eine Linie markieren und dann Schoß wie folgt anfertigen (s. MASSNEHMEN):

Bei einem halben Falteneinsatz beginnend Teilstücke des Schoßes und Einsätze rechts auf rechts abstecken und heften **(6)**.

6

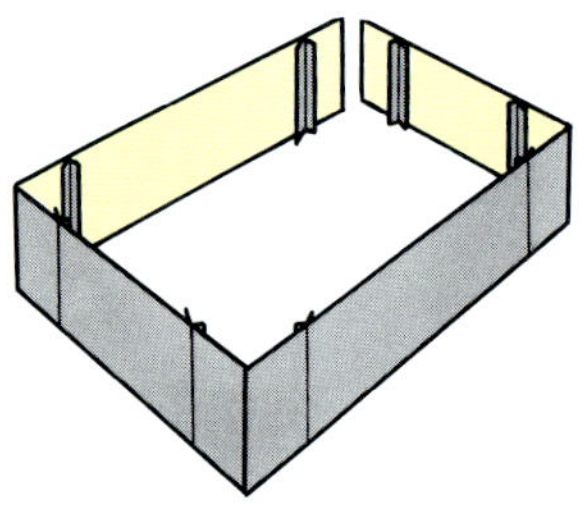

Schoß entlang der Naht über die jeweils angrenzende Hälfte des Einsatzes in eine 1,5 cm tiefe Falte legen und beide Hälften dann so zusammenfalten, daß die Nähte über der Mittellinie des Einsatzes zusammenstoßen **(7)**. Am oberen Rand abstecken, heften und nähen.

7

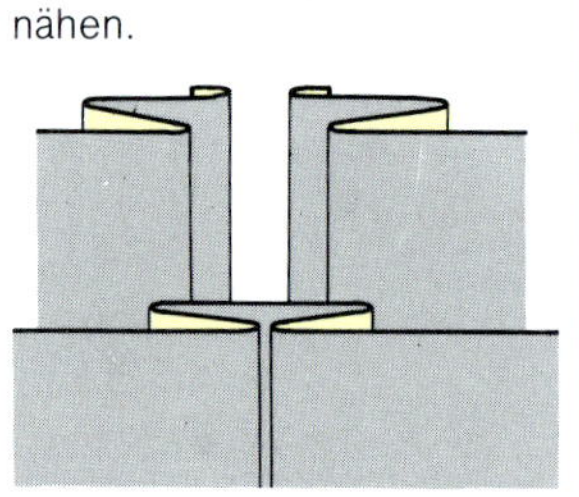

Schoß kantengleich rechts auf rechts auf den Bezug an die markierte Linie legen, die halben Einsätze dabei an die Ränder der hinteren Öffnung plazieren. Abstecken, heften und annähen, wobei jede eingesetzte Falte über einer Ecke liegt. Überschüssigen Stoff abschneiden und Schnittkanten mit Zickzackstich versäubern.

Aus dem Bezugsstoff einen 8 cm breiten Besatz für die Öffnung zuschneiden, der doppelt so lang ist wie die Öffnung.

Öffnung nach oben bis zur Naht aufschneiden. Den Besatz von rechts kantengleich auf die linke Seite der Öffnung stecken, heften und nähen. Besatz über die Öffnung nach rechts umklappen, 1,5 cm breit einschlagen und über der schon vorhandenen Naht abstecken, heften und festnähen. Besatz wieder nach innen falten und an beide Seiten der Öffnung Haken und Ösen nähen **(8)**.

Untere Kante des Schoßes mit Zickzackstich umranden und zu einem 2,5 cm breiten Saum einschlagen.

8

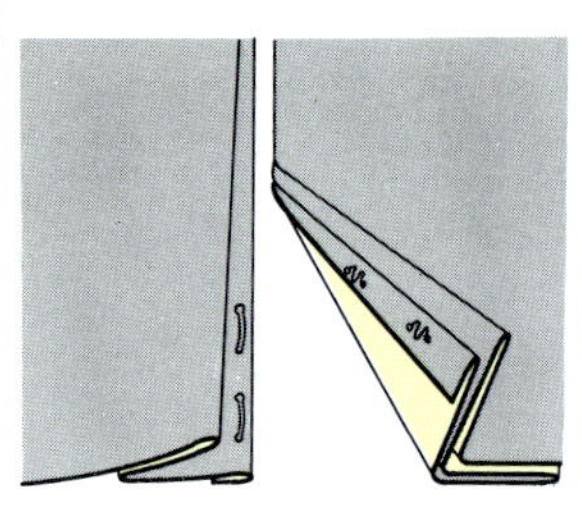

Abstecken, heften und nähen.

Anfertigung der Kissenbezüge

Kissen ausmessen (S. MASSNEHMEN). Für jedes Kissen Oberteil, Unterteil und vordere, hintere und seitliche Kantstreifen in der erforder-

MASSNEHMEN 128

PASPELN 203

VERSCHLÜSSE 208
SCHNITTKANTEN VERSÄUBERN 200
MASSNEHMEN 128

lichen Größe zuschneiden.

Hinteren Kantstreifen längs in die Häfte schneiden. Soviel Paspel anfertigen, daß sie unter Berücksichtigung von Nähten zweimal um das Kissen herumreicht (s. PASPELN).

Stoffenden des Reißverschlusses überwendlich zusammennähen, so daß sie sich nicht auseinanderspreizen. Beide Hälften des hinteren Kantstreifens an einer Längsseite 1,5 cm nach links einschlagen und aufbügeln.

Saumeinschläge über dem Reißverschluß aneinanderlegen, daran feststecken, -heften und -nähen.

Hinteren, vorderen und seitliche Kantstreifen zusammenstecken. Heften und nähen; dabei die vorderen Nähte je 1,5 cm offenlassen.

Hinten von der Mitte aus beginnend die Paspeln an Ober- und Unterteil des Kissenbezuges befestigen und an den Enden zusammennähen (s. PASPELN) **(9)**.

Kantstreifen so am Oberteil des Bezuges feststekken, -heften und -nähen, daß die offenen Nahtstellen über

9

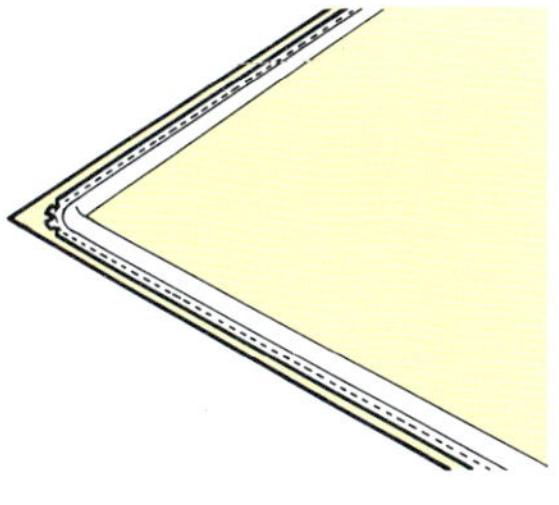

den vorderen Ecken sitzen. Reißverschluß öffnen. Kantstreifen an der anderen Seite genauso ans Unterteil nähen. Bezug nach außen wenden. Kissen in den Bezug stecken.

UNTEN *Dieses traditionelle Sofa wurde mit einem Blumenmuster bezogen, würde aber mit einem ausgefallenen, einfarbigen Stoff genauso gut aussehen.*

TRADITIONELLE LOSE BEZÜGE

Eine Rohskizze des Sofas anfertigen und die Maße für alle Teile des Bezuges ausrechnen (s. MASSNEHMEN).

Kantstreifen jedoch weglassen und statt dessen ein Teil für die Vorderseite der Armlehne zuschneiden. (Rücken- und Vorderteil des Bezuges werden zusammengenäht.) Die inneren Armlehnenbezüge können bis zu einer Naht auf der Außenseite oder bis unter die Armrolle reichen. Die äußeren Teile beginnen dann jeweils an diesem Punkt.

Jedes Stoffteil in derselben Reihenfolge wie die kastenförmigen Bezüge am Sofa und aneinander feststecken.

Für die Armlehnen erst die inneren und äußeren Teile abstecken, darüber dann das Vorderteil. Ein Zuviel an Stoff an den Armlehnen oder oben an den hinteren Ecken des Sofas notfalls mit gleichmäßig verteilten Abnähern wegnehmen **(1)**.

Bezug fertigstellen und Kissenbezüge nach obiger Beschreibung anfertigen.

1

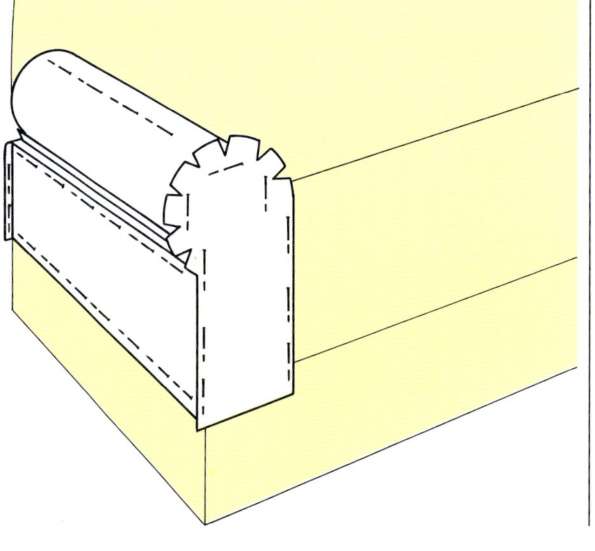

PASPELN 203
STICHE 197
VERSCHLÜSSE 208
MASSNEHMEN 128

LIEGESTUHLBEZUG

Die Wirkung eines einfachen weißen Liegestuhlbezugs aus schwerer Baumwolle steigert man durch einen Hauch alter Spitze. Nehmen Sie eine alte Tablettdecke, die ansonsten unbenutzt und vergessen in einer Schublade läge. In zwei Hälften geschnitten, wird das Tuch zur Dekoration für die vordere und hintere Kante des Stuhls. Andernfalls fertigen Sie selbst zwei spitzenbesetzte Stoffstücke an – Sie haben dann die Auswahl, mit welcher Art Spitze Sie Ihren Stuhl schmücken wollen.

UNTEN *Einen Liegestuhl neu zu beziehen ist eine lohnende Aufgabe, weil es so schnell geht. Innerhalb von ein paar Stunden hat man einen völlig neuen Stuhl.*

Ausführung

Alten Bezug abnehmen und Länge und Breite für den neuen ausmessen. Ein Stück Stoff mit 4 cm Zugabe in der Breite und 18 cm in der Länge in entsprechender Größe zuschneiden.

Beide Längsseiten zu einem 1 cm breiten doppelten Saum einschlagen. Abstecken, heften und nähen.

Stoff an der einen kurzen Seite 9 cm einschlagen, Saumkante 1 cm weit umschlagen. Dicht am Rand des Saumeinschlags entlang abstecken, heften und nähen, so daß ein Futteral entsteht. 6 mm darüber zur Verstärkung eine zweite Naht legen. Falls vorhanden, eine alte Tablettdecke quer in zwei Hälften schneiden und Schnittkanten einschlagen. Die beiden Hälften oben und unten so an den Bezug setzen, daß die Spitzenborte über die Kanten des Liegestuhls hängt. Überstehenden Stoff an den Seiten einschlagen, abstecken, heften und vernähen. Ist kein passendes Tablettdeckchen zur Hand, so müssen zwei Teilstücke zum Dekorieren angefertigt werden. Dafür aus weißem Stoff zwei passende Stücke mit einer Saumzugabe von je 4 cm zuschneiden. An den Seiten zu einem 1 cm breiten doppelten Saum einschlagen; abstecken, heften und nähen. Auf jedes Teilstück eine breite Spitzenborte nähen. Schnittkanten nach rechts einschlagen; abstekken und heften. Ein Stück Spitzenborte über den Saumeinschlag legen und annähen. Beide Teile wie das Tablettdeckchen an den Bezug setzen und festnähen.

Die Querstreben des Liegestuhls herausklopfen, durch den neuen Bezug ziehen und an derselben Stelle wieder festkleben.

KLAPPSTUHLBEZUG

Segeltuchstühle sehen nach einer Weile oft verschlissen und ramponiert aus, und während es vielleicht genügt, das Gestell gut abzuschrubben, kann es einfacher sein, den Bezug auszuwechseln als ihn zu reinigen. Nehmen Sie für den neuen Sitz und die Rückenlehne am alten Überzug Maß, aber kontrollieren Sie vorher, ob er nicht ausgeleiert ist. Befestigen Sie den neuen Sitz mit einem massiven Tacker. Vergewissern Sie sich, daß Ihr Nähmaschinenzubehör eine starke Nadel enthält.

UNTEN *Obgleich man diese Stühle im allgemeinen draußen benutzt, kann man das Gestell polieren oder streichen und Bezüge aus eleganteren Materialien anfertigen, wie etwa Kelim-Teppich, so daß sie sich auch drinnen verwenden lassen.*

Sitzfläche

Alte Bespannung entfernen und ohne Säume oder Futterale ausmessen. Ein Stück Stoff auf die erforderliche Größe zuschneiden; für vorne und hinten 8 cm, für die Seiten 4 cm zugeben.

Hintere und vordere Kante mit Zickzackstich versäubern, 4 cm breit einschlagen und Saum mit einer doppelten Naht befestigen.

Stuhlgestell zusammenklappen. Beide Seitenkanten der Sitzfläche 2 cm breit einschlagen und am Rahmen festtackern **(1)**. Stuhl auseinanderklappen und kontrollieren, ob das Segeltuch straff gespannt ist. Ist dies nicht der Fall, eine Seite wieder abnehmen, einen breiteren Saum einschlagen und wieder antackern.

1

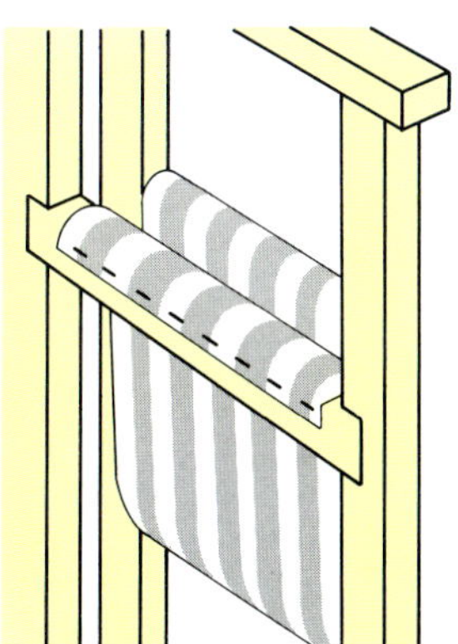

SCHNITTKANTEN VERSÄUBERN **200**

Rückenlehne

Rückenlehne ohne Säume oder Futterale in beiden Richtungen ausmessen. Ein Stück Stoff in der erforderlichen Größe zuschneiden und in der Höhe 8 cm, in der Breite 24 cm zugeben. Obere und untere Kante versäubern und säumen wie die Sitzfläche.

Seitenränder jeweils 12 cm, Schnittkanten dann noch einmal 2 cm breit einschlagen. Dicht am Rand des Saumeinschlags entlang nähen, 6 mm darüber eine zweite Naht legen **(2)**. Bezug über die Rückenlehne ziehen und die Positionen der Schraublöcher auf dem Stoff markieren. Bezug abnehmen. Markierungen entweder mit einer Lochzange ausstanzen oder eine große Öse zur zusätzlichen Verstärkung einsetzen.

Bezug wieder über das Gestell ziehen und befestigen.

2

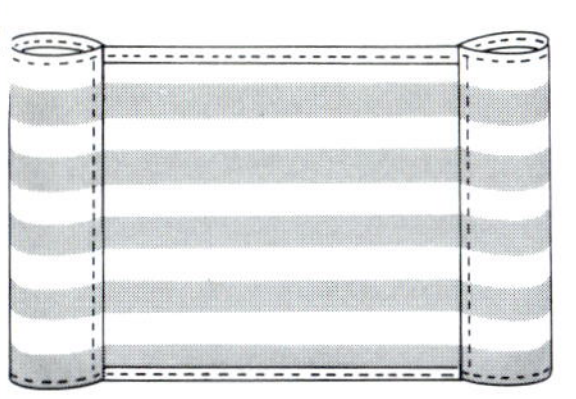

EINGELASSENER STUHLSITZ

Einen eingelassenen Sitz zu erneuern, ist kein Grund zur Panik. Sie brauchen nur etwas Gurtband als Grundlage, dann ein Stück Schaumstoff, Sackleinen und Kattun für den Unterbau, den Sie zum Schluß mit einem Bezug Ihrer Wahl vervollständigen. Jede einzelne Schicht wird mit Heftzwecken befestigt. Achten Sie darauf, daß das Gurtband straff gespannt ist. Schneiden Sie jedes Stück Stoff in Fadenrichtung zu und zentrieren Sie eventuelle Muster auf dem Bezug. Den letzten Schliff bekommt der Sitz durch eine zusätzliche Schicht Polsterwatte zwischen Schaumstoff und Kattun.

Bespannen des Rahmens

Sitz abnehmen, alte Polsterung entfernen, ausmessen und berechnen, wieviele 5 cm breite Streifen Gurtband zum Abdecken notwendig sind; die Lücken dazwischen sollten nicht breiter sein als das Gurtband. Position der einzelnen Gurtbandstreifen auf dem Rahmen markieren.

Gurtband am Ende 2,5 cm einschlagen und in 1,5 cm Abstand von der Außenkante auf die Rückseite des Rahmens legen. Mit fünf Nägeln in Form eines W befestigen **(1)**.

Gurtbandrolle über den Rahmen zur anderen Seite ziehen und dabei ein kleines

1

Stück Holz zum Straffen benutzen. Straff gespanntes Gurtband mit drei Nägeln festklopfen **(2)**. Mit 2,5 cm Zugabe abschneiden, das

2

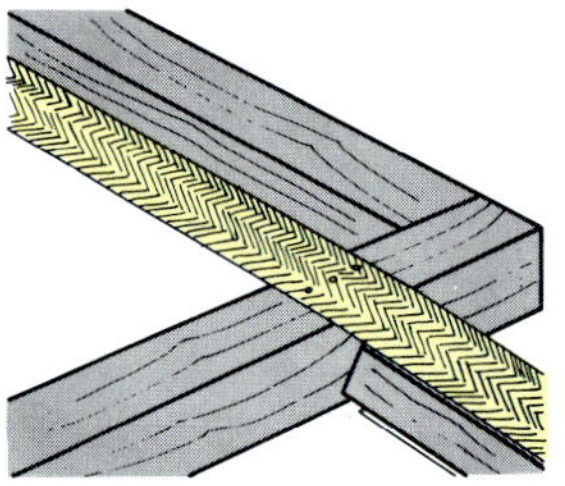

lose Ende einschlagen und wie auf der anderen Seite zu einem W annageln.

Dasselbe Reihe für Reihe wiederholen. Die quer verlaufenden Gurtbänder über und unter die beiden ersten längs gespannten Bänder ziehen.

Polsterung

Ein Stück Sackleinen in der Größe der Sitzfläche plus rundherum 1 cm zuschneiden und auf das Gurtband legen **(3)**. Kante umschlagen, so daß es direkt innerhalb der Rahmenkante liegt. Gut festnageln; Ecken dabei sauber falten.

3

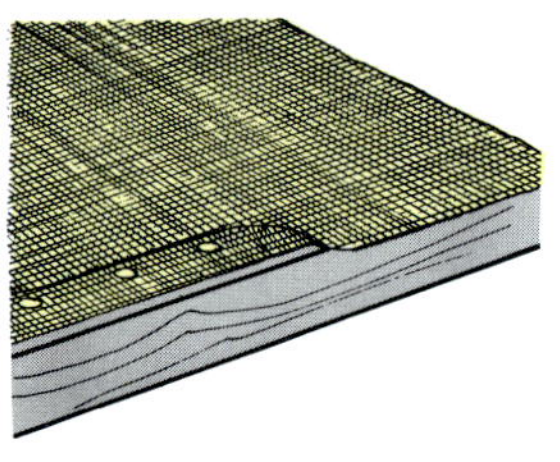

5 cm dicken Schaumstoff zu einem Stück zuschneiden, das 2,5 cm größer ist als die Sitzfläche. An der Unterseite einen dreieckigen Randstreifen abschneiden. Vier 10 cm breite Kattunstreifen zuschneiden, die so lang sind wie die Seiten des Schaumstoffs plus 15 cm.

Mit einem guten Textilkleber die Kattunstreifen zur Hälfte auf die oberen Ränder des Schaumstoffs kleben, so daß sie sich in den Ecken überlappen **(4)**. Trocknen lassen. Schaumstoff auf den Sitz legen und die überstehenden Hälften der Kattunstreifen über den Rahmen

4

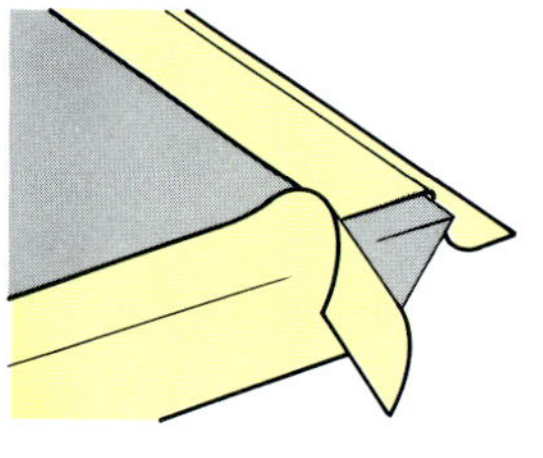

bis auf die Unterseite ziehen und dort an den Seiten provisorisch annageln. Solange zurechtziehen und Kattunstreifen straffen, bis der Schaumstoff ganz glatt aufliegt, dann richtig festnageln und Stoff in den Ecken dabei in winzige Falten legen **(5)**.

5

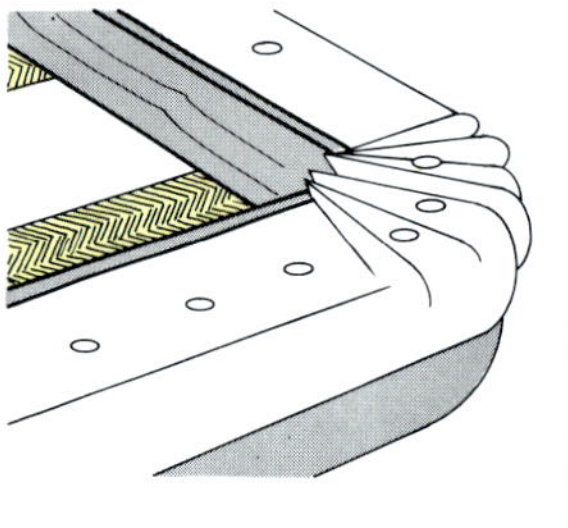

Kattun in der Größe der Sitzfläche mit einer Zugabe von rundherum 10 cm zuschneiden. Über den Schaumstoff legen und provisorisch an jeder Seite befestigen, straff über den Rahmen ziehen und auf dem Sitz glattstreichen, bis er schön ebenmäßig aussieht. Mit Nägeln befestigen. Die Ecken des Stoffes übereinanderfalten **(6)**. Den Stoff innen aus der Falte herausschneiden und Ecken annageln.

6

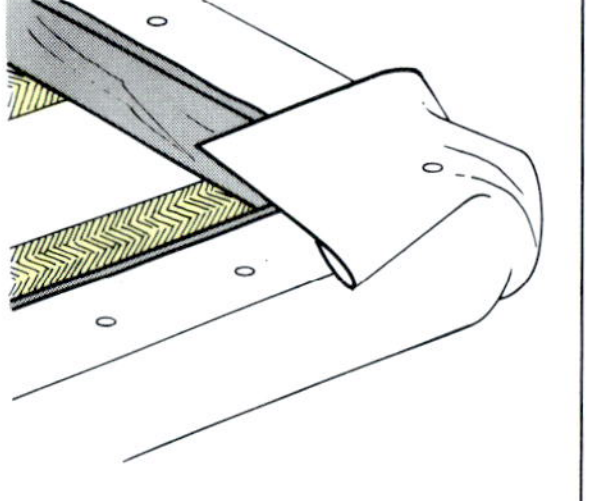

Sitz und Unterseite beziehen

Obermaterial zuschneiden und den Sitz damit genauso beziehen wie mit dem Kattun.

Sackleinen zu einem Stück zuschneiden, das so groß ist wie die untere Seite des Sitzes. Schnittkanten einschlagen und mit sauber gefalteten Ecken daran festnageln **(7)**. Sitz auf den Stuhl legen. Wenn er nicht ganz paßt, mit einem mit Stoff umwickelten Hammer leicht festklopfen.

7

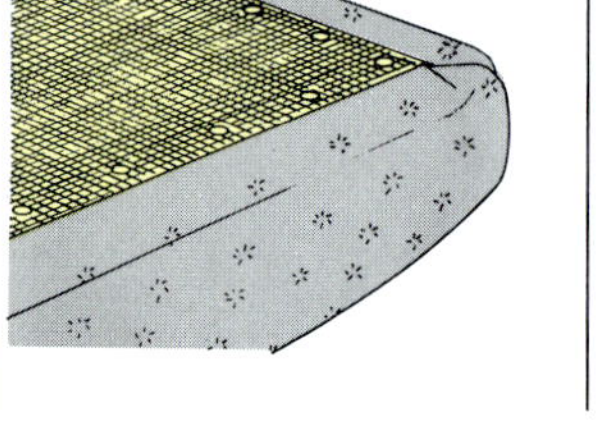

OBEN *Eingelassene Stuhlsitze sind nicht schwer zu beziehen. Stahlgrauer Stoff ergänzt das kühne Design der Stühle.*

KISSEN MIT QUAST

Das Sofa ist mit einfachen Kissen in verschiedenen Farben bedeckt, die in der Mitte einen Quast aus dicken Baumwollfäden haben. Nehmen Sie für die Füllung drei Lagen Polsterwatte. Machen Sie den Quast aus einer kontrastierenden Farbe und benutzen Sie zum Durchnähen eine spitze Tapeziernadel.

IDEEN FÜR KISSEN

Ausführung

Für jedes Kissen zwei Stoffstücke in der erforderlichen Größe plus einer Zugabe von rundherum 1,5 cm zuschneiden.

Die beiden Teile rechts auf rechts legen. Abstecken, heften und nähen; dabei an einer Seite in der Mitte eine Öffnung lassen. Nähte versäubern und nach rechts wenden. Auf beiden Seiten die Mitte des Kissens markieren.

Polstermaterial in der richtigen Größe zuschneiden und Schicht für Schicht übereinanderlegen. An den Seiten und diagonal lose zusammenheften und in den Bezug stecken. Kanten an der Öffnung einschlagen, abstecken, heften und mit Schlupfstich zusammennähen.

Drei oder vier dicke Baumwollfäden einfädeln und mit der Nadel 1 cm rechts von der Mitte durch das Kissen stechen; dabei die Fadenenden 5 cm lang stehenlassen. Nadel wieder auf die andere Seite bringen, diesmal links von der Mitte. Falls notwendig, noch einmal quer über die Mitte stechen, um das Polstermaterial gut zu befestigen. Fäden so abschneiden, daß sie gleich lang sind wie die Enden, mit einem Kreuzknoten zusammenbinden (s. KNOTEN) und auf etwa 4 cm stutzen.

STICHE	**197**
KNOTEN	**209**

OBEN *Vielseitig und leicht herzustellen, können diese Kissen auf einen Stuhl getürmt oder als Sitzkissen verwendet werden.*

ACHT UMRANDUNGEN FÜR KISSEN

Umrandung mit Schnur

Für das Vorderteil des Bezuges ein Quadrat von 41 cm Seitenlänge zuschneiden, für die Rückseite zwei Teile von 41 mal 8 cm und 41 mal 36 cm.

Rückenteile kantengleich rechts auf rechts legen, abstecken und heften. Von beiden Seiten 5 cm weit einnähen. Naht nach außen bügeln. Hinter der Heftnaht Reißverschluß anbringen (s. VERSCHLÜSSE). Reißverschluß öffnen.

Vorderteil und Rückseite rechts auf rechts legen. Rundherum abstecken, heften und nähen; an einer

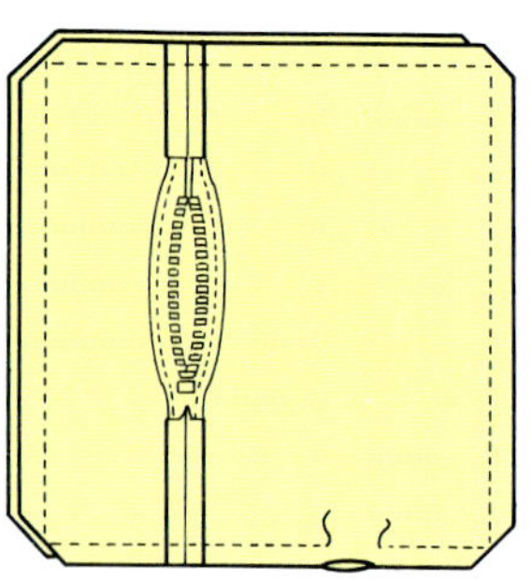

Seite in der Mitte eine kleine Öffnung lassen. Schnittkanten versäubern und an den Ecken diagonal abschneiden. Bezug nach rechts wenden.

Schnur mit der Hand aufnähen, Enden in die Nahtöffnung stecken. Schnur an jeder Ecke zu einer kleinen Schlaufe drehen.

VERSCHLÜSSE 208

Gepaspeltes Kissen mit gerafften Ecken

Bezug ebenso zuschneiden und anfertigen wie den mit Schnur umrandeten.

Naht zunächst auf der Vorderseite des Bezuges einzeichnen. Von jeder Ecke aus die Kanten 5 cm weit abmessen und markieren. Diagonal nach innen von der Ecke aus 2,5 cm abmessen und markieren. Markierungen mit einer weich geschwungenen Linie verbinden.

Mit der Hand an dieser Linie entlangnähen und den Stoff dabei einreihen. Für alle Ecken des Bezuges wiederholen.

Umfang der Vorderseite ausmessen und Paspel in entsprechender Länge (s. PASPELN) aus einem kon-

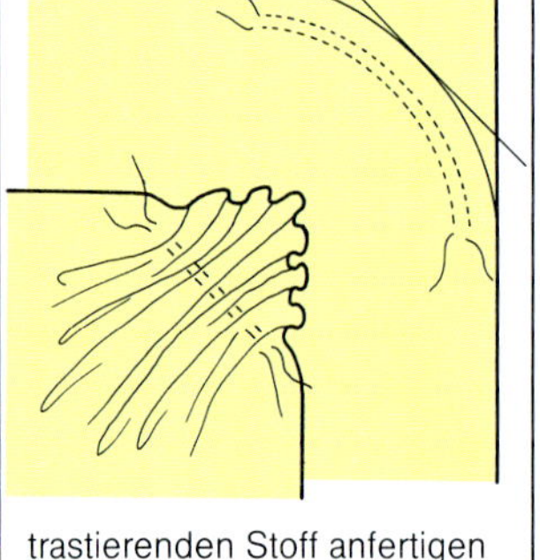

trastierenden Stoff anfertigen und befestigen.

PASPELN 203

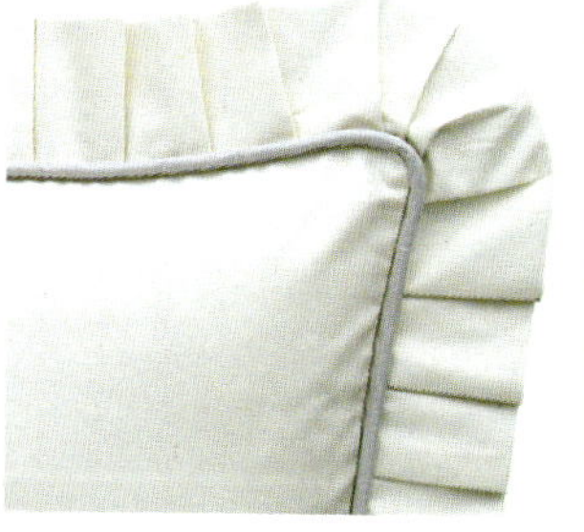

Gepaspeltes Kissen mit gefältelter Rüsche

Stoffteile ebenso zuschneiden und Rückseite anfertigen wie für den mit Schnur umrandeten Bezug.

Umfang der Vorderseite ausmessen und Paspel in entsprechender Länge (s. PASPELN) aus einem kontrastierenden Stoff anfertigen und befestigen.

Vom Bezugsstoff soviele 14 cm breite Streifen zuschneiden, daß sie zusammengesetzt den zweifachen Umfang des Kissenbezuges ergeben. Streifen mit einfachen flachen Nähten zu einem Ring zusammensetzen, nach links auf halbe Breite einschlagen. Streifen in vier gleich große Abschnitte einteilen und jeden in zehn gleich breite Messerfalten legen (s. FALTEN). Ecken in drei schmalere Falten kniffen. Abstekken und an die Vorderseite des Kissenbezugs heften.

Reißverschluß öffnen und Vorder- und Rückseite rechts auf rechts zusammennähen.

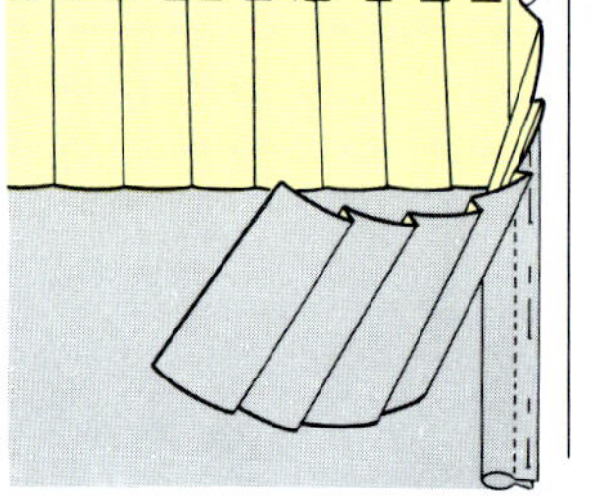

PASPELN 203
FALTEN 205

Kissen mit gekrauster Paspel

Stoffteile ebenso zuschneiden und Rückseite anfertigen wie für den mit Schnur umrandeten Bezug.

Umfang der Vorderseite ausmessen und soviele 3 cm breite Schrägstreifen aus dem Bezugsstoff zuschneiden, daß sie zusammengenäht die zweifache Länge ergeben (s. PASPELN). Paspelschnur von der Länge des Umfangs plus 5 cm zuschneiden. Paspelstoff gleichmäßig um die Schnur falten und an einem Ende befestigen. Etwa 20 cm weit zusammennähen. Nähmaschinenfuß hochnehmen und Nadel dabei im Stoff lassen. Paspelschnur vorsichtig durch den Stoff ziehen. Solange wiederholen, bis die ganze Schnur durchgezogen und der Stoff gleichmäßig gekraust ist. Paspel an der Vorderseite des Bezugs befestigen.

Reißverschluß öffnen und Vorder- und Rückenteil rechts auf rechts zusammennähen.

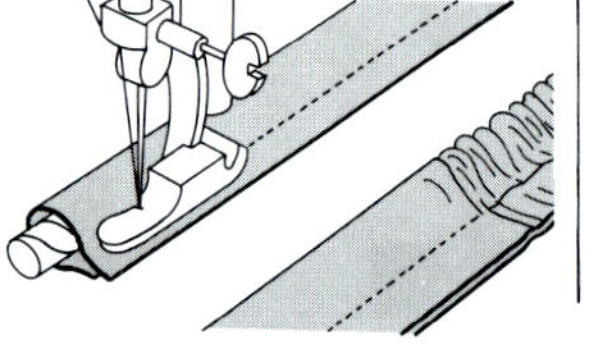

PASPELN 203

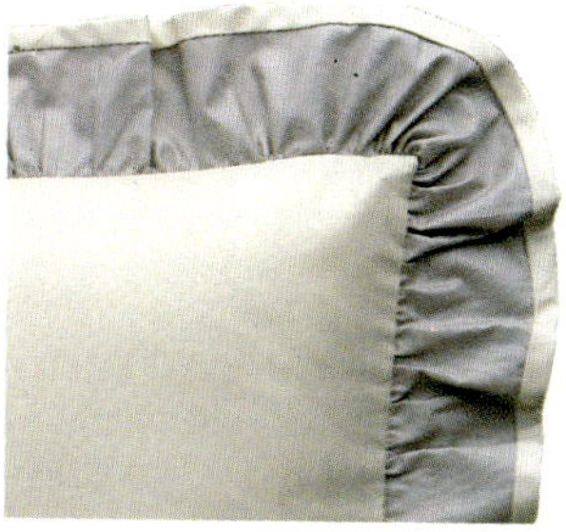

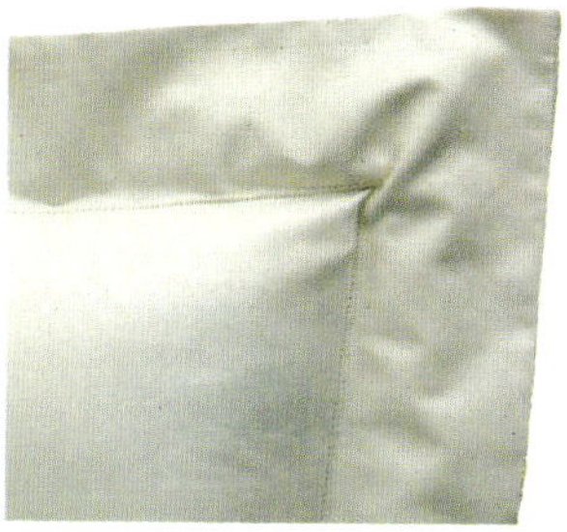

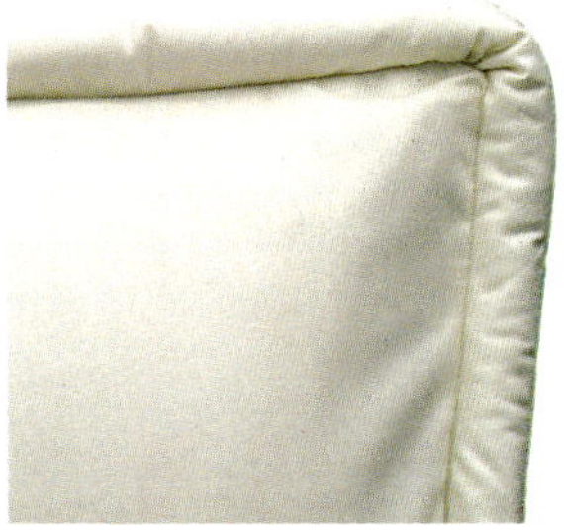

Kissen mit eingefaßter Rüsche

Stoffteile ebenso zuschneiden und Rückseite anfertigen wie für den mit Schnur umrandeten Bezug.

Im Abstand von 1,5 cm von der Kante den Umfang der Vorderseite ausmessen und dieses Maß verdoppeln. Aus kontrastierendem Stoff in dieser Länge einen 8 cm breiten Streifen zuschneiden und zu einem Ring zusammensetzen. Gegebenenfalls mehrere Streifen aneinandernähen, um auf die benötigte Länge zu kommen.

Für die Tresse soviele 3 cm breite Schrägstreifen zuschneiden, daß sie der Länge der Rüsche entsprechen (s. PASPELN).

Schrägstreifen an die Rüschenkante setzen, mit 1 cm Nahtzugabe bei der Rüsche und 6 mm bei der Tresse abstecken, heften und zusammennähen. Randstreifen auf die Rüsche bügeln, Schnittkanten einschlagen und über der ersten Naht vernähen. Rüsche einreihen und an der Vorderseite des Bezugs befestigen (s. RÜSCHEN).

Reißverschluß öffnen. Rückseite und Vorderteil rechts auf rechts mit der Rüsche dazwischen zusammennähen.

Kissen mit flacher Umrandung

Zu den Maßen für das mit Schnur umrandete Kissen 6,5 cm hinzurechnen. Bezugsteile zuschneiden. Rückseite mit Reißverschluß ebenso anfertigen wie für die anderen Kissenbezüge, nur von jeder Seite 6,5 cm weiter nach innen nähen.

Reißverschluß öffnen. Vorder- und Rückenteil rechts auf rechts legen und mit einer Nahtzugabe von 1,5 cm abstecken, heften und nähen. Versäubern und nach rechts wenden.

Bezug so bügeln, daß die Nähte genau an den Kanten liegen. Im Abstand von 6,5 cm von der Kante rundherum abstecken und heften. Eine Zweifachnadel in die Nähmaschine einsetzen und entlang der gehefteten Linie mit zwei gleichen Fäden eine Doppelnaht arbeiten.

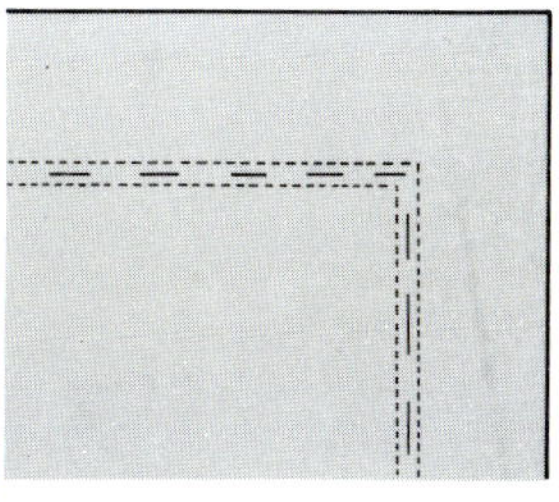

Kissen mit dicker Paspel

Stoffteile ebenso zuschneiden und Rückseite anfertigen wie für den mit Schnur umrandeten Bezug.

Im Abstand von 1,5 cm von der Kante den Umfang des Bezugs ausmessen und soviele 3 cm breite Schrägstreifen aneinandernähen, daß sie ebenso lang sind. 3 cm breite Streifen derselben Länge aus mittelschwerer Polsterwatte zuschneiden, Nahtzugaben berücksichtigen. Streifen zusammennähen (s. WATTIERUNGEN UND POLSTER).

Polsterwatte eng zusammenrollen und auf die linke Seite des Paspelstoffes legen. Stoff gleichmäßig darüberfalten und eng an der Paspelrolle zusammenheften.

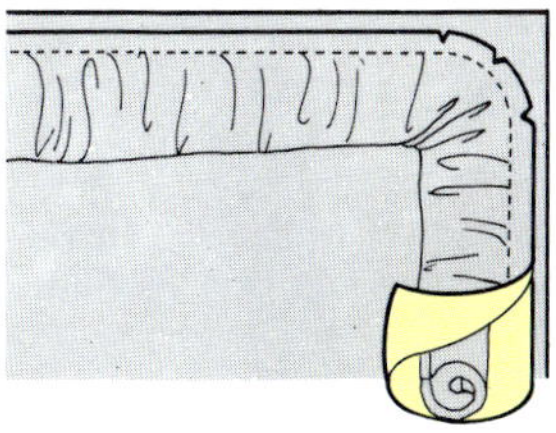

ten. Paspel kantengleich an der Vorderseite des Bezugs befestigen; an den Ecken dabei etwas einschneiden.

Reißverschluß öffnen und Vorder- und Rückenteil rechts auf rechts zusammennähen.

Kissen mit Bogenrand

Stoffteile ebenso zuschneiden und Rückseite anfertigen wie für den mit Schnur umrandeten Bezug.

Für die Einfassung zwei Stoffquadrate mit 54 cm Seitenlänge zuschneiden. Die Mitte jeweils so ausschneiden, daß ein 8 cm breiter Rand stehenbleibt.

Schnittmuster für die Bogenkante anfertigen. Dazu einen 8 cm breiten Papierstreifen von 54 cm Länge zuschneiden. Mit Hilfe eines Glases den Rand zu zehn gleichmäßigen Bögen ausformen. Muster ausschneiden.

Auf die linke Seite der Umrandung legen, so daß die Bögen außen sind.

Umrandungen kantengleich rechts auf rechts legen. An der gebogenen Linie entlang abstecken, heften und zusammennähen. Überschüssigen Stoff abschneiden, Schnittkanten über den Bögen leicht einschneiden und versäubern. Rand nach rechts wenden und in gleichmäßigen Abständen von 6 mm mit drei Nähten umranden.

Rand kantengleich auf die rechte Seite des Vorderteils legen, abstecken und heften. Reißverschluß öffnen und Vorder- und Rückseite zusammennähen.

PASPELN 203
RÜSCHEN 205
PAPSELN 203
WATTIERUNGEN UND POLSTER 195

KUGELFÖRMIGE UND QUADRATISCHE KISSEN

Dieses witzige, kugelförmige Kissen ist so ähnlich konstruiert wie ein Wasserball. Wahrscheinlich müssen Sie das Kissenpolster auch selbst anfertigen, da es schwierig sein dürfte, eins in dieser Form fertig zu kaufen. Ein Schnittmuster macht das Zuschneiden des ausgeklügelten Grundrisses einfacher als es aussieht.

Quadratische Kissen sind unkompliziert herzustellen – nur rechte Ecken und gerade Nähte. Nehmen Sie einen Reißverschluß, der etwa 5 cm kürzer ist als die Seitenlinie des Kissens.

Kugelförmige Kissen

Zunächst für die einzelnen Segmente des Kissenbezugs Schnittmuster anfertigen. Auf einem Stück Papier eine 44 cm lange Linie ziehen und in der Mitte markieren. Durch diesen Mittelpunkt einen auf beiden Seiten gleich langen Querstrich von 11 cm ziehen. Die vier Endpunkte der Linien mit einem gleichmäßig abgerundeten Oval verbinden **(1)**. Schnittmuster ausschneiden.

1

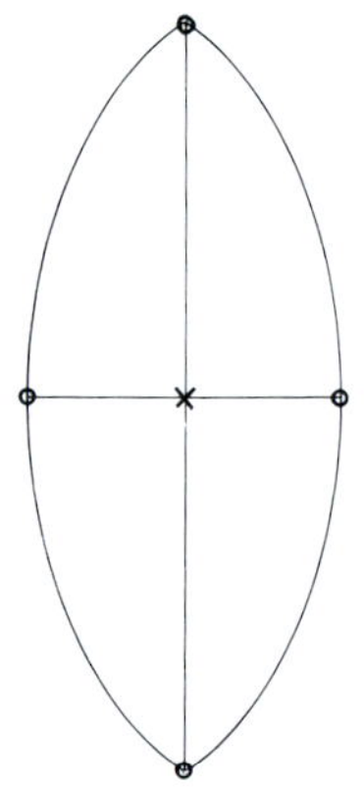

Mit Hilfe des Schnittmusters acht Stücke Stoff mit einer Nahtzugabe von rundherum 1 cm zuschneiden.

Alle Segmente zu einer Kugel zusammenstecken, -heften und -nähen, dabei oben eine Naht offenlassen. Bezug nach rechts wenden und so hinlegen, daß die mittlere Naht die Kante bildet. An dieser Kante entlang durch beide Lagen hindurchnähen, so daß ein kleiner Vorsprung entsteht, der sich um die Kugel herumzieht **(2)**.

2

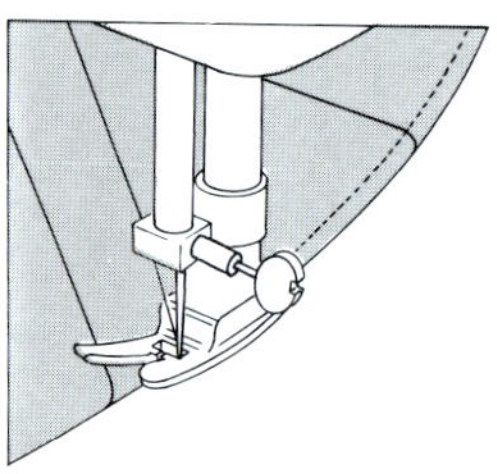

Für die Polsterung eine Hülle in denselben Maßen anfertigen. Vorspringende Mittelnaht weglassen und eine Öffnung vorsehen. Polster mit Hülle in den Bezug stecken und gleichmäßig ausstopfen. Kanten über der Öffnung einschlagen und vernähen.

Kanten an der Öffnung des Bezugs in Übereinstimmung mit der Naht einschlagen, Ecken falten und vernähen **(3)**.

3

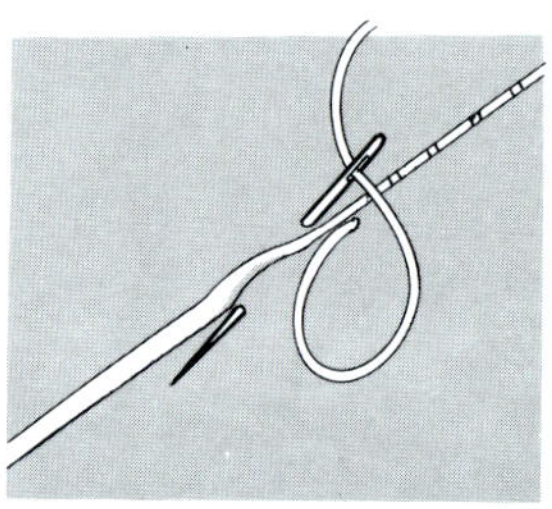

Quadratische Kissen

Größe der Kissen bestimmen. Für jedes Kissen zwei Stücke Stoff mit einer Nahtzugabe von rundherum 1,5 cm zuschneiden.

Beide Teile rechts auf rechts legen und auf einer Seite abstecken und heften. Von jeder Seite her einnähen, in der Mitte eine Öffnung für den Reißverschluß lassen. Den geschlossenen Reißverschluß auf der linken Seite hinter die Öffnung legen, feststecken und -heften (s. VERSCHLÜSSE). Reißverschluß von rechts an den Bezug nähen und öffnen **(4)**. Restliche Seiten des Kissenbezugs abstecken, heften und zusammennähen. Kanten mit Zickzackstich versäubern. Nach rechts wenden und Polster hineinstecken. Reißverschluß schließen.

4

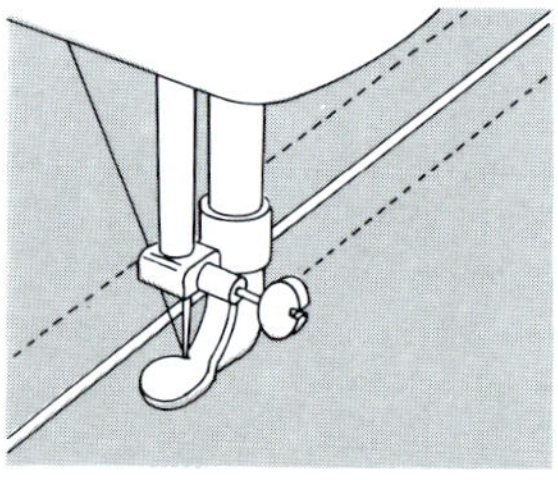

STICHE	197
VERSCHLÜSSE	208

OBEN *Nicht bloß Kissen, sondern weiche Plastiken – und der gerippte Stoff sieht aus wie gemeißelt.*

KASTENFÖRMIGES STEPPKISSEN

Die weiche, einladende Wirkung dieses Kissens entsteht durch den aufgesteppten Kantstreifen und das durchgeknöpfte Sitzpolster. Machen Sie die überzogene Paspel aus einer weichen Schnur, die dann durch den Steppstich wellenförmig zusammengezogen wird. Für das Absteppen der Kanten braucht man leichte Polsterwolle und Musselin. Beziehen Sie die Knöpfe mit demselben Stoff.

Ausführung

Sitzfläche in beiden Richtungen ausmessen und vom Obermaterial zwei Stücke in entsprechender Größe mit einer Nahtzugabe von rundherum 1,5 cm zuschneiden. Auf beiden Teilen die Positionen für die Knöpfe markieren.

Für den Kantstreifen vier Stücke aus demselben Stoff von der Länge jeweils einer Seite plus 3 cm und einer Breite von 11 cm zuschneiden.

Nach denselben Maßen auch vier Teile Polsterwolle und vier Stücke Musselin zuschneiden.

Erst das Polstermaterial, dann den Musselin hinter den Kantstreifen legen **(1)**; abstecken und heften. Quer über den Kantstreifen in Abständen von etwa 5 cm

1

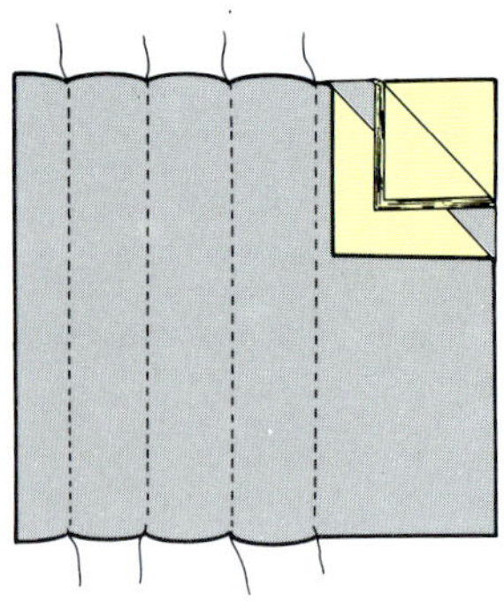

Nähte steppen. Für jeden Kantstreifen wiederholen.

Kantstreifenteile zu einem Ring zusammenstecken, -heften und -nähen, wobei die Nähte an jeder Seite 1,5 cm weit offen bleiben.

Genügend Paspel anfertigen, um damit Ober- und Unterseite des Kissenbezugs zu umranden (s. PASPELN), und annähen.

Kantstreifen und Oberteil kantengleich rechts auf rechts legen; abstecken, heften und zusammennähen. Kantstreifen ebenso an die Unterseite nähen, dabei an einer Seite in der Mitte eine Öffnung lassen.

An der Öffnung eventuell einen Verschluß anbringen. Polster in den Bezug stekken. Ist kein Verschluß vorgesehen, Kanten über der Öffnung einschlagen und mit Schlupfstich vernähen.

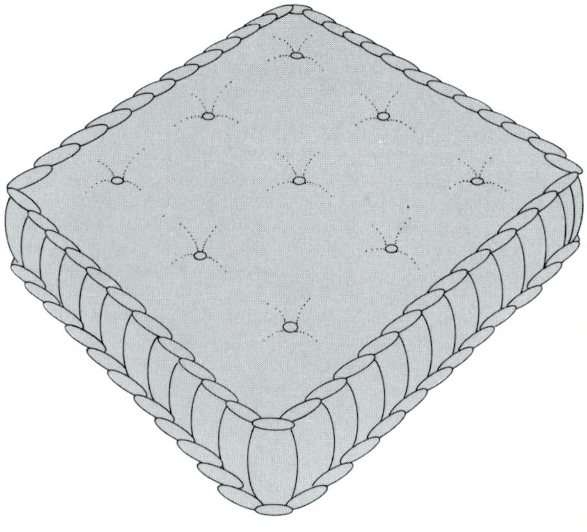

Erforderliche Anzahl Knöpfe mit Stoff beziehen. Zwirn in eine Tapeziernadel fädeln. Nadel an einem der markierten Punkte von unten durch das Kissen stechen, Knopf auffädeln und wieder auf die Unterseite zurückstechen. Anderen Knopf auffädeln und mit Schlippstek befestigen (s. KNOTEN). Zwirn so straff anziehen, daß beide Knöpfe sich ins Polster drücken, um den Schaft des Knopfes knoten und abschneiden.

PASPELN	203	STICHE	197
VERSCHLÜSSE	208	KNOTEN	209

OBEN *Ein gepaspeltes Steppkissen aus cremefarbenem Noppenstoff macht aus einem schlichten Korbsessel etwas Besonderes.*

OBEN *Diese Kissen sind groß genug, so daß man bequem darauf sitzen und sie auch auf der Erde als Liege benutzen kann.*

Nichtwaschfeste Lampenschirme läßt man am besten vom Fachmann reinigen, aber sie sollten regelmäßig abgestaubt und eventuelle Fettflecken mit einem Fleckentferner behandelt werden.

FLECKENTFERNUNG

Möglichst sofort Maßnahmen ergreifen, wenn ein Fleck auftaucht. Dies hält den Schaden in Grenzen und macht spätere Fleckenbehandlung überflüssig.

Nichtfetthaltige Flecken lassen sich mit kaltem Wasser ausspülen oder abwischen, und Flecken von Rotwein, Obst oder roter Bete behandelt man mit Salz, damit sie sich nicht ausbreiten. Ölige Flecken bestreut man mit Talkumpuder, der das Fett absorbiert.

Waschechte Sachen in kaltem Wasser weichen lassen, wenn man sie nicht sofort behandeln kann. Wolle, Seide oder Stoffe mit feuerfester Imprägnierung jedoch nie einweichen.

Von diesen Erste-Hilfe-Maßnahmen abgesehen, sollte jede Fleckenbehandlung immer erst an einer unauffälligen Stelle ausprobiert werden, bevor das eigentliche Problem in Angriff genommen wird. Wasser kann auf empfindlichen Stoffen Spuren hinterlassen; manche Lösungsmittel entziehen Farbe.

Lieber eine vorsichtige Behandlung mehrfach wiederholen, als mit sehr scharfem Fleckentferner einen einmaligen Generalangriff führen, bei dem der Stoff beschädigt werden könnte.

Die Behandlung sollte sich auf den unmittelbaren Umkreis des Flecks beschränken und von außen nach innen vorgenommen werden. Dadurch verhindert man, daß der Fleck sich ausbreitet und ein Schmutzring zurückbleibt.

Versuchen Sie lieber, die Flecken vom Stoff zu heben als zu schieben: tupfen statt reiben. Einen Fleck auf der Oberfläche des Stoffes von unten her beseitigen und dabei ein Stück Watte zum Aufsaugen über den Fleck

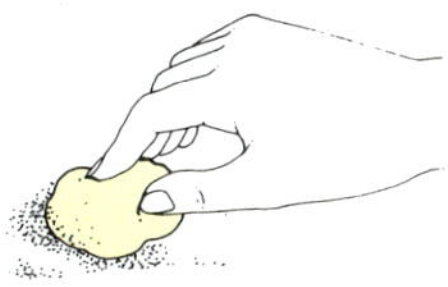

halten, damit er nicht wieder in den Stoff zieht.

Für auf Alkohol oder Wasser basierende Lösungsmittel immer ein saugfähiges *weißes* Tuch wie Musselin oder Baumwolle benutzen. Stoffarbe kann von bestimmten Chemikalien beeinträchtigt werden.

Für schwierige oder nicht zu identifizierende Flecken ist professionelle Reinigung ratsam. Polstermöbel können Sie auch von Fachleuten bei sich zu Hause reinigen lassen. Polster nicht zu naß machen, wenn Sie einen Fleck selbst in Angriff nehmen.

SICHERHEITSVORKEHRUNGEN

Der größte Teil der benutzten Lösungs- oder Bleichmittel ist entweder giftig, entflammbar oder gefährlich beim Einatmen; oft alles zusammen. Deshalb einfache Sicherheitsvorkehrungen beachten.

Alle Fleckentferner von Kindern fernhalten. Sorgfältig etikettieren, nie in Getränkeflaschen aufbewahren.

Im gut belüfteten Raum bei offenem Fenster oder offener Tür arbeiten. Zum Schutz der Haut Gummihandschuhe tragen. Niemals rauchen oder in einem Raum mit offenem Feuer arbeiten.

MITTEL ZUR FLECKENTFERNUNG

(Biologisches) Enzymwaschmittel entfernt eiweißhaltige Flecken wie Blut, Soße, Milch und Ei. Angaben des Herstellers zur Länge des Einweichens und Waschens befolgen. Nicht für Seide, Wolle, nichtfarbechte Stoffe und feuerfeste oder mit Gummi beschichtete Materialien verwenden oder für solche mit Metallverschlüssen.

Fleckentferner-Sortimente, mit denen sich die meisten Flecken in verschiedenen Materialien behandeln lassen, gibt es fertig zu kaufen. Sie bestehen aus kleinen Behältern mit Chemikalien, die man je nach Art des Flecks einzeln oder zusammengemischt verwenden kann.

Glyzerin macht Flecken weich und damit leichter zu entfernen. Es kann für jeden Stoff und jede Farbe verwendet werden. 1 Teil Glyzerin mit 1 Teil warmem Wasser verdünnen. Auf den Stoff auftragen und eine Stunde einziehen lassen. Mit warmem Wasser abwischen.

Haushalts-Borax ist ein mildes Alkali für säurehaltige Flecken. Waschechte Stoffe 10 bis 15 Minuten in einer Lösung aus 1 Eßlöffel Borax und 600 ml warmem Wasser einweichen. Gefärbte Stoffe können bei längerer Einweichzeit etwas ausbleichen.

Lösungsmittel beseitigen Fett, Ölspuren und andere Flecken. Sie sind in flüssiger Form, als Paste oder als Spray erhältlich. Angaben des Herstellers genau befolgen.

Weitere brauchbare Lösungsmittel sind Azeton, Terpentin und nicht-ölhaltiger Nagellackentferner (nicht für Azetat oder Tri-Azetat). Die meisten Lösungsmittel sind leicht entflammbar.

Salmiakgeist neutralisiert Säurespuren. 1 Teil Salmiakgeist mit 3 Teilen Wasser verdünnen. Kontakt mit Haut, Augen und Kleidung vermeiden. Salmiakgeist kann bestimmte farbige Stoffe auslaufen lassen, deshalb vorher an einer unauffälligen Stelle ausprobieren. Nicht für Wolle verwenden.

Spiritus (Methylalkohol) sollte unverdünnt auf den Fleck getupft werden. Bei farbigen Stoffen vorher an einer unauffälligen Stelle ausprobieren. Die weiße Sorte ist der violetten vorzuziehen, da das Violett auf empfindlichen Stoffen Spuren hinterlassen kann. Spiritus ist leicht entflammbar und giftig. Nicht für Azetat oder Tri-Azetat verwenden.

Wasserstoffperoxyd ist ein mildes, langsam wirkendes Bleichmittel. 1 Teil Wasserstoffperoxyd mit 6 Teilen Wasser verdünnen. Nicht für Nylon oder feuerfeste Stoffe verwenden. Die meisten Stoffe können bis zu 30 Minuten darin eingeweicht werden, aber farbige Stoffe bleichen dabei etwas aus. Um hier die Fleckentfernung zu beschleunigen, kann man deshalb auf einen Liter Wasserstoffperoxydlösung einen halben Eßlöffel Salmiakgeist zugeben.

FLECKENTFERNUNG

Vor der Benutzung von Lösungs- und Bleichmitteln immer erst im Fleckentfernerverzeichnis nachschlagen, wie sie anzuwenden sind

FLECK	WASCHECHTE STOFFE	NICHT-WASCHECHTE STOFFE UND FESTE POLSTER
BLUT	Frische Blutflecken mit kaltem Salzwasser abwischen, dann mit Waschmittel einweichen, wenn der Stoff es zuläßt. Eingetrocknete Flecken und solche, die kein Waschmittel vertragen, sollte man in einer Wasserstoffperoxydlösung einweichen. Für weiße Baumwoll- und Leinenstoffe kann man auch Chlorbleiche zu einer Lösung verdünnen. Angaben des Herstellers beachten.	Mit kaltem Wasser, dem ein paar Tropfen Salmiakgeist hinzugefügt wurden, abwischen, mit klarem Wasser spülen und gut abtrocknen.
BRANDSPUREN Wenn man Kunstfasern versengt, werden sie hart, und der Schaden ist normalerweise unwiderruflich. Kleine, sehr stark versenkte Stellen, wie etwa Brandflecken von Zigaretten, kann man ausschneiden und durch Flicken ersetzen oder unsichtbar stopfen.	Leichte Versengungen von Naturfaserstoffen kann man möglicherweise mit einer harten Kleiderbürste entfernen, die die verbrannten Faserenden wieder aufrichtet. Andernfalls in warmer Boraxlösung einweichen, bis die Spuren verblaßt sind. Ausspülen und waschen wie gewöhnlich. Starke Brandspuren lassen sich normalerweise nicht vollständig entfernen; Baumwolle und Leinen kann man allerdings in einer Wasserstoffperoxydlösung bleichen, wenn die Fasern nicht zu sehr beschädigt sind.	Spuren mit Glyzerin-Lösung betupfen und eine Stunde einziehen lassen. Mit warmem Wasser abwischen. Stärkere Versengungen mit einer Boraxlösung behandeln. Nicht zu naß machen. Notfalls wiederholen.
CURRY Es ist das Kurkuma im Curry, das den leuchtend gelben Fleck zurückläßt. Da es sich um eine Pflanzenfarbe handelt, ist sie möglicheweise schwer zu entfernen.	Dicke Kleckse mit einem Löffel oder stumpfen Messer abkratzen. Frische Flecken mit einer milden Boraxlösung bearbeiten, wobei der Stoff über ein Becken gehalten und die Lösung wiederholt darübergekippt wird. Hartnäckige Flecken mit Glyzerinlösung einreiben, eine Stunde ziehen lassen und ausspülen. Mit Enzymwaschmittel waschen, wenn der Stoff sich dafür eignet. Weißer Stoff läßt sich mit einer Wasserstoffperoxydlösung bleichen.	Dicke Kleckse abkratzen. Mit einer warmen Boraxlösung abwischen, abspülen und gut trocknen. Wenn der Fleck nicht verschwunden ist, vom Fachmann reinigen lassen.
FARBE Man sollte nie versuchen, Farbe aus Stoffen mit Flor zu entfernen.	**Emulsionsfarbe:** nasse Farbkleckse abkratzen und Fleck mit kaltem Wasser abwischen. Warm waschen. Eingetrocknete Flecken mit Spiritus (Methylalkohol) aufweichen oder ein spezielles Entfärbemittel für Stoff verwenden. **Ölfarbe:** Farbkleckse abkratzen und Flecken mit Terpentin oder einem entsprechenden Markenfabrikat betupfen. Mit kaltem Wasser abwischen und Behandlung nötigenfalls wiederholen.	Nasse Farbkleckse abkratzen und Fleck mit kaltem Wasser abwischen. Eingetrocknete Emulsionsfarbe ebenso behandeln wie bei waschechten Stoffen. Polstermöbel und empfindliche Stoffe müssen vom Fachmann gereinigt werden.

SITZKISSEN FÜR KORBSOFAS

Machen Sie ein Korbsofa mit leuchtend bunten Sitzkissen bequemer. Wenn es sehr breit ist, so wählen Sie einen Stoff, den Sie quer verarbeiten können. Durch Paspeln werden die Kissen haltbarer – nehmen Sie dafür denselben Stoff oder einen kontrastierenden, um die Kanten zu betonen. Stopfen Sie Schaumstoff oder anderes Füllmaterial in einen selbstgemachten Polsterbezug. Dieses Kissenpolster sollte etwas größer sein als der Außenbezug, um einen festen Sitz zu garantieren. Behandeln Sie den Stoff zum Schutz gegen Flecken vorsichtshalber mit einem imprägnierenden Spray.

Ausführung

Sitzfläche in beiden Richtungen ausmessen. In entsprechender Größe zwei Stücke Stoff mit einer Nahtzugabe von rundherum 1,5 cm zuschneiden. Die 13 cm breiten Kantstreifen für die Seiten und vorne in der Länge jeweils gemäß der langen bzw. den kurzen Seiten zuschneiden. Für den hinteren Kantstreifen zwei 11 cm breite Stoffstücke in der Länge des vorderen Kantstreifens zuschneiden.

Jedes der beiden Teile für den hinteren Kantstreifen an einer Längsseite zu einem 1,5 cm breiten doppelten Saum einschlagen. Abstecken, heften und nähen. Beide Teile rechts auf rechts legen und entlang der gesäumten Kante von jeder Seite aus 40 cm weit zusammenstecken, -heften und -nähen. Auseinanderklappen.

Alle Kantstreifen zu einem Ring zusammenstecken, -heften und -nähen; die Nähte dabei in jeder Ecke von beiden Seiten 1,5 cm offen lassen.

Genügend Paspel für die Umrandung des oberen und unteren Bezugsteils anfertigen (s. PASPELN). Abstecken, heften und annähen; Enden zusammennähen und an den Ecken unter den Stoff stekken.

Kantstreifen an Ober- und Unterteil des Bezugs stekken, heften und nähen. Versäubern und nach rechts wenden.

In der Öffnung des hinteren Kantstreifens mit Schlingenstich ein Druckknopfband anbringen oder Klettverschlüsse annähen. Polster in entsprechender Größe anfertigen und in den Bezug stecken.

Kissen für die Rückenlehne ebenso anfertigen.

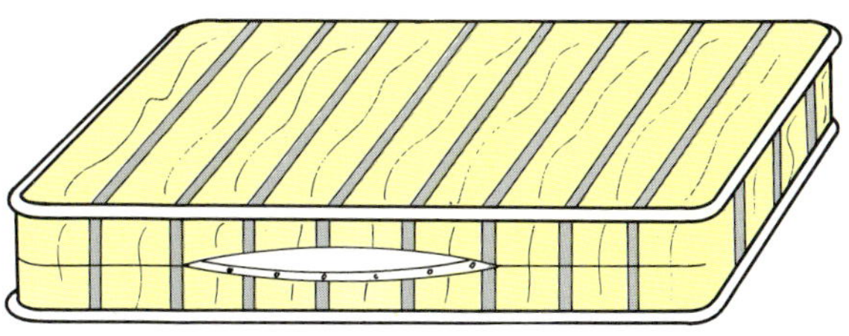

PASPELN	**203**
STICHE	**197**
VERSCHLÜSSE	**208**

DURCHGEKNÖPFTE SITZKISSEN

Machen Sie Ihre Küche mit bunten Kissen gemütlicher. Diese hier sind auf die Sitzfläche zugeschnitten und haben eine 4 cm dicke Schaumstoff-Füllung. Fertigen Sie Bänder aus demselben Stoff an und binden Sie damit die Kissen mit Schleifen am Stuhlrücken fest. Beziehen Sie die Knöpfe mit einem passenden Stoff.

OBEN *Das klassische Küchenstuhlkissen zum Festbinden sieht am besten mit einem lebhaften, leicht zu waschenden Stoff aus.*

Ausführung

Für die Sitzfläche zunächst ein Schnittmuster machen. Dazu auf einem Stück Pauspapier, das etwas größer ist als der Sitz, den Umriß durchpausen. Schnittmuster abnehmen, auf die Hälfte zusammenfalten und ausschneiden, wieder auf den Sitz legen und Paßgenauigkeit kontrollieren. Positionen der äußeren Streben der Rückenlehne einzeichnen.

Mit Hilfe des Schnittmusters zwei Stücke Stoff mit einer Nahtzugabe von rundherum 1,5 cm zuschneiden; markierte Positionen auf den Stoff übertragen. Auf beiden Teilen die Positionen der Knöpfe markieren.

Zur Umrandung des Oberteils ausreichend Paspel anfertigen. Annähen **(1)** und die Enden auf der Rückseite des Bezugs zusammennähen (s. PASPELN).

1

Für die Bänder zwei 60 cm lange und 2 cm breite Stoffstreifen zuschneiden. Jedes Band auf halbe Breite falten und rechts auf rechts abstekken, heften und mit einer Nahtzugabe von 6 mm an der Längsseite und an beiden Enden zusammennähen, dort aber jeweils in der Mitte eine Öffnung freilassen. Ecken versäubern und nach rechts wenden. Kanten über den Öffnungen einschlagen und vernähen.

Beide Bänder halb zusammenfalten und im Umbruch an den eingezeichneten Markierungen am unteren Teil des Bezuges feststekken.

Ober- und Unterteil kantengleich rechts auf rechts legen und dabei an der hinteren Kante in der Mitte eine Öffnung lassen **(2)**.

2

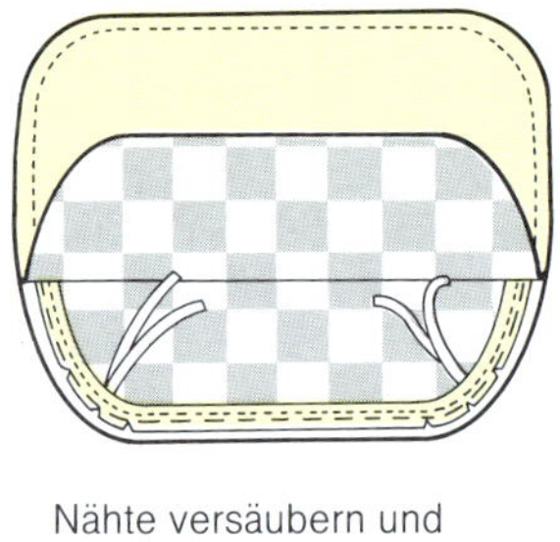

Nähte versäubern und Bezug nach rechts wenden. Schnittmuster auf 4 cm dikken Schaumstoff legen und Umriß aufzeichnen. Den Schaumstoff mit einer großen Schneideschere sorgfältig ausschneiden und in den Bezug stecken. Kanten über der Öffnung einschlagen und mit Schlupfstich vernähen.

Knöpfe den Angaben des Herstellers entsprechend beziehen.

Zwirn in eine Sticknadel fädeln. Fadenende festhalten und Nadel an der Markierung für den ersten Knopf von unten durch das Kissen stecken. Knopf auffädeln und wieder auf die Rückseite zurückstechen. Zweiten Knopf auffädeln, Fadenenden mit Schlippstek verknoten (s. KNOTEN). Faden fest anziehen, bis sich die Knöpfe auf beiden Seiten ins Polster drücken, und am Schaft des Knopfes befestigen. Enden abschneiden und unter den Knopf schieben. Dasselbe für sämtliche Knöpfe wiederholen **(3)**.

3

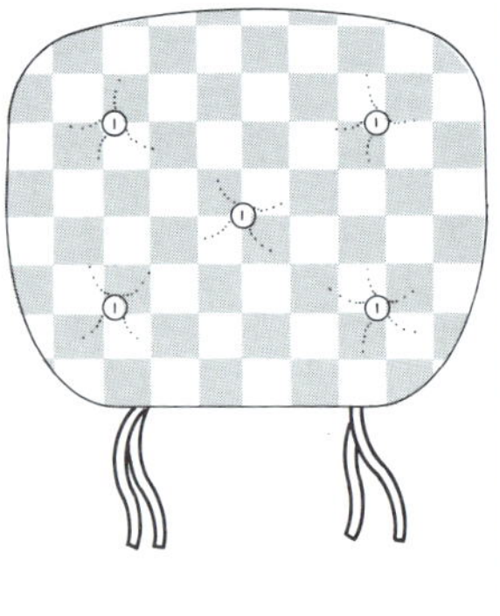

PASPELN 203

STICHE 197

KNOTEN 209

VIER SITZKISSEN

Sitzkissen mit großen Schleifen

Pauspapier auf den Stuhlsitz legen und Umriß durchpausen. Papier abnehmen, von vorne nach hinten zusammenfalten und Schnittmuster ausschneiden, wieder auf den Sitz legen und Paßgenauigkeit überprüfen. Positionen der äußeren Streben der Rückenlehne einzeichnen.

Mit Hilfe des Schnittmusters zwei Stücke Stoff mit einer Nahtzugabe von rundherum 1,5 cm zuschneiden.

Schnittmuster an der vorderen Kante von Markierung zu Markierung ausmessen und mit einer Nahtzugabe von 3 cm einen 8 cm breiten Kantstreifen auf diese Länge zuschneiden. Hinteren Abstand zwischen den Markierungen ausmessen und entsprechenden Kantstreifen zuschneiden.

Zur Umrandung von oberer und unterer Seite des Bezuges ausreichend Paspel anfertigen, eventuelle Nähte berücksichtigen (s. PASPELN).

Für die Schleifen je zwei 160 mal 18 cm große Streifen aus Stoff zuschneiden. Beide Bänder rechts auf rechts zusammenlegen und die Enden schräg abschneiden. Mit einer Nahtzugabe von 1 cm abstecken, heften und bis auf eine Öffnung in der Mitte einer Längsseite rundherum zusammennähen. Nähte versäubern und nach rechts wenden. Kanten an der Öffnung einschlagen und vernähen.

Paspeln an den Kanten befestigen und die Enden jeweils auf der Rückseite des Ober- und Unterteils zusammennähen (s. PASPELN). Kantstreifen zu einem Ring zusammenstecken, -heften und -nähen und mit einer Seite ans Oberteil des Bezuges stecken, heften und nähen, wobei die Nähte des Kantstreifens an den Markierungen liegen sollten. Das Ganze für den unteren Teil des Bezuges wiederholen, hier aber zwischen den Markierungen eine Öffnung lassen. Nähte versäubern und nach rechts wenden.

Schleifen in der Mitte auf die Breite des Kantstreifens falten, über die Nähte legen und annähen.

Schnittmuster auf 4 cm dicken Schaumstoff legen und aufzeichnen. Kissen zuschneiden und in den Bezug stecken. Kanten über der Öffnung einschlagen und mit Schlupfstich vernähen.

PASPELN	**203**
STICHE	**197**

Sitzkissen mit Haftband-Schlaufen

Bei der Anfertigung des eigentlichen Kissens Anleitung für das »Schleifen«-Kissen befolgen.

Zwei 18 mal 6,5 cm große Stoffstreifen zuschneiden. Jede Schlaufe rechts auf rechts in die Hälfte legen, abstecken, heften und bis auf eine Öffnung in der Mitte mit einer Nahtzugabe von 1 cm rundherum zusammennähen. Naht versäubern und nach rechts wenden. Kanten über der Öffnung einschlagen und mit Schlupfstich vernähen.

An jedes Ende ein 3 cm langes Haftband nähen. Schlaufen in der Mitte über die Nähte der Kantstreifen legen und annähen. Kissen fertigstellen.

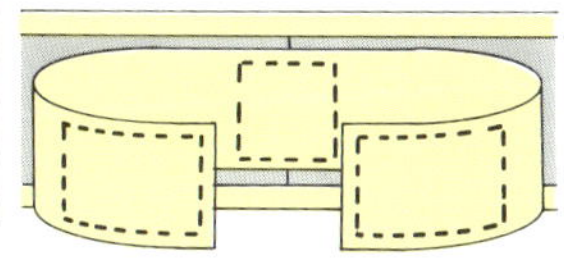

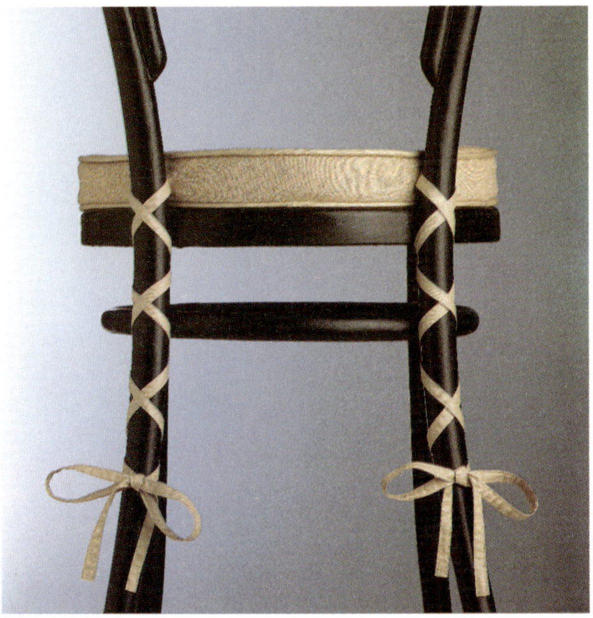

Sitzkissen mit Ballerina-Schnürbändern

Beim eigentlichen Kissen Anleitung für das »Schleifen«-Kissen befolgen.

Für die Bänder zwei 160 mal 4 cm große Stoffstreifen zuschneiden. Längsseitige Schnittkanten bis zur Mitte einschlagen und dann übereinanderfalten. Enden nach innen stecken. Rundherum abstecken, heften und nähen.

Jedes Band in der Mitte über eine Kantstreifennaht legen. Abstecken, heften und annähen. Kissen fertigstellen.

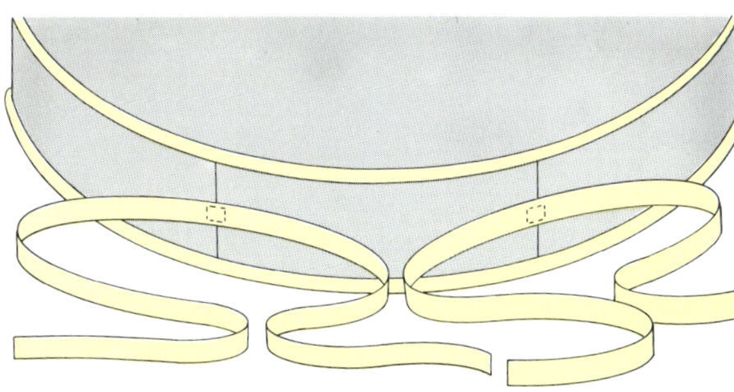

Sitzkissen mit elastischem Band

Kissenbezug zuschneiden wie für das »Schleifen«-Kissen, Band aber vor dem Zusammennähen der Kantstreifen anbringen.

Abstand zwischen den Markierungen um die Rükkenlehne herum ausmessen und ein 2,5 cm breites Gummiband auf diese Länge zuschneiden. Band dehnen und einen 8 cm breiten Stoffstreifen in entsprechender Länge zuschneiden und der Länge nach rechts auf rechts falten. Mit 1 cm Nahtzugabe zusammennähen. Nach rechts wenden und Naht über die Mitte bügeln. Gummiband einführen, an beiden Enden mit Stichen befestigen.

Jedes Ende schnittkantengleich rechts auf rechts an das entsprechende Ende des vorderen Kantstreifens legen. Kissen fertigstellen.

VERSCHLÜSSE	**208**
STICHE	**197**

Tische

Mit einem Tuch bedeckt kann jede glatte, waagerechte Fläche bei ausreichender Höhe zum Tisch werden – ein Brett mit Unterbau, ein Hocker oder sogar eine alte Kiste oder ein Bierfaß. Mit etwas Phantasie und einem Minimum an Kosten läßt sich Altes und Ausrangiertes zu einem Tisch für jede Gelegenheit und jeden Ort aufputzen: die Wahl des Stoffes und die Art der Drapierung ist entscheidend.

Für die einfachste Art Decke – rund, rechteckig, quadratisch oder oval – reicht ein simpler Heftstich. (Für eine Filzdecke braucht man nur eine Schere zum Ausschneiden.) Es gibt jedoch unzählige Wege, aus dem Alltäglichen etwas Besonderes oder gar Spektakuläres zu machen. Man kann das Tuch mit Stickerei oder Applikationen schmücken oder es so drapieren und arrangieren, daß ein bildhauerischer Effekt entsteht. Ein Tischtuch muß auch nicht unbedingt nur aus einem Stoff bestehen. Sie könnten einfarbige und bedruckte Stoffrechtecke zusammennähen oder ein rundes Tischtuch aus Segmenten verschiedener Farbe und Textur anfertigen. Legen Sie zwei Stoffe übereinander – Spitze auf einen dunkleren Hintergrund. Die Säume können mit Rüschen oder Langetten, mit Spitze oder Fransen besetzt oder mit Satinband eingefaßt sein. Stellen Sie sich das Tuch einfach als Rock vor und verarbeiten Sie es entsprechend.

Bis zum Boden reichende Tücher mit aufgenähten Rüschen gehören zum Standard in der Inneneinrichtung. Sie können den Rand des Tischtuchs aber ebenso gut in Falten legen. Einfache Stoßfalten an einem kurzen Tischtuch bringen die schönen Beine eines quadratischen Tisches zur Geltung; ein viktorianischer Tisch mit einem Sockel in der Mitte wird durch einen steif gefalteten Rockschoß ergänzt.

RECHTS *Wenn Sie das oberste Stück Stoff so binden, daß man den Stoff darunter sehen kann, wird der Knoten außerdem noch zum dekorativen Blickfang.*

Außerdem kann eine Tischdecke drapiert oder geknüpft sein, gewickelt oder mehrschichtig. Nehmen Sie für einen runden Tisch eine auf den Boden schleifende Decke – oder auch mehrere, wobei die obere jedesmal kürzer ist als die untere und sie farblich ergänzt. Ein quadratisches Tuch, das groß genug ist, knoten Sie an den Ecken wie ein Taschentuch. Raffen Sie den Saum einer runden Tischdecke so, daß Volants entstehen. Bei runden Tischen mit Mittelfuß kann man das Tischtuch ringsherum hochraffen und mit Bändern zusammenhalten oder es wie eine Spirale falten und dann befestigen. Bei vierbeinigen Tischen läßt sich das Tuch um die Beine wickeln und an jedem Tischbein oben oder unten mit Band oder Schleife festmachen.

Natürlich müssen Sie unabhängig von den dekorativen Aspekten im Auge behalten, wofür der Tisch benutzt werden soll, ob das Tischtuch leicht zu

RECHTS *Als Tischdecke kann man alles benutzen, selbst einen Teppich. Legen Sie zum Schutz ein Tuch aus Gaze oder Organdy darüber.*

RECHTS *Für den Küchentisch braucht man ein praktisches Tuch, das bei den Mahlzeiten und als Arbeitsfläche benutzt werden kann. Das traditionelle Wachstuch genügt allen Anforderungen.*

waschen sein muß, ob es einen Blickfang darstellen oder mit seiner Umgebung verschmelzen soll. Behelfsmäßige Tische bieten die beste Gelegenheit, Farben, Texturen und Muster auszuprobieren.

Machen Sie Tischdecken passend zu Vorhängen, Wänden oder Möbeln oder lassen Sie sie als Farbtupfer in einem sonst schmucklosen Raum hervortreten. Experimentieren Sie mit verschiedenen Farben übereinander, Schockrosa mit Dunkelrot, Grün und Türkis, Weiß mit jeder beliebigen Farbe, Schwarz und Weiß in einem völlig weißen Raum. Mischen Sie Streifen und Karos mit Blumenmustern. Eine schwarze Samtdecke mit einem kleinen weißen Organdytuch darauf ergibt eine interessante und elegante Kombination. Probieren Sie auf einem runden Tisch in einem ganz schmucklosen Raum ein großes gestreiftes Tuch aus und legen Sie darüber ein Stück weißes Leinen. Das kann als spannungsreicher Effekt schon ausreichen.

Ein Tisch aus ungebeiztem Kiefernholz in einer gemütlichen Küche beschwört sofort die Vorstellung von zwanglosen Mahlzeiten herauf – und damit die ständige Abnutzung des Tischtuchs. Entscheiden Sie sich deshalb für leicht waschbare Stoffe wie Baumwolldamast oder Madraskaro. Besetzen Sie Tischtuch und Servietten zur Auflockerung mit Häkelkanten und fertigen Sie passende Kissen an.

Noch professioneller ist es, die Ecken eines quadratischen Küchentischtuchs der Gehrung des Tisches entsprechend abzuschneiden, um die Schubladen darunter besser zugänglich zu machen. Umranden Sie die Kante mit Langetten- oder Zickzack-Stich oder garnieren Sie sie mit einer Paspel oder Baumwollspitze.

Bei Räumen, in denen Sie wahrscheinlich Gäste bewirten, können Sie aufs Ganze gehen und den Tisch als Blickfang benutzen. Legen Sie ein kleineres Tuch auf die untere Tischdecke und machen Sie dann dazu passende oder kontrastierende Platzdeckchen. Stellen Sie sich Karos zusammen mit Streifen vor, Gemustertes mit Einfarbigem, verschieden leuchtende Farben auf einem ganz schlichten Tuch und weiße Platzdeckchen auf einer schwarzen Tischdecke.

Runde Tischtücher sehen gut aus mit einer be-

RECHTS *Das tiefe Indigoblau des Stoffes bildet einen angemessenen Kontrast zu den leuchtend bunten Blumen in diesem Stadtgarten.*

Taschen in einem Picknicktuch verhindern, daß es wegfliegt.

Entwerfen Sie Ihr eigenes Muster nach einem Ihnen vertrauten Motiv.

OBEN *Ein weißes Tischtuch und passende Servietten sehen sauber und frisch aus und passen perfekt zum Wein und den Speisen.*

malten Bordüre: wählen Sie als Thema zum Beispiel Lebensmittel, und malen Sie mit einer Schablone stilisiertes Gemüse auf, einen Fries aus Feuerbohnen, die reihenweise von einer Girlande aus Blättern, Ranken und Blüten herabhängen.

Muß die Oberfläche eines auf Hochglanz polierten Eßtisches geschützt werden, so wählen Sie dafür eine Steppdecke, auf die Sie dann verschiedene auswechselbare Tücher legen können, die jeweils zum Geschirr, zu den Blumen, den Stuhlbezügen oder sogar zum Essen passen. Als Alternative schützen Sie die Oberfläche mit einer bodenlangen Filzdecke in einer kräftigen Farbe, legen Sie ein zweites Tuch in Weiß oder einer anderen Kontrastfarbe darüber, und raffen Sie das obere Tischtuch an den Seiten so, daß der farbige Filz darunter zu sehen ist.

Manchmal muß ein Tisch mit einer maßgefertigten Glasplatte abgedeckt werden. Das können Sie sich zunutze machen, indem Sie etwas besonders Zartes oder Kostbares unter das Glas legen – eine Stoffcollage, ein Stück Stickerei oder einen Schal. Das kann man auch bei einer Frisierkommode gut machen.

Eine weitere Möglichkeit ist die, Flaschen und andere Gegenstände, die Sie nicht immer offen herumstehen lassen wollen, auf einem Bord unter dem Tisch aufzubewahren. Befestigen Sie dazu eine Vorhangschiene an der Unterseite einer runden Tischplatte und hängen Sie daran unter der eigentlichen Tischdecke ein Tuch auf wie eine Gardine. Achten Sie darauf, daß die Kanten sich an der Öffnung großzügig überlappen und daß der Vorhang sich unauffällig öffnen läßt, wenn der Tisch in Gebrauch ist.

Auch das Tischtuch selbst kann zur Aufbewahrung benutzt werden. Bei einem Picknick kann man dann den Tisch ganz weglassen. Breiten Sie einfach ein derbes Baumwolltuch mit aufgenähten Segeltuchtaschen für Besteck, Teller, Gläser und so weiter auf der Erde aus. Das ganze Tuch kann nach dem Picknick dann eng aufgerollt und mit Bändern verschnürt werden.

MASSNEHMEN – TISCHE

Das Maß für den Überhang sollte bei allen Tischen die Saumzugabe einschließen.

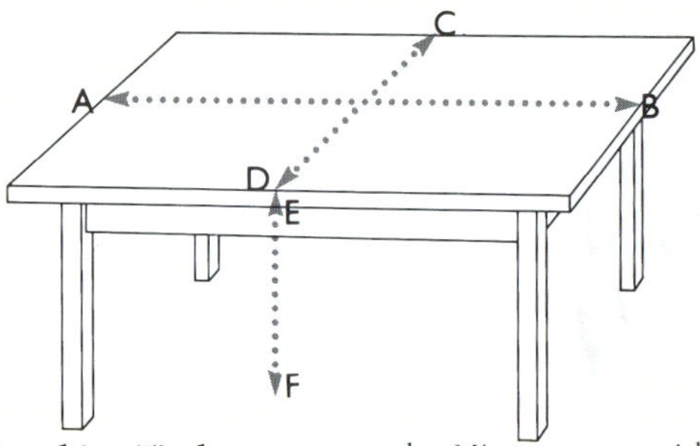

Rechteckige Tische
Abstand **A–B** und **C–D** von Kante zu Kante ausmessen und dann den zweifachen Überhang (E–F) zu diesen Maßen zugeben.

Große Tischtücher
Gewöhnlich müssen an eine mittlere Bahn Seitenteile angesetzt werden, um auf die richtige Größe zu kommen und eine Naht in der Mitte zu vermeiden. Wenn die Seitenteile bis zu einer halben Bahn breit sind, wird die für das Tuch benötigte Länge verdoppelt. Verdreifacht wird sie, wenn die Seitenteile zwischen halber und ganzer Bahnbreite breit sind. Für jede Verbindungsnaht 1,5 cm zugeben. Zum Angleichen eines Musters an den Nähten sollte extra Stoff zugegeben werden.

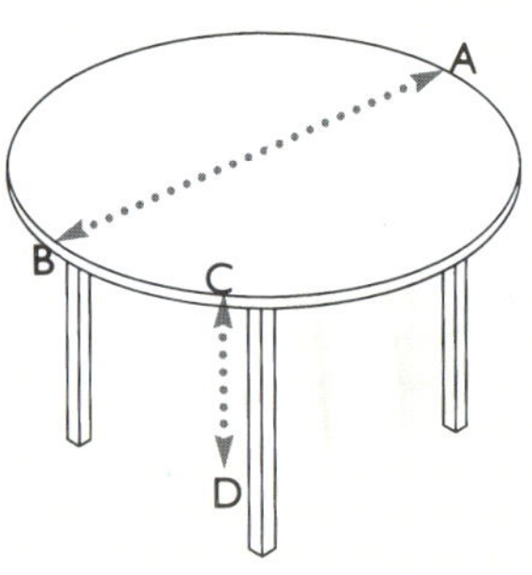

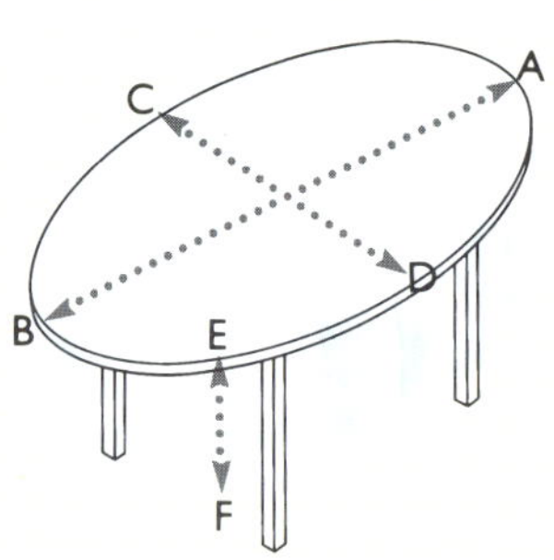

Runde Tische
Durch den Mittelpunkt der Tischfläche den Durchmesser A–B messen und dann den zweifachen Überhang C–D hinzurechnen.

Ovale Tische
Abstand A–B und C–D an der jeweils breitesten Stelle ausmessen und dann in beiden Richtungen den zweifachen Überhang E–F hinzurechnen.

RUNDES, GESÄUMTES TISCHTUCH

OBEN *Wählen Sie für Gartenmöbel lebhaft gemusterte Baumwollstoffe wie diesen provencalischen Druck.*

Mit einem Tischtuch kann man Farbenpracht in ein Zimmer bringen oder einen langweiligen Tisch verdecken. Es gibt jeder Mahlzeit etwas Festliches, selbst einem einfachen Picknick im Garten.

Hier wurden an den Mittelteil zwei Seitenstücke angenäht, um einen langen Überhang zu bekommen. Von gemustertem Stoff müssen Sie etwas mehr kaufen, damit Sie die Nähte dem Muster entsprechend legen können. Die Servietten sind einfache Stoffquadrate mit schmalem Saum.

Tischtuch

Mit einer Saumzugabe von 1,5 cm zwei Stücke Stoff in der erforderlichen Größe zuschneiden (s. MASSNEHMEN).

Ein Stück der Länge nach falten und im Umbruch in zwei Hälften schneiden. Beide Stoffbahnen seitlich mit Kappnähten am Mittelteil befestigen und glattbügeln.

Stoff exakt auf ein Viertel zusammenfalten und bügeln. Schnur um eine Heftzwecke wickeln und durch die Mitte des zusammengefalteten Tuchs stecken **(1)**.

1

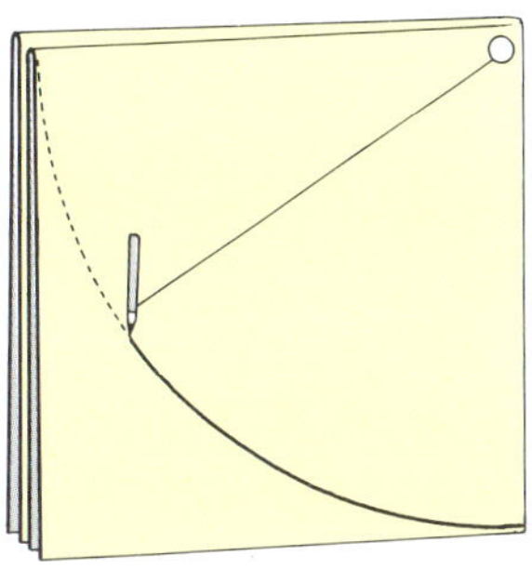

Das andere Ende der Schnur ans spitze Ende eines Bleistifts binden, so daß die Länge der Schnur in straff gespanntem Zustand dem Radius des Tischtuchs entspricht. Bogenlinie ziehen.

Stoff durch alle vier Lagen hindurch an dieser Linie entlang abschneiden und auseinanderfalten.

Das Tuch in 1,5 cm Abstand von der Kante umnähen. An dieser Naht entlang einschlagen und in Form bügeln. Schnittkante 6 mm einschlagen und bügeln. Heften und mit Hand oder Maschine dicht am Schnittkantenumbruch entlang säumen **(2)**.

2

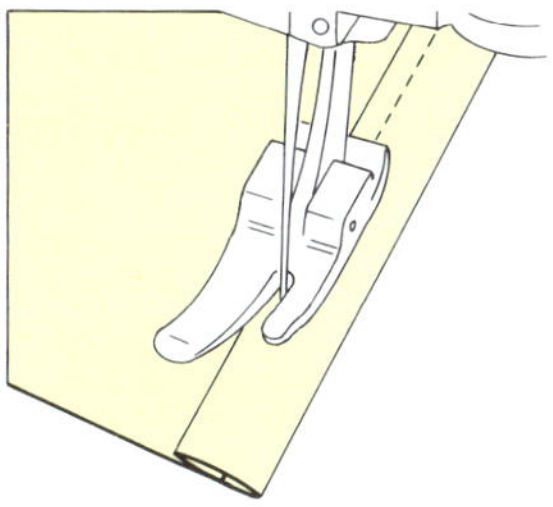

Servietten

Vier Stoffquadrate mit einer Seitenlänge von 33 cm zuschneiden und rundherum einen 6 mm breiten doppelten Saum abstecken, heften und nähen **(3)**.

3

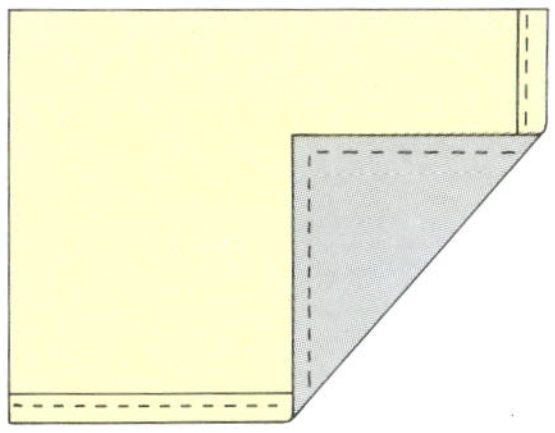

MASSNEHMEN	158
NÄHTE	200

AUFEINANDER ABGESTIMMTE TISCHTÜCHER

Das verschwenderisch drapierte untere Tuch ist oval. Kaufen Sie für einen breiten Tisch Stoff von 140 cm Breite, damit Sie nicht mehr als zwei zusätzliche Teile an jede Seite der mittleren Bahn nähen müssen, um das Tuch auf dem Fußboden in Falten legen zu können. Das obere Tuch besteht aus einer Unterlage, auf die zwei Rechtecke und winkelförmige Stücke für die Ecken aus kontrastierendem Stoff appliziert wurden. Für das äußere Rechteck wird der Stoff doppelt genommen und als Bordüre auf die Tuchränder aufgenäht. Legen Sie alle Nähte bei der oberen Tischdecke unter die Applikationen.

1

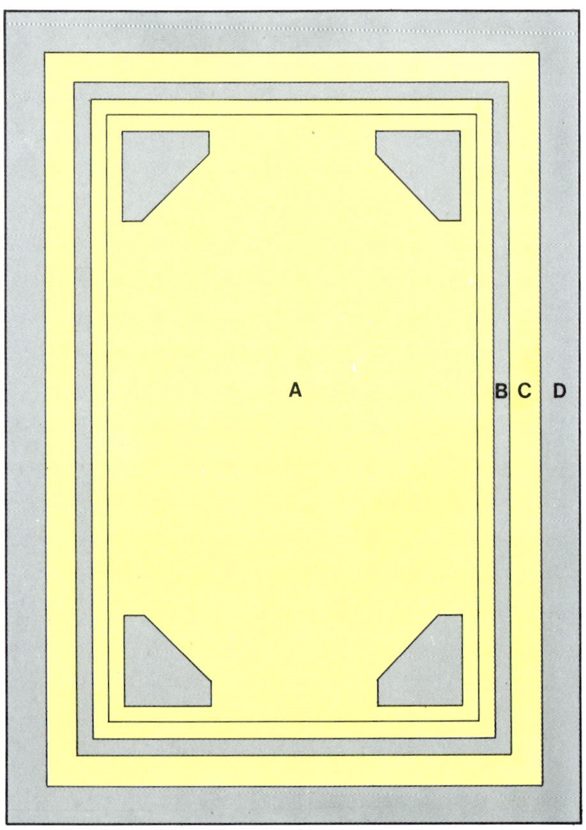

2

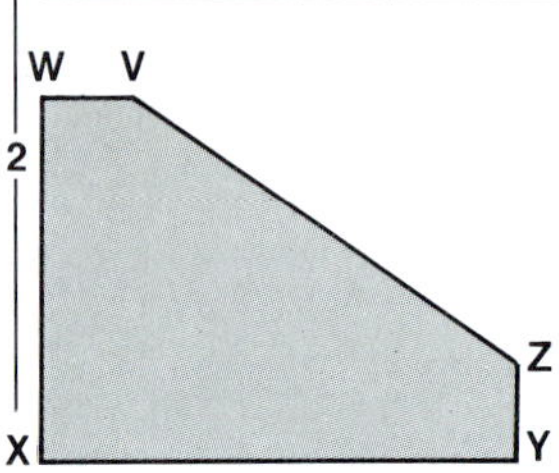

Maße für die Applikationen an den Ecken:

V–W **Y–Z**	*8 cm*
W–X **X–Y**	*36 cm*
V–Z	*39,5 cm*

Zuschneiden der Tücher

Für beide Tischtücher benötigte Stoffmengen ausrechnen (s. MASSNEHMEN). Für das obere Tuch sollte der Überhang 32 cm betragen, für das untere dem Abstand zwischen Tischfläche und Fußboden entsprechend plus mindestens 50 cm für auf dem Boden drapierte Falten. Stoff entsprechend zuschneiden und etwaige Seitenteile mit Kappnähten ansetzen.

Unteres Tischtuch

Tuch exakt auf ein Viertel zusammenfalten und bügeln.

Schnittmuster zuschneiden, das genau einem Viertel der Tischfläche entspricht. Mit dem rechten Winkel auf die innere Ecke des zusammengefalteten Stoffes legen und gut feststecken.

Länge des Überhangs von der Schnittmusterkante aus abmessen und parallel zu ihr mit Stecknadeln oder Schneiderkreide eine Linie

3

markieren. Alle vier Lagen Stoff an dieser Linie entlang abschneiden **(3)**.

Auseinanderfalten und wie RUNDES GESÄUMTES TISCHTUCH mit 2,5 cm Saumzugabe säumen. Heftfäden entfernen und vorherige Bügelfalten glattbügeln.

Zuschneiden von Applikationen und Bordüre

Die Streifen können quer zugeschnitten und zusammengenäht werden, um Stoff zu sparen. Beim Zusammensetzen von Applikationen und Bordüre eine Nahtzugabe von 1 cm vorsehen.

Von der Länge der Tuchbreite plus 22 cm zwei 22 cm breite Bordürenstreifen für **D** zuschneiden. Zwei weitere Streifen in der Länge des Tischtuchs plus 22 cm zuschneiden.

Für **C** je zwei Applikationsstreifen von der Länge und Breite des Tuchs zuschneiden, alle vier 10 cm breit; für **B** je zwei in der Länge minus 22 cm und in der Breite minus 22 cm, alle 6 cm breit.

Für die winkelförmigen Applikationen in den Ecken Schnittmuster anfertigen **(2)** und danach vier Stücke zuschneiden.

Oberes Tischtuch

Zunächst die Streifen von **C** und **D** zu zwei Rechtecken

4

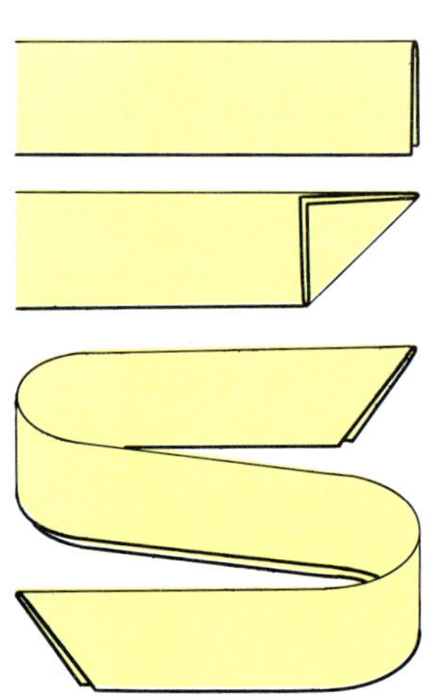

zusammenlegen. An jeder Ecke die kurze Schnittkante über die lange falten und bügeln **(4)**. Auseinanderklap-

MASSNEHMEN	158
RUNDES GESÄUMTES TISCHTUCH	149

pen und am Kniff entlang abschneiden.

Die zusammengehörigen Streifen jeweils kantengleich an den angewinkelten Enden rechts auf rechts zusammennähen; Nähte von innen her 1 cm offenlassen.

Innere Kante des Rechtecks **C** einschlagen und bügeln, mit der rechten Seite nach oben aufs Tuch legen. Feststecken und heften, an der inneren Kante entlang annähen.

Rechteck **B** an Innen- und Außenkanten einschlagen und in 3 cm Abstand von **C** plazieren. An beiden Kanten entlang ans Tischtuch heften und nähen.

Streifen für **D** der Länge nach kantengleich links auf links falten und bügeln. Ecken ebenso zuschneiden wie bei B und C. Streifen auseinanderklappen und die spitzen Enden kantengleich rechts auf rechts legen. Um die Enden herum abstecken, heften und zusammennähen **(5)**, an jeder Seite 1 cm freilassen.

Bordüre nach rechts wenden, Ecken dabei nach

5

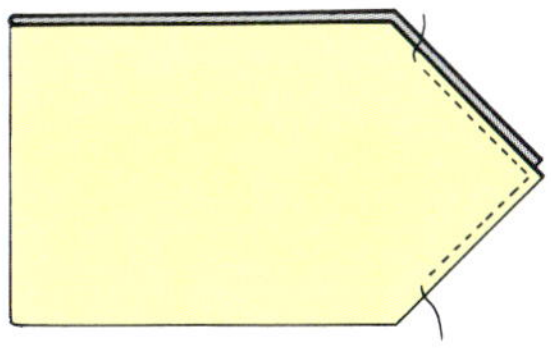

außen drücken. Schnittkanten einschlagen, Bügeln und ans Tischtuch nähen.

Kanten der Eckapplikationen unterbügeln und in 6,5 cm Abstand von Rechteck **B** abstecken, heften und annähen.

OBEN *Für große Einladungen ist diese Tischdecke aufwendig drapiert und mit eleganten, aber einfachen Applikationen verziert.*

TISCHTUCH MIT LOCHSTICKEREI

Für dieses zarte, bestickte Tischtuch sind dicht gewebte Stoffe wie Linon, Batist oder feines Leinen ideal. Benutzen Sie einen Stickrahmen und eine scharfe Stickschere zum Ausschneiden der Motive. Ein Teil davon wird mit Voile hinterlegt; man braucht dafür nur kleine Stoffschnipsel. Verwenden Sie für die Plattstichmuster Stickseide, wenn Sie sie mit der Hand machen.

RECHTS *Das Motiv in der Tischdecke ist dem Muster an der Wand nachempfunden. Lassen Sie sich von Ihrer Umgebung inspirieren und entwerfen Sie Ihr eigenes Motiv.*

Zuschneiden des Tischtuchs

Wie in MASSNEHMEN beschrieben, rechteckiges Tischtuch zuschneiden oder zusammensetzen, etwaige Seitenteile mit Kappnähten an den mittleren Teil ansetzen. Die Maße sind so zu berechnen, daß die Langetten in vollständiger Ausführung wiederholt um das Tuch herumlaufen können, und zwar mit einer dreiseitigen Langette in jeder Ecke.

Ausrichtung des Motivs

DIN A4-Pauspapier auf ein Viertel falten. Aufklappen und halbes Motiv so aufzeichnen, daß es genau an Falzlinie stößt. Papier wieder falten und andere Hälfte des Motivs durchpausen **(1)**. Auf

1

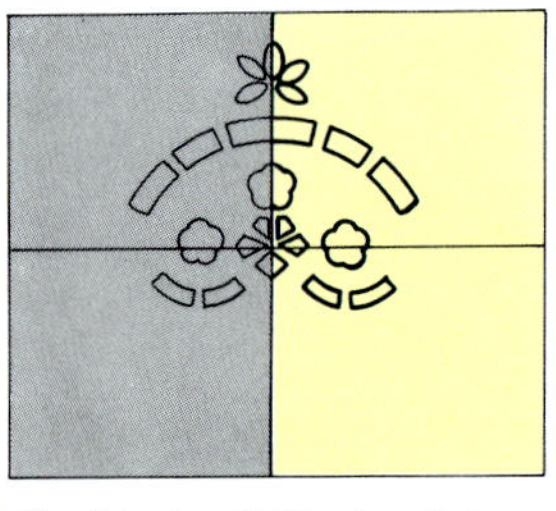

Tischtuch mit Stecknadeln oder Klebeband Platz für Motive markieren (s. SCHABLONE FÜR EINE GLATTE BORDÜRE). Pauspapier als Schablone verwenden.

Das Motiv sollte in der Mitte genau über den Ecken des Tischtuchs liegen (s. SCHABLONE QUER ÜBER EINE ECKE LEGEN). Beim Anlegen des Motivs über der Diagonalen den senkrechten Falz im Pauspapier auf den Mittelpunkt ausrichten **(2)**. Motiv auf das Tischtuch übertragen (s. PUNKTIEREN UND DURCHPAUSEN).

2

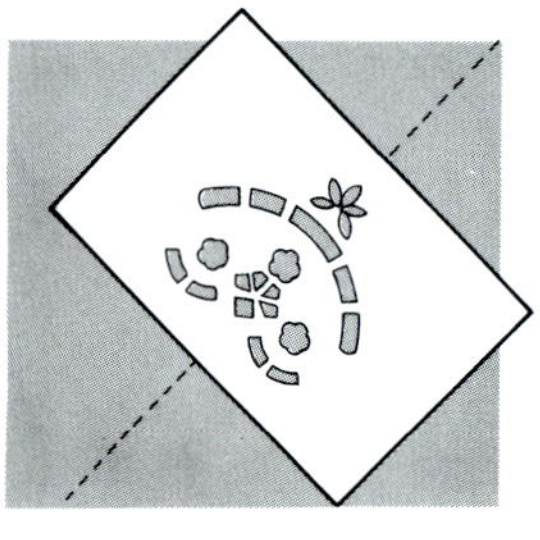

Applikationen

Kleines Stück feinen Voile auf das Motiv legen und direkt auf den Stoff durchpausen. Voile zuschneiden.

Tuch an der entsprechenden Stelle in einen Stickrahmen spannen und Motiv mit Heftstich befestigen. Mit Knopflochstich aufnähen **(3)** und dann den unteren Stoff vorsichtig ausschneiden. Dasselbe für alle Applikationen wiederholen.

3

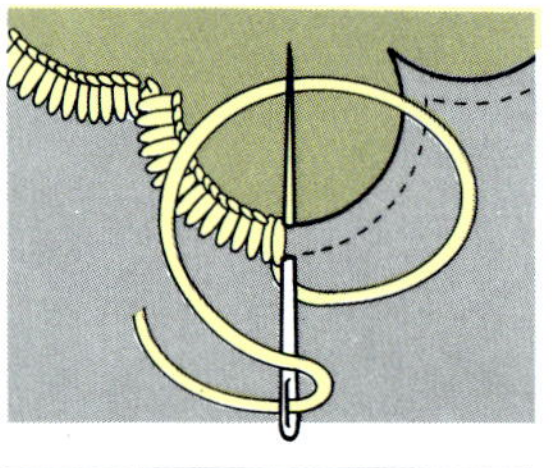

Lochstickerei

Mit kleinen Vorstichen die entsprechenden Motive an den Kanten umnähen. Innerhalb dieser Naht Stoff in der Mitte durchschneiden **(4)**.

Stoff zur Rückseite hin umlegen **(5)**, Konturen mit Schnur- oder Bindlochstich umsticken (s. STICKSTICHE) und versäubern **(6)**.

4

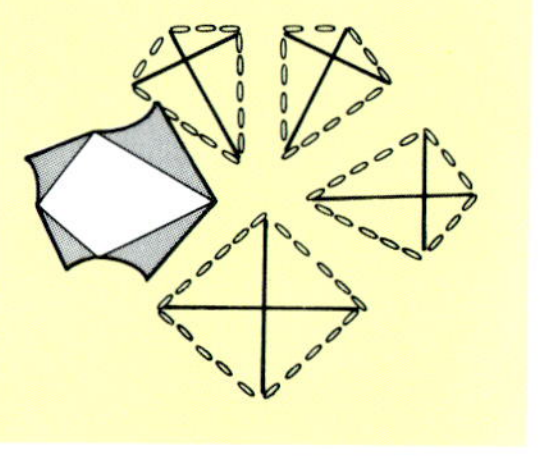

5

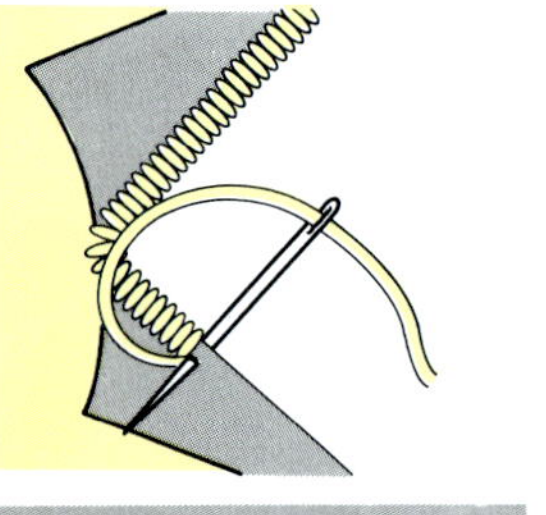

6

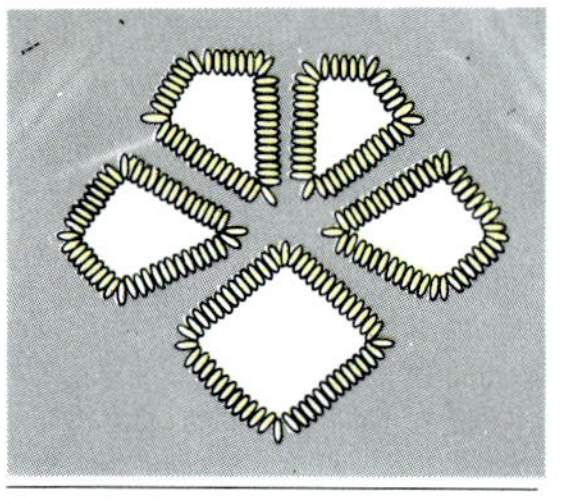

Blütenblätter und Langetten sticken

Blattmotive von Hand mit dichtem, gleichmäßigem Plattstich besticken **(7)**, dabei von der Mitte aus arbeiten (s. STICKSTICHE). Schablone

7

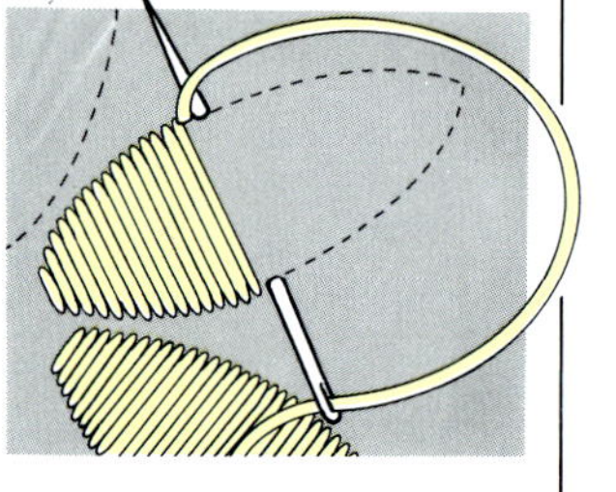

für Langetten anfertigen. Dazu auf großem Stück Karton Muster so oft wiederholen, daß es in der Länge als Arbeitsvorlage ausreicht.

Muster mit einem Bleistift an der Tuchkante entlang nachzeichnen. Konturen von innen so umstechen, daß eine feste Kante entsteht. Auf der Maschine mit engem Zickzackstich die Langetten so umranden, daß es wie Plattstich wirkt **(8)**, oder mit der Hand sticken. Restlichen Stoff außerhalb des gestickten Randes abschneiden.

8

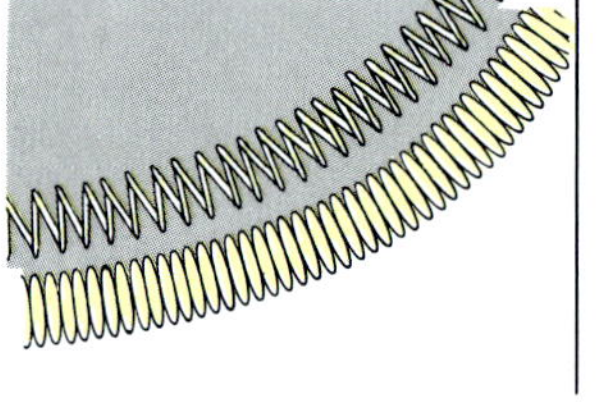

MASSNEHMEN	158
NÄHTE	200
SCHABLONEN	219

SCHABLONEN	219
PUNKTIEREN UND DURCHPAUSEN	220

STICKSTICHE	199

STICKSTICHE	199

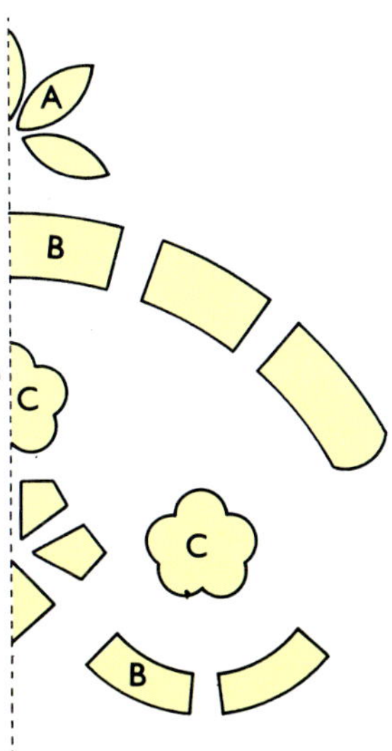

A *Stickerei*
B *Lochstickerei*
C *Applikation*

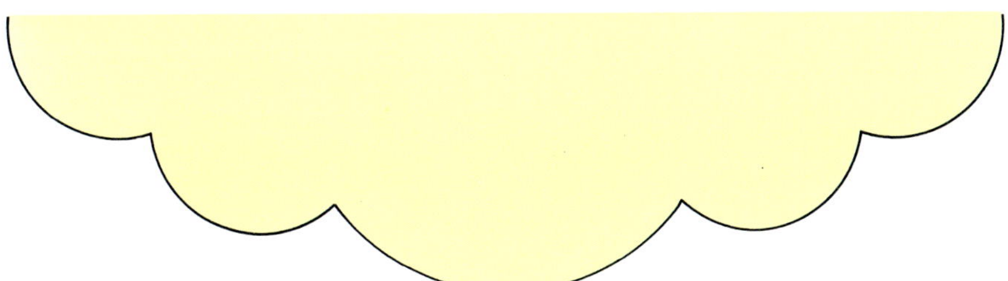

Diese Langetten sind so groß wie in Wirklichkeit. Verarbeiten Sie die Kante des Tischtuchs so, daß sie abwechselnd aufeinander folgen.

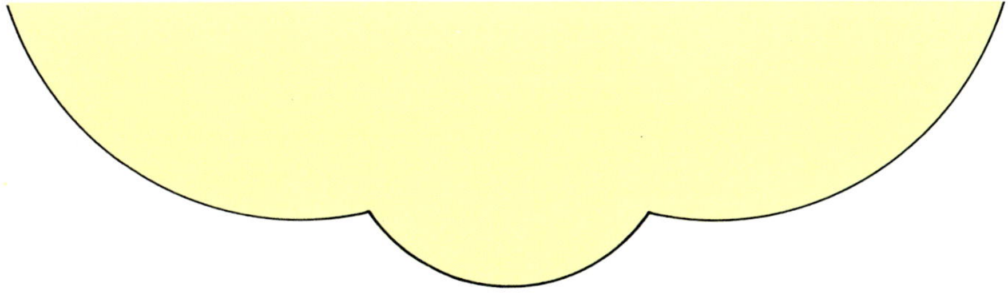

SECHS UMRANDUNGEN FÜR SERVIETTEN

Serviette mit Zackenrand

Für jede Serviette ein Stoffquadrat mit 41 cm Seitenlänge zuschneiden. Als nächstes für den Rand ein Schnittmuster anfertigen. Dazu einen 41 mal 4 cm großen Papierstreifen zuschneiden. Der Länge nach in acht gleich große Abschnitte einteilen, wobei die Eckpunkte jeweils in der Mitte liegen. In jeden Abschnitt ein 2,5 cm tiefes Dreieck einzeichnen. Schnittmuster ausschneiden.

Schnittmuster so auf die Serviette legen, daß die Spitzen an den Rand stoßen, und Umriß nachzeichnen. Für alle Seiten wiederholen. Die markierte Linie von innen mit einer Naht umstechen. Stoff außerhalb der Markierungslinien abschneiden. Kanten mit engem Zickzackstich so umranden, daß es wie Plattstich aussieht, oder mit der Hand umsticken (s. STICKSTICHE).

Serviette mit Bordürenrand

Für jede Serviette ein Stoffquadrat mit 41 cm Seitenlänge, für die Bordüre ein ebenso großes Quadrat aus kontrastierendem Stoff zuschneiden. Dieses Quadrat von der Mitte her ausschneiden, so daß nur ein 3 cm breiter Rand stehenbleibt.

Bordüre mit rechts auf die linke Seite der Serviette legen. Beide Teile mit einer Nahtzugabe von 1 cm an der äußeren Kante entlang abstecken, heften und annähen. Versäubern und Bordüre auf die rechte Seite der Serviette klappen.

Innere Kante 1 cm breit einschlagen; dazu in den Ecken einschneiden.

An der Innenkante entlang abstecken, heften und nähen. Außenkante mit einer entsprechenden Naht umranden. In gleichmäßigen Abständen dazwischen drei weitere Nähte arbeiten. Fadenenden gut befestigen.

Serviette mit eingefaßtem Rand

Für jede Serviette ein Stoffquadrat mit 41 cm Seitenlänge zuschneiden. Einen kleinen Teller so auf eine Ecke plazieren, daß der Tellerrand genau auf den Kanten der Serviette liegt, und die Ecke abrunden und entsprechend abschneiden. Serviette zusammenfalten und zweite Ecke abrunden wie die erste. Für alle vier Ecken wiederholen.

Umfang der Serviette ausmessen und aus kontrastierendem Stoff Schrägstreifen in entsprechender Länge mit einer Nahtzugabe von 1 cm zuschneiden (s. PASPELN). Tresse und Serviettenrand rechts auf rechts legen; Tresse an den Enden dabei übereinanderlegen und einschlagen. Mit 6 mm Nahtzugabe an der Serviette befestigen (s. TRESSEN ANBRINGEN).

STICHSTICHE	**199**
PASPELN	**203**
TRESSEN ANBRINGEN	**203**

Serviette mit Applikation

Für jede Serviette ein Stoffquadrat von 41 cm Seitenlänge zuschneiden. Rundherum einen 6 mm breiten doppelten Saum einschlagen; abstecken, heften und nähen.

Motiv für die Applikation auf Pauspapier zeichnen und auf einen kontrastierenden Stoff übertragen. Umriß des Motivs in der Ecke der Serviette leicht nachzeichnen. Ein Stück Einlage zum Aufbügeln so zuschneiden, daß es etwas größer ist als das Motiv und auf die Rückseite des Kontraststoffes bügeln. Die einzelnen Teile der Applikation ausschneiden und auf die Serviette bügeln.

Muster Teil für Teil dicht an der Kante entlang umnähen. Zunächst mit dreifachem Stickgarn in passender Farbe die Konturen mit Knopflochstich umranden, anschließend rundherum mit Margeritenstich umsticken (s. STICKSTICHE).

Serviette mit Langettenrand

Für jede Serviette ein Stoffquadrat von 41 cm Seitenlänge zuschneiden.

Für das Schnittmuster ein 41 mal 4 cm großes Stück Papier zuschneiden. In 10 gleich große Abschnitte einteilen. Mit Hilfe eines passenden Glases, dessen Rand genau an die Kante des Papiers stößt, die einzelnen Abschnitte zu Bögen formen. Schnittmuster ausschneiden.

Der Reihe nach an alle Ränder der Serviette anlegen und die gebogte Kante auf der linken Seite des Stoffes nachzeichnen. Die Ecken werden dadurch gleichfalls abgerundet.

Maschine auf breiten Zickzackstich einstellen und die Serviette an der markierten Linie entlang damit umnähen.

Restlichen Stoff abschneiden. Mit dreifach genommenem Stickgarn in passender Farbe Kante ringsherum mit Knopflochstich versäubern.

Serviette mit Hohlsaum

Stoffquadrat von 39 cm Seitenlänge zuschneiden. 1 cm breiten doppelten Saum einschlagen; die Ecken dabei auf Stoß falten. Abstecken, heften und nähen.

Für die Umrandung ein Quadrat mit 46 cm Seitenlänge zuschneiden. Stoff in der Mitte ausschneiden, so daß ein 5 cm breiter Rand stehenbleibt. Borte rechts auf rechts auf halbe Breite falten und die Ecken zu gleichmäßigen Abnähern kniffen. Abnäher nähen, versäubern und Borte nach rechts wenden. Innenkanten 6 mm einschlagen; abstekken, heften und nähen. Borte um die Serviette legen und, in einer Ecke beginnend, mit dreifachem Stickgarnfaden mit Stäbchenhohlstich daran befestigen (s. STICKSTICHE).

STICKSTICHE	**199**
STICHE	**197**

Betten

Wie Sie Ihr Bett dekorieren, wird von der Atmosphäre abhängen, die Sie kreieren wollen, und von der Art des Bettes selbst. Es ist ganz einfach – lediglich eine Frage des Zusammennähens und Säumens von Stoffbahnen. Betten wie Futons oder strenge moderne Designs in Holz oder Stahlrohr sehen mit einer einfachen Decke und passendem Kissenbezug am besten aus. Die Schmucklosigkeit läßt sich durch starke Farbkontraste oder kühne Muster ausgleichen. Manche Betten – wie etwa ein Himmelbett – machen schon aufgrund ihrer Konstruktion pompöses Zubehör erforderlich, das ihrem auffallenden Stil gerecht wird. Auch die einfachste Liege kann sich mit einem Baldachin, entsprechenden Decken und Massen von rüschenbesetzten Kissen in ein Requisit aus »Vom Winde verweht« verwandeln – aber vielleicht wollen Sie eher ein weniger einnehmendes Bett, das auch als Sitzgelegenheit benutzt werden kann, wenn das Schlafzimmer gleichzeitig als Wohn- oder Arbeitsraum dient.

Die klaren Linien eines Diwans passen zu einem strengen, funktionalen Raum. Das Bett läßt sich tagsüber in ein Sofa verwandeln, indem man Unter- und Oberteil mit demselben, eng anliegenden Stoff bespannt. Hat das Unterteil bereits einen akzeptablen Bezug, zum Beispiel aus Matratzenstoff, so hat man hierin einen Ausgangspunkt für den Bettbezug, Schlupfbezüge für die Kissen und vielleicht noch ein Keilkissen. Nähen Sie zur Auflockerung zusätzlich eine Paspel auf und schmücken Sie das Keilkissen mit Quasten. Sie können das Unterteil auch mit einem Volant bespannen, der glatt oder in flache Falten gelegt ist, und das Bett mit einer passenden Decke vervollständigen. Diese unkomplizierten Ideen lassen sich kunstvoller ausgestalten, wenn

RECHTS *Traditionelle Bettwäsche in Weiß mit schwellenden Daunenkissen und gehäkelter Tagesdecke paßt gut zu einem eisernen Bettgestell.*

RECHTS *Eine Bettdecke kann wie ein Erbstück aussehen. Besticken Sie sie, besetzen Sie sie mit Spitze oder machen Sie die Oberseite aus Patchwork.*

UNTEN *Ein Empire-Bett läßt sich mit einem duftigen Spitzengebilde dekorieren oder mit einem klar gestreiften Stoff in strengere Linien kleiden.*

man bei der Auswahl von Farbe und Muster couragierter vorgeht. Der Bezugsstoff kann zum Beispiel in krassem Gegensatz zum Volant stehen: der eine einfarbig, der andere gemustert oder gestreift oder kariert, schwarz und weiß. Volants können Borten oder Bordüren haben oder mit Falten oder Rüschen in Kontrastfarben besetzt sein.

Eine prägnante Farbzusammenstellung ist hilfreich, wenn man vom Boudoir-Image wegkommen will. Schuluniformen, Livreen, auch Farben aus dem Rennsport regen häufig zu kühnen oder subtilen Variationen an. Das Bett kann eine Uniform bekommen, die zu Stühlen und Vorhängen paßt. Verwen-

den Sie durchgehend eine Grundfarbe, belebt durch eine Sekundärfarbe. Eine Bettdecke in Marineblau würde zum Beispiel mit weißer Paspelierung und marineblauem Volant gut aussehen. Verfahren Sie mit den Stühlen genauso, aber variieren Sie das Thema bei den Vorhängen, indem Sie sie weiß mit blauen Kanten machen. Fügen Sie dann noch ein blaues Rouleau hinzu, wenn Sie nur im Dunkeln schlafen können. Alles sehr korrekt und tipptopp.

Ein einfacher, hinter dem Bett aufgehängter Vorhang wird zum Blickfang am Kopfende des Bettes. Machen Sie ihn passend zu Tagesdecke oder Gardinen. Schlupfbezüge für das Kopfteil aus demselben Stoff wie Bettbezug oder Volant machen Bett und Kopfteil zu einer Einheit.

Obwohl es für Bettvorhänge und Baldachine heutzutage keinen praktischen Grund mehr gibt, kann man ein normales Bett damit immer noch auf sehr effektive Art und Weise in den Blickpunkt rücken. Man kann es der Länge nach an der Wand aufstellen und von einem Querbalken in der Mitte aus einen Betthimmel wie ein Zelt darüberhängen, so daß es an ein einfaches Empire-Bett erinnert. Die Wand selbst kann man mit kontrastierendem oder darauf abgestimmtem Material behängen: brauner Samt zu goldfarbenem Satin; ein weißes Bett, mit weißer Spitze umhüllt und einer persisch-blauen Wand; ein Bett mit Madras-Karo und einem flockigen Voile-Vorhang.

Halbe Betthimmel macht man, indem man ein Rahmengestell an der Decke aufhängt und dann zum Beispiel reichlich Musselin darüber drapiert, der mit Blumensträußchen hochgebunden wird. Man kann den Stoff auch straff über den Rahmen spannen und mit einer Langetten- oder Fransenkante versehen. Vorhangschienen lassen sich zu einem Kranz biegen, über dem eine kleine Kuppel aufgebaut oder um den herum Gardinen gezogen werden können. Eine Gardinenstange läßt sich über dem Kopfende des Bettes in der Mitte so anbringen, daß eine darüber drapierte Stoffbahn oder ein Schal graziös zu beiden Seiten herabhängt.

Richtige Himmelbetten werden mit Fertigbauteilen oder aus Gardinenstangen konstruiert. Da heutzutage keine schweren Vorhänge mehr als Kälte-

LINKS *Bettbezüge können passend zum Raumdekor angefertigt werden. Hier ist der Bezug auf die Vorhänge abgestimmt, und der kühn gemusterte Druck paßt gut zu dem knubbeligen Bambusbett.*

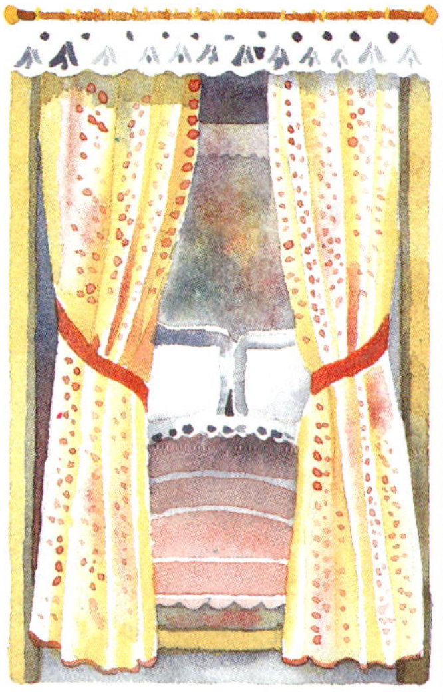

Heutzutage kann man für Himmelbetten auch leichte Vorhänge verwenden.

schutz benötigt werden, schaffen Sie mit hauchdünnen Gardinen eine glatte, strenge Silhouette. Lassen Sie die Vorhänge einfach senkrecht herabfallen und schürzen Sie sie tagsüber mit Bändern. Als Betthimmel ziehen Sie durchsichtige Stoffbahnen über den Rahmen und verknoten Sie die Enden an den Eckpfosten. Vergewissern Sie sich, daß diese Konstruktionen ebenso gut aussehen, wenn Sie im Bett liegen.

Kojenbetten benutzt man meistens für Kinder, aber es ist eigentlich schade, daß ihre Verwendung darauf beschränkt bleibt. Sie sind nämlich sehr raumsparend und geben ausgezeichnete Reservebetten ab. Stellen Sie sie in genau passende Nischen, hängen Sie ringsherum Vorhänge auf, verkleiden Sie die Nische innen mit Steppdecken oder mit Bordüren, auf denen Sie das Muster des Bettbezugs reproduzieren. Bauen Sie Regale ein, die mit demselben Stoff bespannt sind wie Wände und Bett, und statten Sie jede Nische mit einer extra Lampe aus, die man an die Wand montieren kann.

Beschränken Sie Ihre Erfindungsabe nicht auf die äußere Dekoration des Bettes: erweitern Sie die harmonische Abstimmung von Farbe, Muster und Zubehör auf das Bettzeug selbst. Auch bedruckter Kleiderstoff läßt sich dafür verwenden. Stellen Sie sich rot-weiß gesprenkelte Baumwolle über einer flauschigen roten Decke vor. Einfarbiges Bettzeug lädt zur Verzierung der Kanten ein, besonders mit Häkelspitze. Für Kissenbezüge denken Sie an Borten, Paspeln, Bänder, eingesetzte Blumenbordüren und Schleifen. Was bei Laken und Kissenbezug möglich ist, können Sie auch mit einem Bettbezug machen. Vergessen Sie jedoch nicht, daß die Hauptaufgabe eines Schlafzimmers die ist, den Schlaf herbeizuführen. Seien Sie vorsichtig mit Mustern, die eher aufregen als entspannen, sonst müssen Sie mit Oscar Wilde feststellen, daß entweder Sie oder das Muster verschwinden müssen.

RECHTS *Patchwork ist das Thema dieses Kinderzimmers. Wände und Bett sind mit traditionellem Patchwork überzogen, und die Vorhänge wurden passend dazu angefertigt.*

MASSNEHMEN – BETTEN

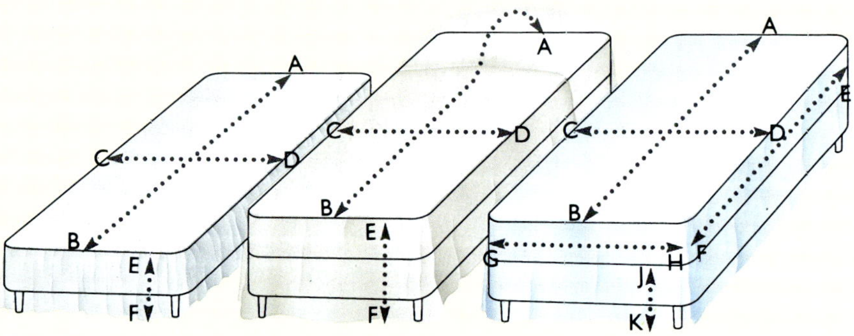

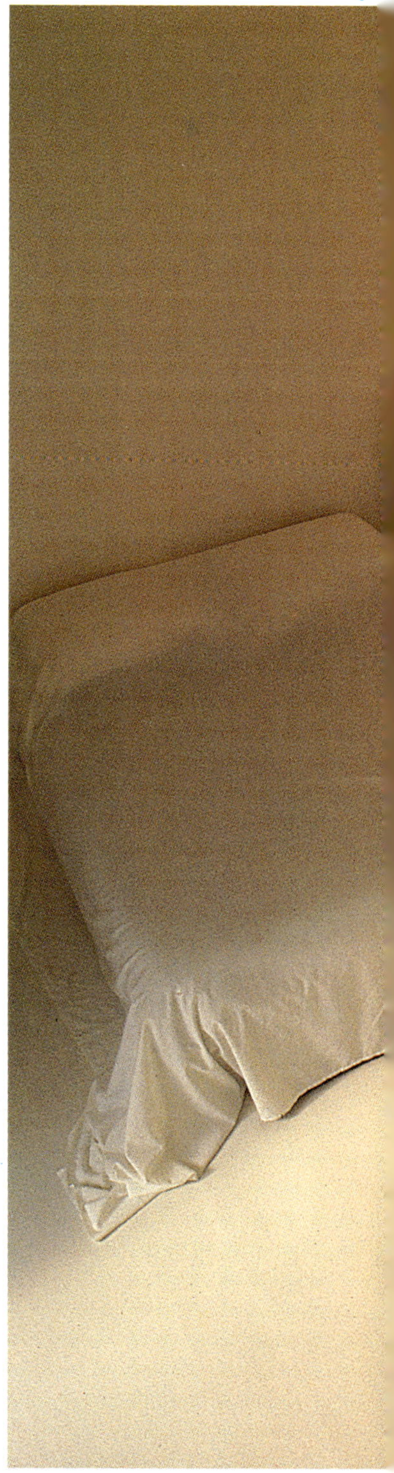

Volant
Bettzeug und Matratze entfernen. Länge **A–B** und Breite **C–D** des Bettsockels ausmessen. Am unteren Rand und an den seitlichen Kanten eine Nahtzugabe von 1,5 cm, an der Oberkante eine Saumzugabe von 2 cm hinzurechnen. Die Breite des Volants **E–F** vom oberen Rand des Bettsockels aus abmessen plus Naht- und Saumzugaben. Die Länge des Volants **G–H** variiert, je nachdem, ob er gerüscht oder gefältelt ist. Er wird der Länge nach am mittleren Teil an drei Seiten angenäht.

Gefütterter Bettüberwurf
Beim Maßnehmen für einen Bettüberwurf Bettzeug und Kissen an Ort und Stelle lassen. Länge **A–B** und Breite **C–D** ausmessen und die Höhe **E–F** einmal zur Länge und zweimal zur Breite plus Nahtzugaben von rundherum 1,5 cm hinzurechnen. Die Höhe ist davon abhängig, wieviel Überhang man haben will.

Wenn der Bettüberwurf oben unter den Kissen eingeschlagen werden soll, extra Stoff in der Länge zugeben.

Für einen sehr breiten Bettüberwurf Seitenteile an einen mittleren Hauptteil ansetzen, möglichst mit den Nähten auf der Bettkante. In diesem Fall beim Zuschneiden entsprechende Nahtzugaben einrechnen.

Für das eventuelle Angleichen eines großen Musters muß eine weitere Stoffzugabe berücksichtigt werden.

Enggeschnittener Diwanbezug
Über dem Bettzeug maßnehmen. Länge **A–B** und Breite **C–D** der Bettoberfläche ausmessen und an jeder Seite 1,5 cm für Nähte zugeben. Die langen und kurzen Seiten der Matratze in der Länge **E–F** und Breite **G–H** abmessen. Für den Rand 2 lange und 2 kurze Streifen mit einer Nahtzugabe von 1,5 cm auf allen Seiten zuschneiden. Die gewünschte Höhe des Volants **J–K** von der Unterseite der Matratze aus abmessen und einen passenden Streifen Stoff anfertigen, Rüschen oder Falten einrechnen. Für einen an den Ecken geschlitzten Schoß 2 lange und 2 kurze Teile entsprechend der Länge der Randstreifen zuschneiden; ihre Breite entspricht der Höhe des Volants. 1,5 cm für Nahtzugaben bzw. 2 cm Saumzugaben hinzurechnen.

GEFÜTTERTER BETTÜBERWURF

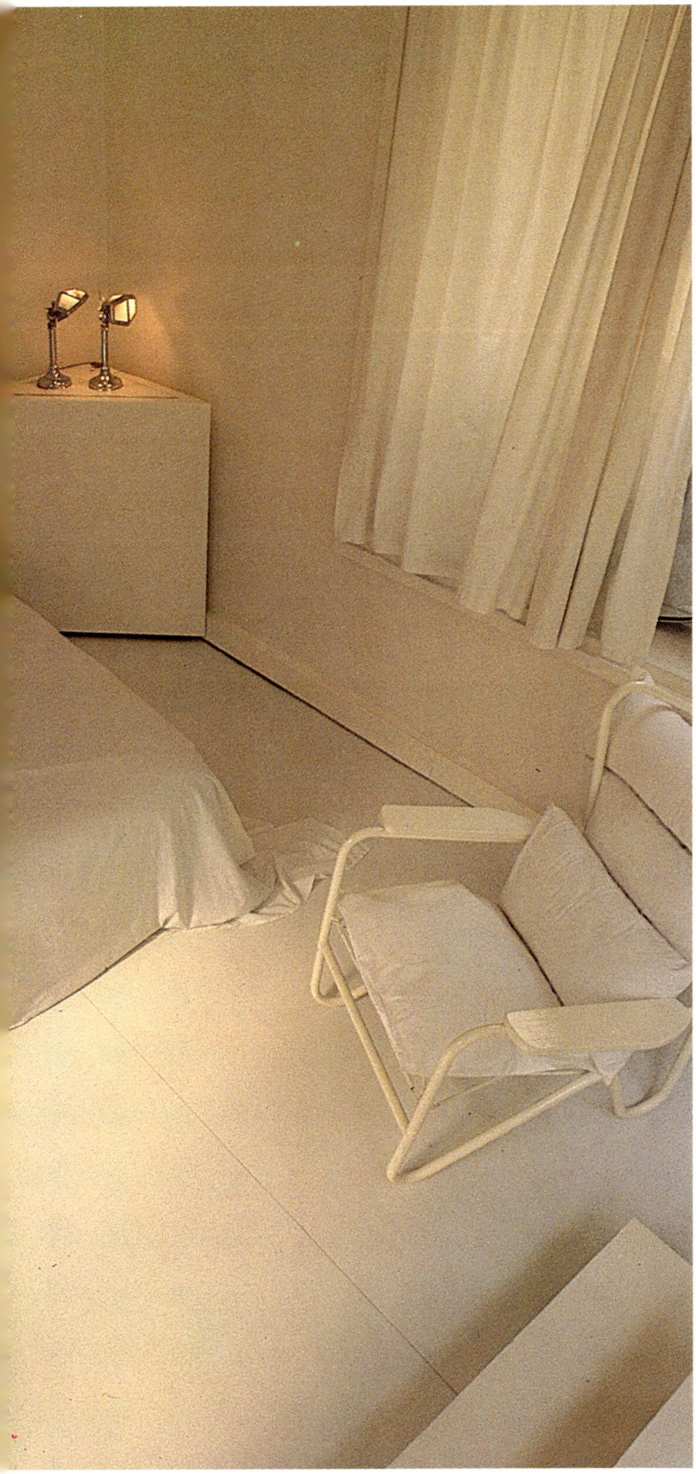

Will man Bettwäsche anfertigen, so ist ein Bettüberwurf das einfachste. Man braucht nur ein Stoffrechteck, das, lose über das Bett drapiert, bis zum Boden herabhängt. Jedes Material, das knitterfest ist und genügend Volumen hat, eignet sich dafür.

Ausführung

Bett nach der Beschreibung in MASSNEHMEN ausmessen. Von Obermaterial und Futter jeweils ein Mittelteil und zwei Seitenteile auf entsprechende Größe zuschneiden.

Mittelteil und Seitenteile des Oberstoffes kantengleich rechts auf rechts zusammennähen. Für den Futterstoff dasselbe wiederholen. Beide Stoffe mit übereinanderliegenden Kanten und Nähten zusammenstekken und -heften; am unteren Ende in der Mitte eine 56 cm lange Öffnung lassen **(1)**. Zusammennähen, dabei die Ecken stutzen.

Überwurf nach rechts wenden, an den Rändern ausbügeln. Kanten über der Öffnung einschlagen und mit Schlupfstich vernähen.

1

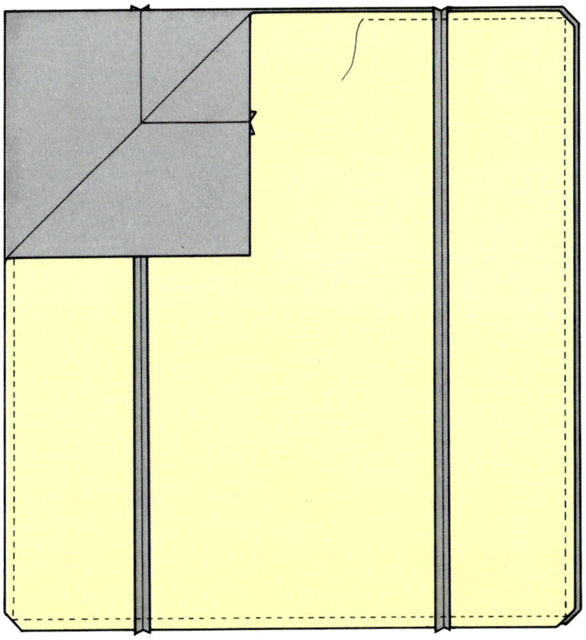

LINKS *Die geschmeidige Weichheit von Satin und die einfache, ungegliederte Form der Bettdecke ergänzen einander perfekt.*

MASSNEHMEN 174

STEPPDECKE

Leichte Stoffe eignen sich für diese mit der Maschine gesteppte Decke am besten. Sie wird in vier handlichen Teilen angefertigt und vor dem Füttern zusammengenäht. Die mittlere Schicht besteht aus schwerem Füllmaterial, das auf einen billigen Futterstoff geheftet wird. Die Unterseite füttert man mit Baumwolle oder passend zur Oberseite.

Ausführung

Bett ebenso ausmessen wie für den Bettüberwurf (s. MASSNEHMEN).

Breite durch Vier teilen und jeweils 8 cm zugeben, um die Breite der einzelnen Streifen zu ermitteln, aus denen die Decke zusammengesetzt wird. Aus Polsterwolle und Stoff zum Ausfüttern jeweils vier dieser Streifen auf die Länge der Decke plus 4 cm an jedem Ende zuschneiden. Die großzügige Nahtzugabe ist notwendig, weil die späteren Steppstiche den Stoff ins Polstermaterial hineinziehen. Ein Stück Futterstoff in der gesamten Größe der Bettdecke mit einer Nahtzugabe von rundherum 4 cm zuschneiden.

Auf der rechten Seite des Oberstoffs mit Schneiderkreide die Nähte markieren und im Anschluß daran mit Querlinien ein gleichmäßig gitterförmiges Muster aufzeichnen.

Polsterwolle zwischen dem Obermaterial und dem Stoff zum Ausfüttern legen und an den Schnittkanten und in der Mitte zusammenheften **(1)**.

Länge des Steppstichs auf einem Stoffrest ausprobieren. Die einzelnen Streifen an den Markierungslinien entlang mit der Maschine durch alle drei Lagen hindurchsteppen; dabei jeweils an den Heftnähten beginnen. Heftnähte entfernen und Polsterwolle an den Kanten versäubern.

Alle Streifen kantengleich der Länge nach rechts auf rechts abstecken, heften und zusammennähen. Auseinanderfalten und bügeln. Jede Zwischennaht auf einer Seite mit einer zusätzlichen Naht verstärken.

Futter zusammennähen, wenn es aus mehreren Einzelteilen besteht. Wie beim GEFÜTTERTEN BETTÜBERWURF an den oberen Teil nähen.

1

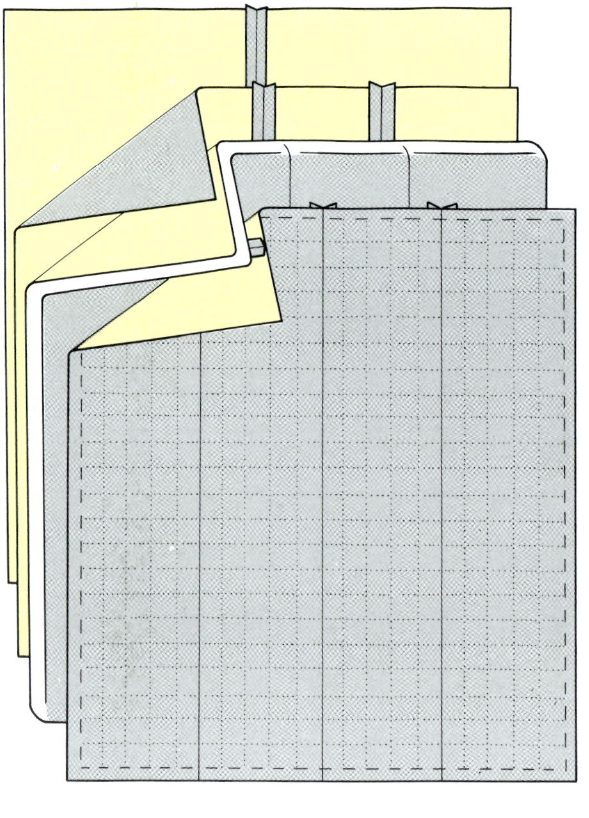

MASSNEHMEN 174

GEFÜTTERTER BETTÜBERWURF 175

OBEN *Diese Steppdecke ist leicht genug zum Zudecken, hält zusätzlich warm und verleiht jedem Raum einen Hauch von Luxus.*

RÜSCHENVOLANT

Die nostalgische Wirkung eines Rüschenvolants ist eine gute Ergänzung für ein schönes altes Bettgestell. Für Unterbau und Beine eines Diwans bietet er sich als dekorative Verhüllung an.

Der Volant kann auch in Quetschfalten gelegt werden oder glatt bleiben, mit nur je einer tiefen Falte an jeder Ecke. Die Schwere des Stoffes sollte vom Stil des Volants abhängen. Leichte, waschbare Stoffe eignen sich für einen ungefütterten, gerafften Volant am besten; für den unter der Matratze liegenden Teil kann man billigen Futterstoff nehmen. Da das Material auf dem Foto nicht überall erhältlich ist, bietet sich als witzige Alternative eine Rüsche aus Geschirrtüchern an.

Ausführung

Anzahl der Tücher ausrechnen, die für einen Volant benötigt werden, der das Bett an drei Seiten umranden soll. Mit einer Zugabe von 1 cm für jede Naht sollten die zusammengenähten Tücher der vierfachen Länge und der zweifachen Breite des Betts entsprechen. An den kurzen Seiten zusammennähen. Maße der Geschirrtücher vorm Kauf kontrollieren; die Standards wechseln.

Wie in MASSNEHMEN angegeben, Mittelteil ausmessen und zuschneiden. Untere Ecken mit Hilfe einer Untertasse abrunden (s. GEPASPELTE TAGESDECKE). Obere Kante zu einem 1 cm breiten doppelten Saum einschlagen.

Abstand zwischen Oberkante des Bettes und Fußboden ausmessen und etwaigen überschüssigen Stoff von den Geschirrtüchern abschneiden, aber 1,5 cm Nahtzugabe berücksichtigen. Tücher an den kurzen Seiten zusammennähen.

Streifen in sechs Teile falten und jede Falte mit Stecknadel markieren. Schnittkanten mit zwei Reihen Heftstichen umnähen, an den Markierungen jeweils unterbrechen **(1)**.

1

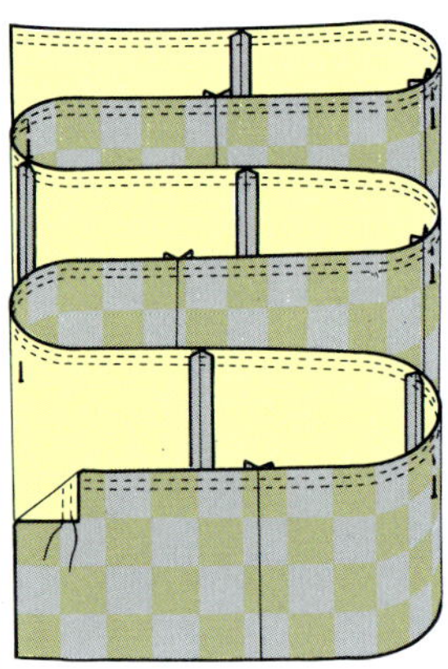

Umfang des Mittelteils auf drei Seiten ausmessen (**G–H** in Diagramm **3** von MASSNEHMEN). Dieses Maß durch sechs teilen und die entsprechenden Abschnitte mit Stecknadeln am Rand markieren.

Mittelteil und Volant kantengleich an den Markierungspunkten rechts auf rechts befestigen und Stoff dazwischen gleichmäßig raffen **(2)**. Abstecken, heften und nähen.

2

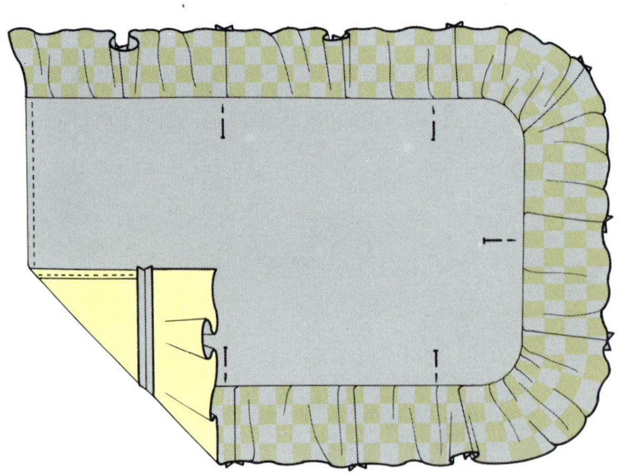

MASSNEHMEN 174
GEPASPELTE TAGESDECKE 180

MASSNEHMEN 174

OBEN *Dieser Stoff muntert durch sein frisches Aussehen den traditionellen Rüschenvolant auf.*

GEPASPELTE TAGESDECKE

Ein eng anliegender Überzug fürs Bett ist nicht schwer herzustellen, wenn man sorgfältig und genau ausmißt und die Nähte an den Ecken so sauber anfertigt, daß sie vollkommen glatt anliegen. Dieser Überzug ist an den Seiten kurz, um die schön geschwungenen Beine nicht zu verdecken. Der gefütterte Volant ist aus vier Teilen zusammengesetzt und wird an den Ecken offengelassen, damit man ihn oben und unten unter der Matratze einschlagen kann. Passende Bezüge machen die Kissen tagsüber zu bequemen Armlehnen und lassen sich nachts leicht durch konventionelle Kissenbezüge ersetzen.

Robuste Stoffe wie Rips oder Mischgewebe mit Leinen eignen sich am besten für ein Bett, das auch als Sitzgelegenheit dienen soll.

Ausführung

Bett so ausmessen, wie es für einen maßgeschneiderten Diwanbezug angegeben ist (s. MASSNEHMEN) und Obermaterial und Futter für den Volant entsprechend zuschneiden. Zur Umrandung der oberen und unteren Kanten Paspel anfertigen (s. PASPELN).

Die Ecken des Mittelteils mit einer Untertasse als Schablone abrunden und restlichen Stoff bis auf die Nahtzugabe abschneiden **(1)**.

Randstreifen an den kurzen Kanten zu einem fortlaufenden Band zusammennähen und Paspel an den Rändern befestigen (s. PASPELN).

Nähte auf die Ecken ausrichten und Randstreifen und Mittelteil rechts auf rechts abstecken, heften und nähen. Abgerundete Ecken einschneiden und die Naht auf den Randstreifen bügeln **(2)**.

Futter kantengleich auf jedem Abschnitt des Volants rechts auf rechts abstecken und an drei Seiten heften und annähen; eine lange Seite offenlassen. Nach rechts wenden und bügeln, dann die Schnittkanten am ungesäumten Rand zusammenheften.

Volant Stück für Stück an den Randstreifen nähen **(3)**. Nähte mit überwendlichen Stichen versäubern und nach oben bügeln. Fertigen Bezug bügeln und so über das Tagesbett legen, daß er gut sitzt.

1

2

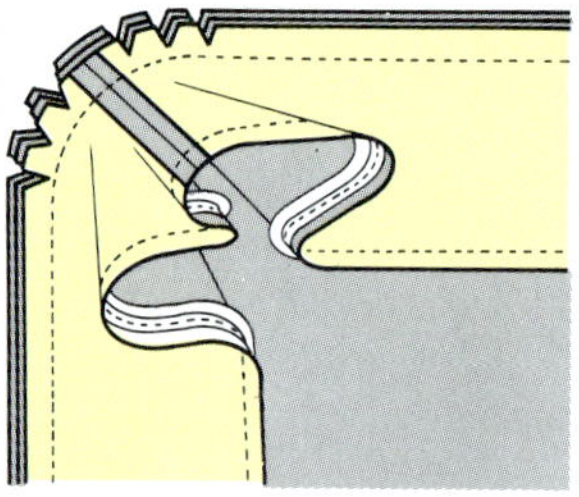

3

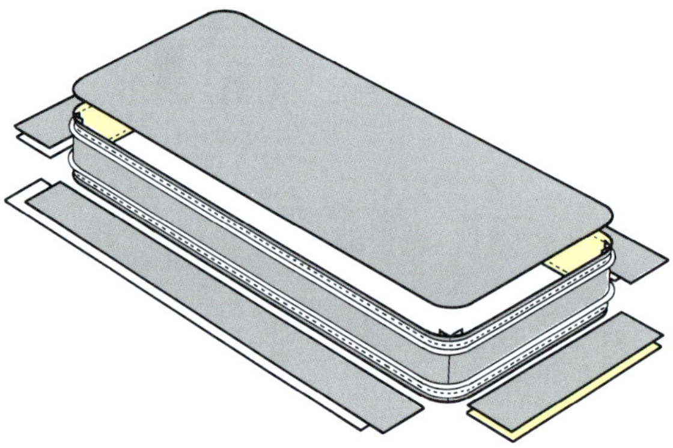

MASSNEHMEN	174
PASPELN	203

OBEN *Ein glatter, eng sitzender Bezug, durch kontrastierende Paspeln klar umrissen, bringt ein schlichtes Tagesbett zur Geltung.*

BETT- UND KOPFKISSENBEZUG

Bezüge für Bettdecken und Kopfkissen sind ganz einfach zu nähen und können mit Borten oder Spitze verziert werden.

Das praktischste Material für einen Bettbezug ist Wäschestoff, der sehr breit liegt – die Standardmaße variieren von Land zu Land –, aber mancher Kleiderstoff eignet sich ebenfalls. Wenn Sie schmaleren Stoff verarbeiten, machen Sie den Bettbezug aus einem Mittelteil mit angesetzten Seitenstreifen und tarnen die Nähte durch Stoffmuster oder aufgesetzte Borten. Das Muster muß an den Nähten aufeinander abgestimmt sein.

Der Bezug sollte die Decke locker umhüllen, ohne die Füllung zusammenzudrücken, und eine ausreichend weite Öffnung haben. Druckknopfband eignet sich gut als Verschluß und ist leicht anzubringen.

RECHTS *Drastisch verwandelt wird ein normales Kiefernholzbett durch Bettdecke, Kissenbezüge und einfach drapierten Baldachin in auffälligem Muster.*

Bettbezug

Bettbezüge gibt es gewöhnlich in mehreren Standardgrößen: 135 mal 200 cm, 200 mal 200 cm und 230 mal 220 cm. Die für Ihre Bettdecke angemessene Größe bestimmend und dementsprechend zwei Stücke Stoff mit einer Nahtzugabe von 1,5 cm auf drei Seiten und 8 cm Saumzugabe für die Öffnung zuschneiden.

Jedes Teil an der zu öffnenden Seite zu einem 2,5 cm breiten doppelten Saum einschlagen. Säume abstecken, heften und nähen.

Bei mittleren oder großen Bezügen beide Teile von den Seiten aus 30 cm weit rechts auf rechts am Saum entlang abstecken, heften

1

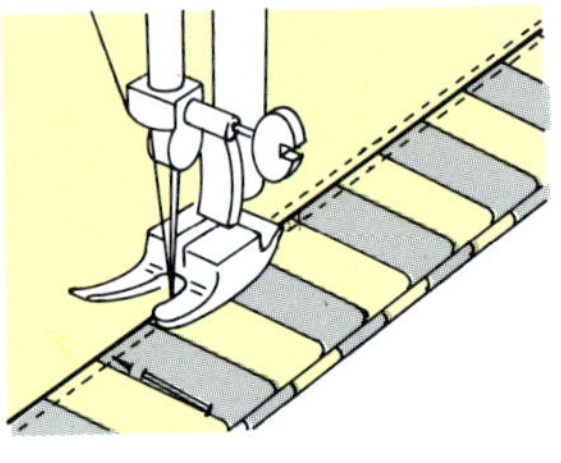

und zusammennähen **(1)**; bei einem kleinen Bezug 15 cm weit. Druckverschlußbänder so an die rechte Seite der Öffnung heften, daß die Knöpfe zusammengedrückt werden können **(2)**, dann mit Hilfe eines Reißverschluß-Steppfußes an den Längsseiten festnähen.

2

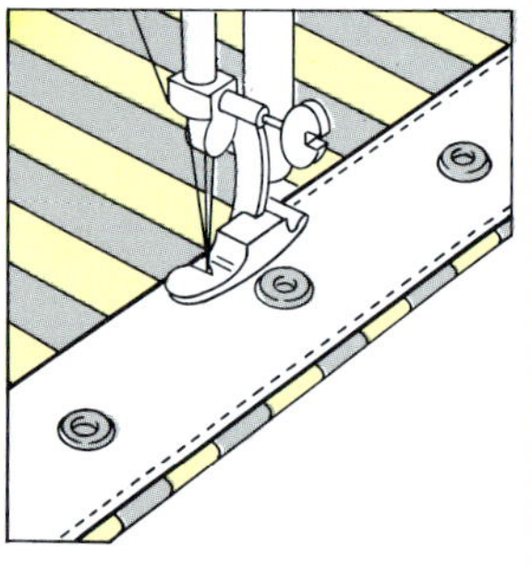

Mit übereinandergelegten Saumkanten auf beiden Seiten der Öffnung quer über den Saum und die Enden des Druckverschlußbandes

3

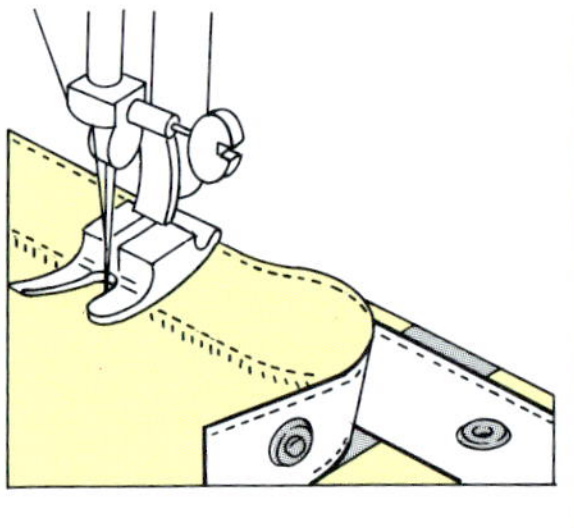

nähen **(3)**. Bezug nach rechts wenden.

Seitliche und obere Kanten mit Rechts-Links-Nähten zusammennähen.

Kopfkissenbezug

Die Standardgröße für Kopfkissenbezüge ist 80 mal 80 cm. Aus Stoff einen Streifen in doppelter Länge plus 26 cm und mit einer Nahtzugabe von 3 cm in der Breite zuschneiden.

Stoff an einer der kurzen Seiten 6,5 cm einschlagen, Schnittkante noch einmal 6 mm. Saum abstecken, heften und nähen.

Gegenüberliegende Seite zu einem 6 mm breiten doppelten Saum einschlagen, abstecken, heften und nähen. Saum zu einer 18 cm breiten Tasche umklappen und bügeln.

Stoff links auf links quer zusammenlegen, so daß der breite Saum genau auf dem Einschlag der Tasche liegt **(4)**. An den Seiten mit Rechts-Links-Nähten zusammennähen.

4

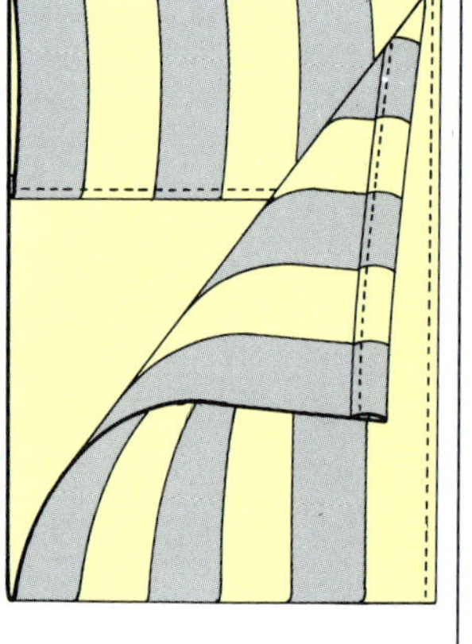

VERSCHLÜSSE 208

NÄHTE 200

BETTHIMMEL AUS MUSSELIN

Dieser Musselinhimmel wird 120 bis 150 cm über dem Bett aufgehängt. Der Reifen sollte etwa 60 cm Durchmesser haben und der Musselin mindestens 140 cm breit sein, wenn er über einem Doppelbett hängen soll. Der Haken, an dem der Baldachin befestigt ist, wird in einen Deckenbalken eingeschlagen. Entscheiden Sie, wo der Betthimmel im Verhältnis zum Bett sein soll, und bringen Sie den Haken in entsprechender Position an.

Reifen anbringen

Mit einem starken Nylon- oder Baumwollfaden den Reifen in beliebigem Abstand zur Decke aufhängen **(1)**.

1

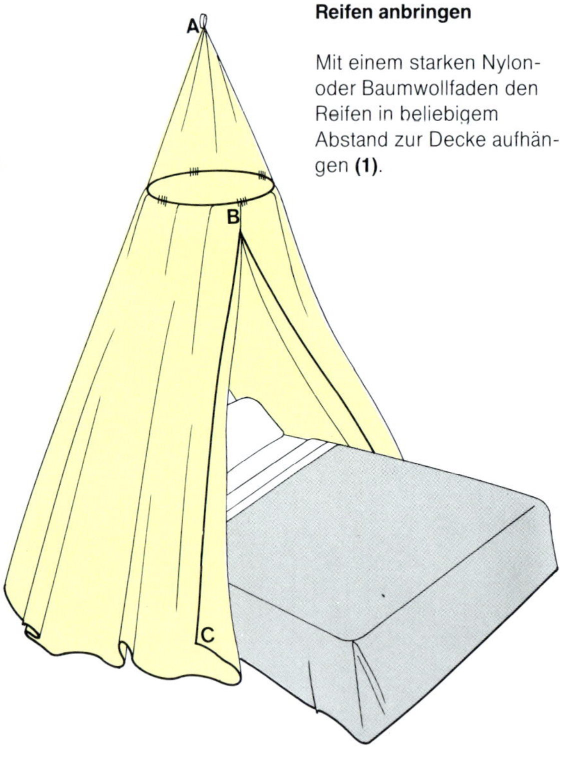

Zuschneiden

Fallhöhe des Baldachins **A–B–C** ausmessen. Für die Breite das Kopfende und die Seiten des Bettes ausmessen, soweit der Baldachin sie bedecken soll. Um einen großzügigen Fall zu garantieren, sollte dieses Maß in 10 cm Abstand vom Bett genommen werden. Der Baldachin besteht aus einem Mittelteil und zwei seitlich angesetzten Streifen, die zusammengenäht die erforderliche Breite ergeben. Auf allen langen Seiten 1 cm zugeben. Die Gesamtlänge sollte der Fallhöhe des Baldachins **(A–B–C)** plus 30 cm entsprechen.

Anfertigen

Mittelteil und Seitenteile mit einer Zugabe von 6 mm mit Rechts-Links-Nähten zusammennähen; versäubern und weitere 6 mm breit umnähen. 2 cm zu dem Abstand **A–B** hinzurechnen und die Längsseiten von oben in dieser Länge mit einer Rechts-Links-Naht zusammennähen **(2)**. Die

2

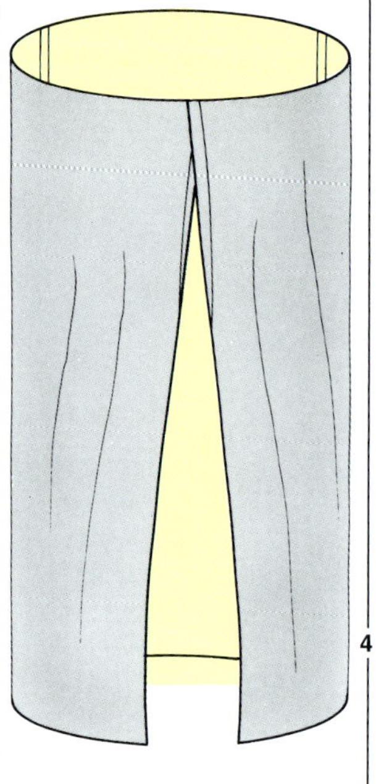

Kanten über der vorderen Öffnung sind jetzt nach außen gebogen. Stoff genau unterhalb der Naht 1 cm weit einschneiden, Kanten zweimal einschlagen und säumen. Den so entstandenen Musselinschlauch nach links wenden, mit der Öffnung in der Mitte glatt hinlegen und die Höhe der Öffnung mit Stecknadeln an den Seiten markieren.

Von jeder Markierung eine Diagonale bis zum Saum ziehen, die 8 cm vor der mittleren Naht enden sollte **(3)**.

Stoff an diesen Linien ent-

3

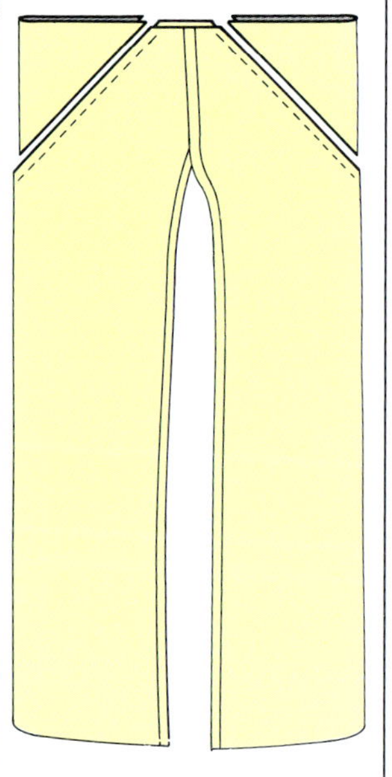

lang zusammennähen, Nahtrand bis auf 1,5 cm abschneiden. Schnittkante auf einer Seite der Naht auf 6 mm beschneiden und die andere Kante darüberklappen, so daß eine sich selbst versäubernde Naht entsteht **(4)**.

4

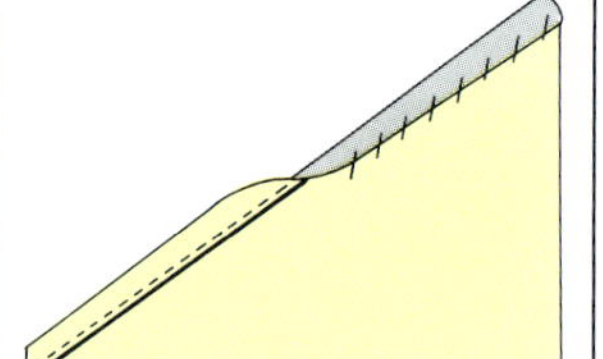

Stoff nach rechts wenden und oberen Rand zu einem 1 cm breiten doppelten Saum umbügeln. Saum mit zwei Reihen Vorstich einreihen. Band von 6 cm Länge und 2 cm Breite an den Enden darunterbügeln.

NÄHTE 200

Aufhängen

Baldachin über den Reifen legen und oben zusammenraffen. Kontrollieren, ob die vordere Öffnung genau in der Mitte ist. Reihfäden befestigen und das Band zu einer Schlaufe festnähen. Schlaufe über den Haken hängen und

5

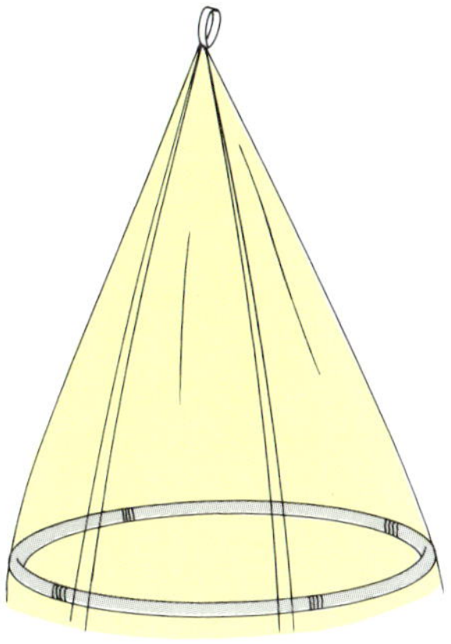

den Reifen mit überwendlichen Stichen am Baldachin annähen **(5)**. Unteren Rand nötigenfalls zurechtschneiden und abrunden. 6 mm breiten doppelten Saum einschlagen und nähen.

RECHTS *Dieser Traum von einem Betthimmel ist aus ungefärbtem Musselin. Eine phantastische Wirkung läßt sich erzielen, wenn man den Stoff Stück für Stück in verschiedene Farben taucht, so daß ein zarter Regenbogeneffekt entsteht.*

TRADITIONELLER FUTON

Ein Futon ist eine feste Matratze aus mehreren Schichten Polsterwolle, in widerstandsfähigen Baumwollstoff verpackt und mit Schnur abgesteppt. Er kann tagsüber auf dem Fußboden oder auf einem Lattenrost zu einer riesigen Rückenlehne aufgerollt oder auch einfach weggeräumt werden.

Da die Polsterwolle, die für den Hobbyschneider im Verkauf erhältlich ist, normalerweise nicht sehr breit liegt, müssen einzelne Bahnen aneinandergenäht werden, wenn man den Futon größer als für eine Person machen will. Dabei sollten die Nähte für jede Schicht versetzt angebracht werden, um eine Klumpenbildung zu vermeiden. Sie brauchen zum Befestigen der Polsterschichten Schnur und eine Tapeziernadel.

Zuschneiden von Polsterwolle und Bezugsstoff

Breite des Futons festlegen. Er sollte etwa 190 cm lang, bis zu 10 cm dick und mit 2,5 cm dicken Schichten Polsterwolle gefüllt sein. Bei einer gewünschten Breite von 75 cm, 90 cm oder 120 cm wird für den Bezug 90 cm bzw. 120 cm oder 140 cm breiter Stoff benötigt.

Der Futonbezug ist ein großer Sack aus zwei Stükken Stoff, die an den Längsseiten vorne und hinten und an beiden Enden zusammengenäht werden **(1)**. Die Maße zum Zuschneiden werden folgendermaßen berechnet: zur Breite die gewünschte Dicke des Futons plus 4 cm Nahtzugabe hinzurechnen, zur Länge die Dicke plus 3 cm. Zwei Stücke Stoff auf diese Größe zuschneiden.

Die einzelnen Schichten Polsterwolle auf die gewünschte Länge zuschneiden. Falls sie aus mehreren Teilen bestehen, so schneiden, daß sie, wie abgebildet, versetzt zusammengenäht werden können **(4)**. Nahtzugaben brauchen dabei nicht berücksichtigt zu werden.

1

Anfertigung des Bezugs

Für die rückwärtige Öffnung, durch die das Polstermaterial eingefüllt wird, ein Stück Stoff an einer Längsseite 2,5 cm nach innen bügeln und wieder aufklappen. Beide Stoffteile kantengleich rechts auf rechts abstecken, heften und mit einer Nahtzugabe von 1,5 cm von beiden Enden her 15 cm weit zusammennähen.

Nahtrand bis auf die vorher eingebügelte Falte einschlagen und bügeln.

Stoffteil mit einer jeweiligen Nahtzugabe von 1,5 cm oben, unten und vorne in der Mitte zu einem Sack zusammennähen. Nahtkanten mit Zickzackstich aneinandernähen **(2)**.

An den Ecken beide Stoffteile mit einer Naht verbinden **(3)**, die in der Länge der Dicke des Futons entspricht. Ecken versäubern und Schnittkanten mit Zickzackstich zusammennähen. Alle Nähte auseinanderbügeln und Bezug nach rechts wenden. Auf Ober- und Unterseite die Positionen für die Quasten markieren.

2

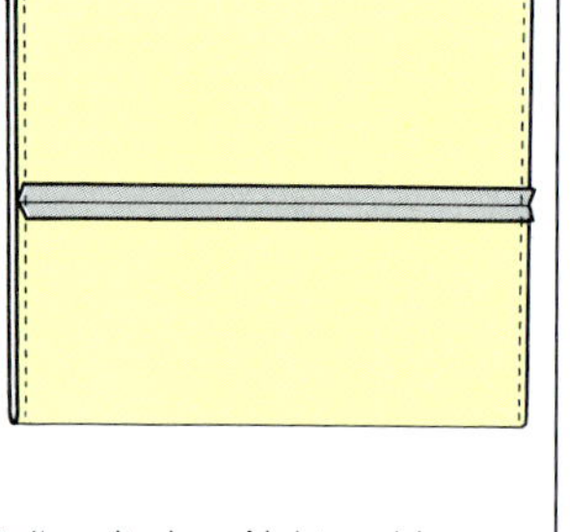

3

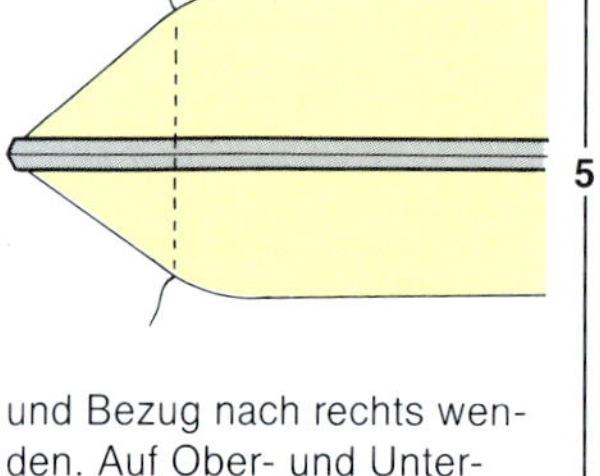

Einzelne Bahnen Polsterwolle nötigenfalls zusammennähen (s. WATTIERUNGEN UND POLSTER). Es empfiehlt sich, die Nähte versetzt anzubringen **(4)**.

Die einzelnen Lagen übereinanderschichten und mit Heftstich diagonal locker zusammennähen.

Nun kann man das Polster glatt und gleichmäßig in den Bezug stecken und die Öffnung dann mit doppeltem Faden vernähen.

4

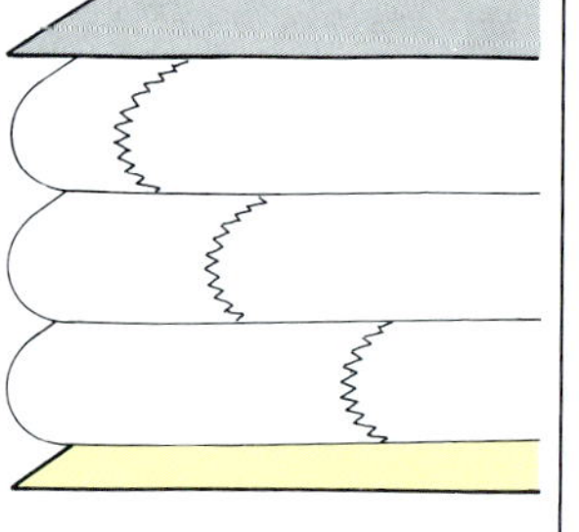

Zwei oder vier Zwirnfäden in eine Tapeziernadel fädeln. Nadel so durch den Futon stechen, daß sie 12 mm neben der Markierung auf der Rückseite herauskommt; Fadenenden dabei 10 cm weit stehenlassen. 2,5 cm weiter seitlich wieder einstechen und Nadel auf die Vorderseite zurückbringen. Fadenenden mit einem festen Kreuzknoten verbinden (s. KNOTEN) und auf 6,5 cm stutzen **(5)**. Für sämtliche Quasten wiederholen.

5

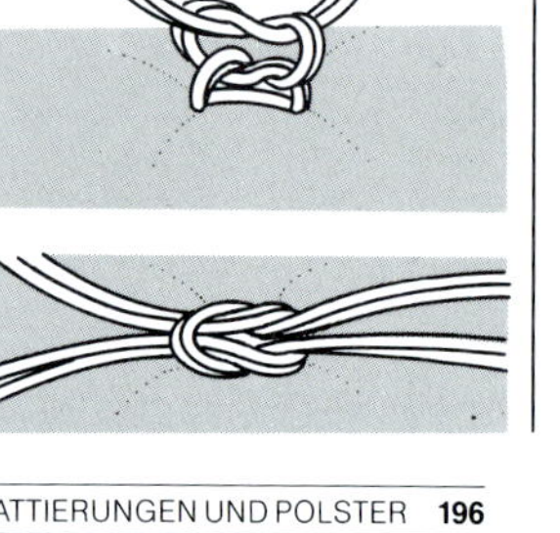

WATTIERUNGEN UND POLSTER 196
KNOTEN 209

OBEN *Ursprünglich aus Japan kommend, ist der Futon als Schlafgelegenheit heute auch im Westen eine beliebte Alternative.*

STEPPDECKE MIT BLATTMOTIV

Diese leichte Steppdecke kann das ganze Jahr über als Bettdecke dienen. Die Polsterung wird für jedes Blatt einzeln zugeschnitten und am Obermaterial befestigt. Die Polsterung für den Hauptteil heftet man mit der Maschine ans Futter und näht sie dann mit der Hand an den inneren und äußeren Punkten der Blätter fest. Die Kante kann entweder per Maschine oder mit der Hand angefertigt werden.

Die Steppdecke wird aus sehr breit liegendem Wäschestoff hergestellt, so daß Nahtstellen entfallen. Durch eine synthetische Füllung wird sie voll waschbar. Nehmen Sie einen leichten Stoff wie Musselin als Rückseite für die Blätter.

RECHTS *Diese exquisite Steppdecke, luxuriös, aber funktional, ist viel einfacher anzufertigen, als es aussieht.*

Steppdecke

Länge und Breite der Matratze ausmessen und für den Überhang rundherum 30 cm, für Nähte 2 cm zugeben. Vorder- und Rückseite, Polsterung und Futter jeweils auf dieselbe Größe zuschneiden.

Blattmotiv (außen rechts) auf Millimeterpapier zeichnen und maßstabsgerecht auf die gewünschte Größe bringen. Von A nach B schneiden, umklappen und die zweite Hälfte zeichnen. Fertiges Blatt ausschneiden. Mit dieser Schablone 16 Blätter aus zusätzlichem Polstermaterial und drei weitere aus Papier zuschneiden.

Auf der rechten Seite des Obermaterials in jeder Ecke vier Schablonen so gruppieren, daß sie wie abgebildet aufeinander ausgerichtet sind **(1)**. Abstecken und jedes Motiv mit Heftstich so umranden, daß der Umriß auf dem Stoff zu sehen ist.

1

Die Blätter aus dem Polstermaterial auf der linken Seite des Stoffes entsprechend den gehefteten Umrissen abstecken und anheften. Vorder- und Rückseite an den Rändern und längs und quer über die Mitte lose zusammenheften. Jedes Blattmotiv mit Stichen umranden, so daß die Umrisse bis auf die Rückseite durchgesteppt sind **(2)**. Die eigentliche Wattierung links auf den Futterstoff legen und rundherum und in der Mitte längs und quer lose anheften. Beide Stoffe an den Heftnähten entlang zusammennähen; Wattierung dabei an den Rändern 6 mm von der Naht abschneiden.

2

Umrandung

Vier 13 cm breite Stoffstreifen zuschneiden, die in der Länge und der Breite der Steppdecke plus 13 cm entsprechen. Der Länge nach auf halbe Breite umbügeln.

An den Ecken wie die Bordüre bei den AUFEINANDER ABGESTIMMTEN TISCHTÜCHERN zusammennähen, Kanten aber auf keinen Fall umbügeln.

Die Konturen der Umrandung (außen rechts) auf ein Stück Karton übertragen und eine Schablone ausschneiden. So auf den Randstreifen legen, daß die Spitzen eben an den Faltenumbruch stoßen, und den Umriß rundherum nachzeichnen.

Innerhalb dieser Linie die Kante mit einer Naht befestigen. Mit engem Zickzackstich den Umriß nachnähen (S. TISCHTUCH MIT LOCHSTICKEREI) und überschüssigen Stoff abschneiden **(3)**.

Andernfalls Umrandung mit der Hand sticken (S. STICKSTICHE). Umrandung kantengleich auf die rechte Seite des Futterstoffes mit 1,5 cm Nahtzugabe stecken und heften **(4)**. Futter nach den Angaben für die STEPPDECKE annähen. Mit der Hand von der Rückseite aus alle Schichten an den Spitzen und in den Eckpunkten der Blätter zusammennähen.

3

4

AUFEINANDER ABGESTIMMTE TISCHTÜCHER	160
TISCHTUCH MIT LOCHSTICKEREI	162
STICKSTICHE	199
STEPPDECKE	176

A
B

VIER KOPFKISSENBEZÜGE

Kissenbezug mit Bändern

Für den Bezug ein 153 mal 53 cm großes Stück Stoff zuschneiden, für den Besatz 53 mal 11,5 cm große Stücke. Die Bänder werden aus sechs 28 mal 3 cm großen Stoffstreifen genäht.

Streifen der Länge nach links auf links auf halbe Breite falten und an der Längsseite und an einem Ende je 1 cm einschlagen. Abstecken, heften und nähen.

Stoff für den Bezug rechts auf rechts quer in die Hälfte legen. An den Seiten mit 1,5 cm Nahtzugabe abstekken, heften und nähen. Schnittkanten versäubern und mit Zickzackstich zusammennähen. Nach rechts wenden.

Bänder paarweise rechts auf die Kanten des Bezugs legen, die äußeren Bänder in 10 cm Abstand von den Seitenrändern, das dritte Paar genau dazwischen. Abstekken, heften und annähen.

Die Stoffteile für den Besatz rechts auf rechts legen. An den kurzen Seiten mit 1,5 cm Nahtzugabe zusammenstecken, -heften und -nähen.

Schnittkantengleich und mit übereinanderliegenden Seitennähten den Besatz mit rechts auf den Rand des Bezuges über die Bänder legen. Abstecken, heften und annähen. Nähte versäubern und Besatz nach innen schlagen. Schnittkante 5 cm einschlagen und rundherum an den Kissenbezug stekken, heften und nähen.

Kissenbezug mit Spitze

Für den Bezug ein 175 mal 53 cm großes Stück Stoff zuschneiden. Eine kurze Seite zu einem 6 mm breiten doppelten Saum einschlagen. Abstecken, heften und nähen. Gegenüberliegende Seite zu einem 5 cm breiten doppelten Saum einschlagen; abstecken, heften und nähen.

Eine 6,5 cm breite Spitzenborte auf die Länge der Kissenbezugsbreite zuschneiden, rechts auf den Stoff legen, so daß sie den breit gesäumten Rand eben überlappt. Abstecken, heften und annähen. Ein zweites Stück Borte in derselben Länge zuschneiden und so abstecken, heften und annähen, daß es knapp über der ersten Borte liegt.

Den schmal gesäumten Rand des Bezuges in 15 cm Abstand von der Kante markieren. Kissenbezug rechts auf rechts falten, daß die spitzenbesetzte Kante auf dieser Linie liegt. Schmal gesäumten Rand zu einer 15 cm breiten Tasche einschlagen. Bezug an den Seiten abstecken, heften und zusammennähen. Schnittkanten beschneiden und mit Zickzackstich versäubern. Kopfkissenbezug nach rechts wenden.

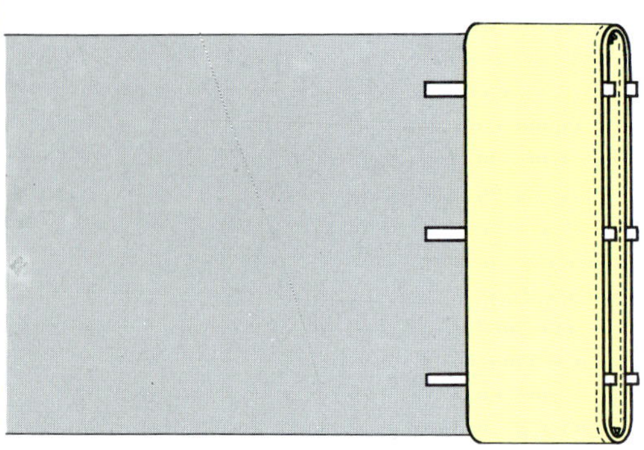

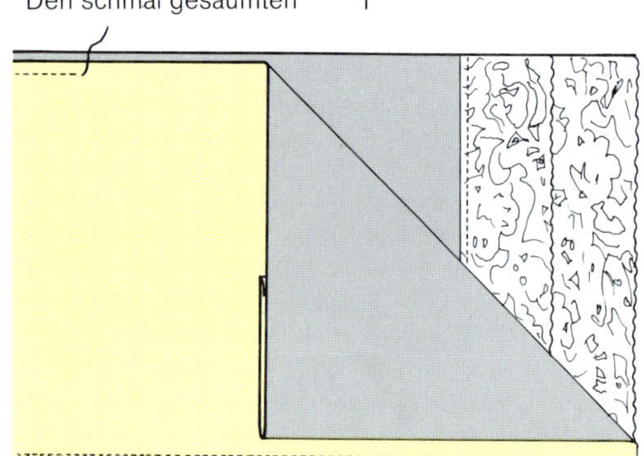

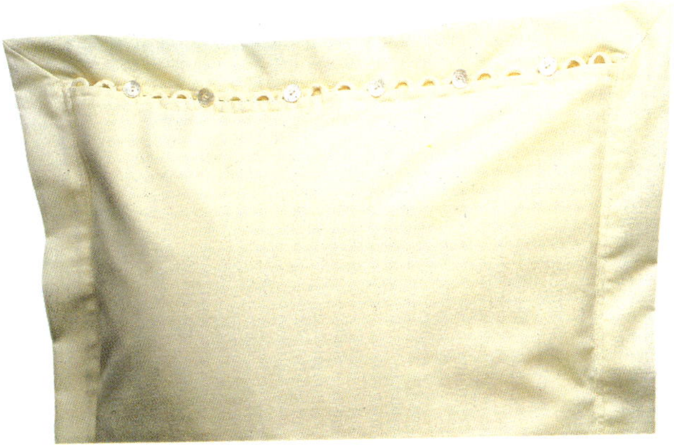

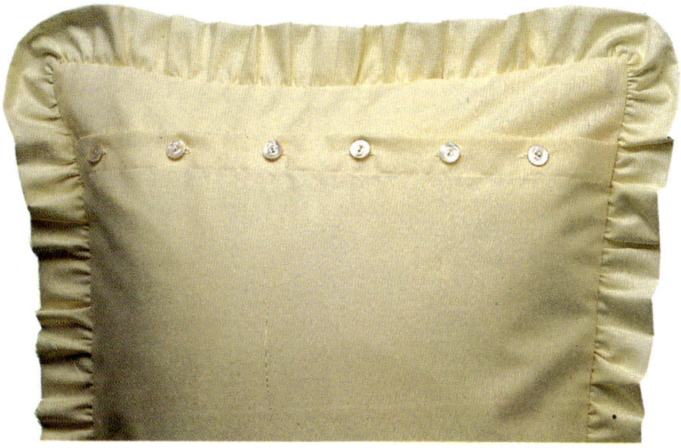

Kissenbezug mit Röllchen

Für die Vorderseite ein 98 mal 76 cm großes, für die Rückseite ein 78 mal 53 cm großes und für den Kantenbesatz ein 53 mal 4 cm großes Stück Stoff zuschneiden.

60 cm langes Röllchen anfertigen (s. RÖLLCHEN) und an einer kurzen Rückseite so zu 2 cm breiten Schlingen anordnen, daß diese gerade 12 mm über die Kante vorstehen, wenn sie eingefaßt ist. Kantenbesatz und Rückseite rechts auf rechts legen, mit 1,5 cm Nahtzugabe abstecken, heften und zusammennähen. Besatz auf die linke Seite des Bezuges wenden und Schnittkante so umbügeln, daß sie an der Naht liegt. Abstecken, heften und nähen.

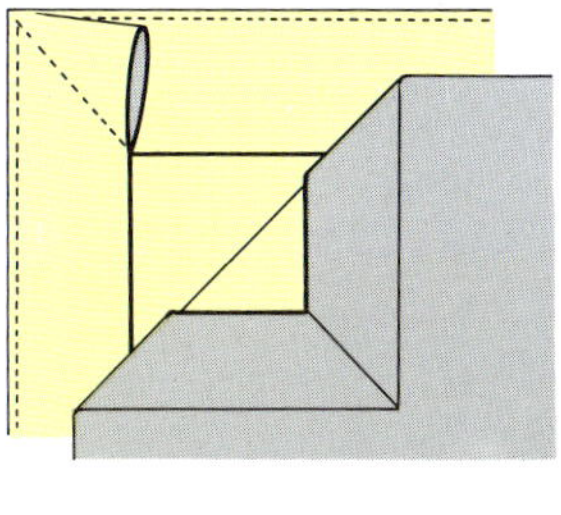

Vorderseite rundherum 6,5 cm nach rechts einschlagen. An jeder Ecke einen Abnäher abstecken. Überschüssigen Stoff bis auf 1,5 cm beschneiden und

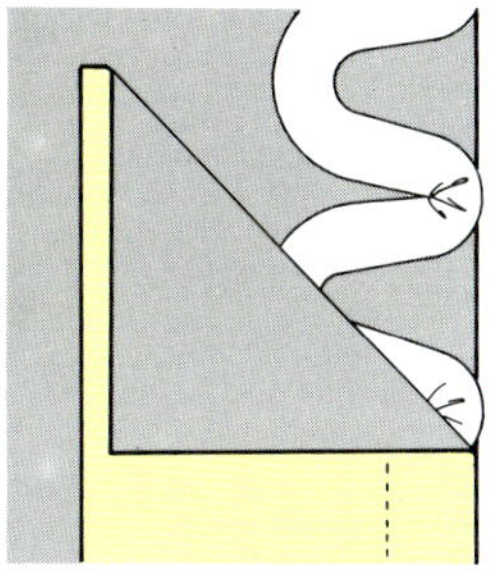

Abnäher bis auf 1,5 cm innerhalb der Innenkante abnähen. Kantenbesatz versäubern und nach links wenden, am Rand rundherum 1,5 cm umbügeln. Vorder- und Rückseite des Bezuges links auf links legen und Nahtränder der Rückseite dabei unter den Kantenbesatz stecken.

Besatz dicht am Umbruch abstecken, heften und annähen. Eine zweite Naht 6 mm daneben anbringen. Sechs Knöpfe von 1,5 cm Durchmesser so am Rand des Besatzes annähen, daß sie in die gerollten Schlingen passen.

Kissenbezug mit Rüschenrand

Für die Vorderseite ein 78 mal 53 cm großes Stück Stoff zuschneiden. Für die Rückseite ein 75,5 cm mal 53 cm und ein 14 mal 53 cm großes Stück zuschneiden. Für die Rüsche den Umfang der Vorderseite ausmessen und einen 13 cm breiten Streifen in doppelter Länge zuschneiden.

Streifen zu einem Ring abstecken, heften, nähen; links auf links auf halbe Breite falten. Raffen und an Vorderseite des Bezugs heften (s. RÜSCHEN). Das größere Stück für Rückseite an einem der kurzen Ränder zu 3 cm breitem doppelten Saum einschlagen; abstecken, heften, nähen. Dasselbe für eine der langen Seiten des kleineren Stoffteiles wiederholen. Beide Stücke so aufeinanderlegen (größeres auf kleineres), daß Säume überlappen. An Seiten abstecken, heften. Auf Saum des größeren Teilstücks in regelmäßigen Abständen sechs Knopflöcher markieren. Durch den Stoff hindurch die Positionen für sechs Knöpfe von 1,5 cm Durchmesser aufzeichnen. Stoffteile voneinander trennen, Knopflöcher anfertigen, Knöpfe annähen. Die gesäumten Kanten wie zuvor übereinanderlegen und abstecken.

Zusammengesetzte Rückseite schnittkantengleich über die Rüsche rechts auf rechts auf die Vorderseite legen. Mit 1,5 cm Nahtzugabe rundherum abstecken, heften und nähen. Schnittkanten mit Zickzackstich zusammennähen.

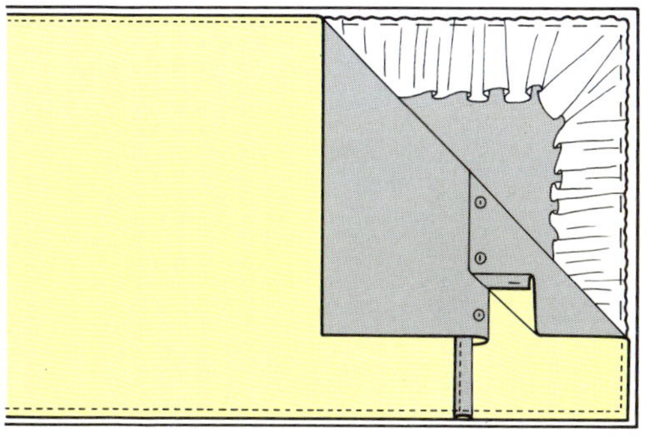

RÖLLCHEN 209

Materialien und Techniken

VERZEICHNIS DER STOFFE

Ratschläge für die Stoffauswahl

1. Stoffbahn im Laden bei Tageslicht ausrollen, um zu sehen, wie sie in Ihrer Wohnung auf einer großen Fläche wirken würde.
2. Stoff ein Stück weit raffen, um abzuschätzen, wie gut er sich zu Gardinen drapieren läßt; ein Ende in der Hand zerknüllen, um zu sehen, ob er zu sehr knittert. Ist er schwer genug, um den stacheligen Plüsch alter Sofas oder Stühle abzudekken? Ist er zu zart für Jalousien?
3. Falls Sie im Zweifel sind, ob Webart oder Gewicht des Stoffes geeignet sind, verschaffen Sie sich eine qualifizierte Beratung.
4. Überprüfen Sie den Stoff an der Schnittkante, um zu sehen, ob er ausfranst oder ob Florstückchen sich leicht ablösen. Machen Sie sich auf Probleme gefaßt, wenn er ausfranst.
5. Achten Sie auf fehlerhafte Stellen. Sie sollten als Ausgleich dafür Extrastoff bekommen, was bei Vorhängen besonders wichtig ist, da es gewöhnlich unmöglich ist, um die fehlerhaften Stellen herum zuzuschneiden.
6. Überprüfen Sie die Zusammensetzung des Stoffes, ob er schmutzabweisend ist, ob er einläuft, ob er in der Maschine gewaschen werden kann oder gereinigt werden muß. Helle, einfarbige Stoffe oder ein Kleinkind machen die Wahl eines waschmaschinenfesten Materials empfehlenswert.
7. Kaufen Sie genügend Stoff für Ihr gesamtes Einrichtungsprojekt. Andernfalls könnten Sie später feststellen, daß die Partie, die dann auf Lager ist, in der Farbe merklich abweicht.

DAS ABC DER RAUMTEXTILIEN

Atlas
Wie Satin, aber mit einem ausgeprägteren Glanz auf der rechten Seite, ist Baumwollatlas ein verschleißfester Stoff für Vorhänge, Bettbezüge und Polstermöbel.

Broderie anglaise
Feines, in sich gemustertes Baumwoll- oder Baumwoll/Polyestergewebe, gewöhnlich weiß, das über und über mit Lochmuster bestickt ist. Für Gardinen geeignet und auch als Borte erhältlich, manchmal schon gerafft, für Rüschenkissen, Jalousien, Kinderbetten usw.

Brokat
Ein Atlasgewebe mit erhabenem Blumenmuster, das wie eine Stickerei aussieht. Mit Baumwolle und Synthetik gemischt ist Brokat heutzutage ein praktischerer, haltbarerer Dekorationsstoff als die ursprüngliche Seide und kann in der mittleren und schweren Ausführung für Vorhänge, Kissen und manche Polstermöbel verwendet werden. Er franst leicht aus und sollte deshalb doppelt gesäumt und an den Nähten eingefaßt werden.

Buckram
Ein steifes Gewebe zur Verstärkung von Krausbändern und Querbehängen. Es besteht aus grober Baumwolle mit Appretur.

Da es starr ist und leicht federt, sollte man es beim Zuschneiden nötigenfalls an den Ecken beschweren. Keine Nähte vorsehen, da es dafür zu steif ist. Es franst nicht aus.

Chintz
Ein traditioneller Dekorationsstoff aus dichtem Baumwollgewebe, das gewöhnlich über und über mit einem Blumen- oder Vogelmuster bedruckt ist. Appretierter Chintz ist mit einer Harzschicht überzogen, die dem Stoff seinen charakteristischen Glanz verleiht; diese Beschichtung ist dauerhaft und staub- und schmutzabweisend.

Cretonne
Ein verschleißfester Stoff aus bedruckter oder einfarbiger Baumwolle, der ähnlich aussieht wie unbeschichteter Chintz. Da man ihn waschen kann, eignet er sich in den meisten Fällen gut als Dekorationsstoff. Mögliches Einlaufen berücksichtigen.

Damast
In sich gemusterter glänzender Stoff mit traditionellen eingewebten Blumenmustern. Ursprünglich aus Seide, heute aber in vielen Fasern und Mischgeweben erhältlich, einschließlich Leinen, das für Tischtücher und Servietten besonders beliebt ist.

Denim
Dieser ursprünglich für Arbeitskleidung benutzte Baumwollköper kann als preiswerter Möbelstoff verwendet werden, besonders für lose Bezüge. Wegen seiner Steifheit ist er allerdings schwer zu verarbeiten. Er wird mit der Zeit weicher, aber man muß bei regelmäßigem Waschen auch das charakteristische Ausbleichen berücksichtigen.

Drillich
Ein robuster, eng gewebter Baumwollköper, der traditionell in sich schwarz-weiß gestreift ist. Er wird hauptsächlich zum Beziehen von Matratzen und Keilkissen benutzt, kann aber auch als Möbelbezugsstoff verwendet werden, obgleich er sich sehr schwer nähen läßt. Innere Schnittkanten versäubern, wenn die Bezüge zum Waschen abgenommen werden sollen.

Gabardine
Ein leichter, enggewebter Stoff, der diagonal gerippt ist. Er ist verschleißfest und wasserabstoßend, franst aber leicht aus.

Gaze
Locker gewebter, glatter Stoff, im allgemeinen aus Baumwolle; gut für durchsichtige Gardinen geeignet.

Kattun
Fest gewebter, robuster Baumwollstoff, einfarbig oder bedruckt, der strapazierfähig ist und sich gut waschen läßt, obwohl er leicht knittert. Ungebleichter Kattun wird häufig für Matratzenbezüge verwendet.

Köper
Ein ausgeprägt diagonal gewebtes Material, das sich mit vielen robusten, verschleißfesten Stoffen kombinieren läßt.

Kord
Ein preiswerter, glatt gewebter Baumwollstoff mit einer gerippten Oberfläche aus Flor, erhältlich in verschiedenen Ausführungen von sehr breiten bis zu ganz dünnen Rippen. Er kann für Polstermöbel benutzt werden; bei starker Beanspruchung knittert er allerdings, und der Flor wird stumpf. Feinkord sollte nur für Vorhänge verwendet werden.

Um verschiedene Schattierungen zu vermeiden, Kord gegen den Strich schneiden. Er franst aus, da der Flor sich leicht ablöst; Schnittkanten versäubern.

Leinen
Dicker, locker gewebter Stoff aus natürlichen Flachsfasern, der sehr häufig für Tischtücher verwendet wird. Bei Möbelbezugsstoffen ist er oft mit Baumwolle gemischt.

Linon
Ein feinfädiger, glatter Stoff aus Baumwollgemisch mit leichter Glanzappretur. Von Hand säumen.

Madras
Ein fester Baumwoll- oder Baumwoll/Polyesterstoff mit eingewebten Streifen oder Karos in Weiß mit verschiedenen Farben. Er wird im allgemeinen für Kleidung verwendet, ist aber auch für leichte Vorhänge und Tischtücher geeignet.

Moiré
Moirieren ist eine Technik, die den Stoff stellenweise schillernd macht und bei verschiedenen Dekorationsstoffen wie Baumwolle, Satin und Taft angewandt wird.

Molton
Ein weiches Zwischenfutter aus Baumwolle oder Baumwollgemisch, das hauptsächlich eingesetzt wird, um einen leichten Polstereffekt zu erzielen, oder als zusätzlicher Isolierstoff für gefütterte Vorhänge.

Nessel
Fester, verschleißfester, glatt gewebter Stoff aus Baumwolle oder Leinen, häufig mit Appretur oder Öl verstärkt, wodurch er sich gut für Jalousien oder als Unterbezug für Polster eignet.

Rips
Ein steifer, mittelschwerer bis schwerer Stoff aus verschiedenen Fasern, in erster Linie Baumwolle oder Baumwollgemisch, mit gerippter Oberfläche. Er ist besonders strapazierfähig und eignet sich hervorragend als Polstermaterial und für lose Bezüge.

Beim Zuschneiden darauf achten, daß die Rippen in gleicher Richtung verlaufen. Rips franst, deshalb vorsichtig handhaben und Nähte versäubern.

Sackleinen
Ein grober, locker gewebter Stoff aus Jute oder Jute mit Hanf, der für Wandverkleidungen und Pinnwände benutzt wird und sich, wenn er schrumpffest ist, zu preiswerten Vorhängen und Jalousien verarbeiten läßt. Sackleinen franst leicht.

Samt
Dekorationssamt besteht aus Baumwolle oder Kunstfasern (oder einer Mischung von beiden) und hat eine dicht gewebte Rückseite und eine aufgeschnittene Flordecke auf der Vorderseite (dicker Flor wird auch als »Plüsch« bezeichnet). Er ist schwierig zu verarbeiten und sollte von Anfängern gemieden werden. Die meisten Samtgewebe müssen gereinigt werden.

Samt immer so zuschneiden, daß er durch die Richtung des Flors möglichst voll und farbintensiv wirkt. Schnittmuster auf die linke Seite des zusammengefalteten Stoffes legen und mit Schneiderkreide leicht umreißen. Jedes Stück einzeln ausschneiden, wenn der Flor hängenbleibt.

Alle Nähte mit dem Strich des Flors heften und nähen, sonst zieht er sich zusammen.

Satin
Ein weiches Baumwollgewebe mit leicht glänzender Oberfläche, das einfarbig und in unterschiedlicher Schwere hergestellt wird, vom dünnen Futter- bis zum schwereren Vorhangstoff.

Seersucker
Stoff aus Baumwolle/Polyester oder Nylon, der bei der Herstellung zu einer blasig wirkenden Oberfläche gekräuselt wird. Verwendung siehe Madras.

Segeltuch
Ein derber, grober Baumwollstoff, der hauptsächlich zum Beziehen von Gartenstühlen und für Markisen verwendet wird. Sehr schwer zu nähen.

Shantung
Ursprünglich eine grob gesponnene chinesische Seide aus Garn von unterschiedlicher Dicke, wodurch eine unebene Textur entsteht. Ist heute aus Baumwolle oder Kunstfasern und für die meisten Raumtextilien geeignet. Nähte sollten versäubert werden.

Spitze
Ursprünglich eine Handarbeit aus Leinen, wird moderne Spitze maschinell aus Nylon, Viskose oder Baumwolle hergestellt. Der durchbrochene Stoff ist in einer Vielzahl von Mustern, in breiten Bahnen für durchsichtige Gardinen, in Form vorgefertigter Einsätze oder als schmale, flache oder gerüschte Borte erhältlich.

Taft
Ein glatter, einfarbig gewebter Stoff mit ausgeprägtem Schimmer, der aus einem Gemisch von Synthetikfasern besteht. Seine Verwendung als Dekorationsstoff ist weitgehend auf Lampenschirme und Kissen beschränkt. Die meisten Taftarten fransen.

Tüll
Ein transparenter Gardinenstoff aus Baumwoll- oder Synthetikgarnen, die zu einem Netz geknüpft sind. Er franst zum Zuschneiden nicht aus und Schnittkanten müssen nicht versäubert werden.

Tweed
Grob gewirkter Stoff, der aussieht wie handgewebt, häufig aus Wolle. Wegen seiner lockeren Textur ist er für Sitzbezüge unzweckmäßig, aber er eignet sich gut für Vorhänge, da er warm und feuerfest ist.

Velveton
Obwohl einfacher zu verarbeiten, ist Velveton ähnlich wie Samt aus Baumwolle mit einer Flordecke. Er ist haltbar und gut zu bügeln.

Vlieseline
Einlagematerial aus Baumwolle oder Polyester, das wie Watte aussieht und von einer dünnen, papierähnlichen Hülle umgeben ist. In verschiedener Dicke und Schwere wird es beim Aufpolstern und für Steppdekken benutzt.

Voile
Ein feiner, leichter Stoff aus einer Vielzahl von Garnen einschließlich Baumwolle. Einfarbig oder gemustert ist er ideal für durchsichtige Gardinen, da er sich gut drapieren läßt.

EINLAGEN UND FUTTERSTOFFE

WATTIERUNGEN UND POLSTER

Für Polsterwatte gibt es drei Gewichtsklassen: leicht (50 g), mittelschwer (100 g) und schwer (200 g). Die erste wird als Einlage für Applikationen verwendet, die beiden anderen zum Aufpolstern und für Stepparbeiten. Die dickere und dichtere Polsterwolle ist bei Dekorateuren und in Spezialgeschäften erhältlich. Die größte Bahnbreite beträgt 95 cm.

Wenn Polstermaterial zusammengesetzt werden muß, um auf eine größere Breite zu kommen, werden die Kanten etwas übereinandergezogen und die beiden Lagen mit Hexenstich zusammengenäht. Es läßt sich auch schichtweise verarbeiten, wenn größere Dicke oder mehr Gewicht erforderlich ist.

FUTTERSTOFFE

Alle Vorhänge lassen sich durch ein festes oder abnehmbares Futter vervollkommnen. Mit einem Futter fallen die Vorhänge besser, der Stoff wird vor Licht und Schmutz geschützt und der Raum zusätzlich isoliert und gegen Straßenlärm abgeschirmt. Wählen Sie das beste Material, das Sie sich leisten können, denn ein unzulänglicher Futterstoff verschleißt viel eher als die Vorhänge.

Baumwollsatin ist der gebräuchlichste Futterstoff. Er ist in zwei Breiten erhältlich – 120 cm und 137 cm – und in einer Vielzahl von Farben zu kaufen, aber auch in neutralen Tönen, die gewöhnlich preiswerter sind.

Es gibt auch Thermalfutter: entweder ein Baumwoll-Acrylgewebe in Weiß oder Beige oder das üblichere und teurere aluminiumbeschichtete Futter, das im Sommer die Wärme reflektiert und sie im Winter am Entweichen hindert.

Verdunkelungsstoff ist in neutralen Farben erhältlich, nicht nur dunkel, wie der Name vermuten läßt. Diese Art Futterstoff schließt nicht nur das Licht aus, sondern hat auch wärmewirksame Eigenschaften.

Siehe GEFÜTTERTE VORHÄNGE für Anweisungen, wie man ein festes Futter annäht. Abnehmbares Futter wird separat gefertigt, und zwar genauso wie ein ungefütterter Vorhang. Spezielles Gardinenband für abnehmbares Futter macht es möglich, das Futter an denselben Haken zu hängen wie den Vorhang.

Zwischenfutter

Das Zwischenfutter ist eine zusätzliche Schicht, die zwischen Vorhangstoff und Futter genäht werden kann. Sie macht aus Ihrem Vorhang nicht nur das beste, sondern dient auch der zusätzlichen Isolierung.

Zwischenfutter gibt es in unterschiedlicher Dicke. Wählen Sie dasjenige, das am besten zu Ihrem Vorhangstoff paßt.

In der dicksten Ausführung sieht es aus wie eine Wolldecke. Molton ist aus aufgerauhter Baumwolle und das gebräuchlichste Zwischenfutter. Das dünnste ist aus einem Gemisch von Synthetikfasern. Zwischenfutter liegt meistens 120 cm breit und ist weiß oder elfenbeinfarben.

Für sehr breite Vorhänge sollten die einzelnen Zwischenfutterbahnen knapp übereinandergelegt und mit Hexenstich zusammengenäht werden, anstatt sie mit normalen Nähten zu verbinden. Bei dicken Fabrikaten muß auf beiden Seiten genäht werden.

Vorhänge mit Zwischenfutter müssen gereinigt werden, da es sich nicht gut waschen läßt.

EINLAGEN

Manche Raumtextilien müssen ganz oder teilweise versteift werden, um die richtige Form zu bekommen.

Bei Einlagen gibt es vier Kategorien: gewebte zum Einnähen, gewebte zum Aufbügeln, nichtgewebte zum Einnähen und nichtgewebte zum Aufbügeln. Vergewissern Sie sich beim Kauf, daß Sie das zu Ihrem Stoff passende Gewicht aussuchen. Nehmen Sie keine Einlage, die Ihren Stoff zu steif aussehen läßt. Achten Sie auch darauf, daß sie sich auf dieselbe Art reinigen läßt wie der Stoff.

Gewebte Einlage

Diese Kategorie umfaßt transparente Stoffe, weiche, durchscheinende Baumwolle und Segeltuch aus Leinen. Manche haben auf einer Seite eine Klebeschicht zum Aufbügeln. Gewebte Einlage muß mit dem Fadenlauf zugeschnitten werden.

Nichtgewebte Einlage

Nichtgewebte Einlage besteht aus Synthetikfasern, die mit einem Bindemittel vermischt sind. Sie kann in beliebiger Richtung zugeschnitten werden und ist in mehreren Gewichtsklassen zum Einnähen und zum Aufbügeln erhältlich.

Einlage zum Aufbügeln

Nahtzugabe von der Einlage abschneiden, wenn sie nicht sehr leicht ist.

Einlage mit der Haftschicht nach unten auf die rechte Stoffseite innerhalb der Nähte legen. Einlage mit einem trockenen Plätteisen auf einer warmen Unterlage aufbügeln. Mit dem Plätteisen dabei nicht hin- und herfahren.

Einlage zum Einnähen

Leichte bis mittelschwere Einlage kann zusammen mit dem Stoff genäht werden. Einlage auf die linke Stoffseite legen und dicht an der Naht entlang festheften. Stoffteile wie üblich zusammennähen und Einlage dann auf etwa 6 mm Nahtrand zurechtschneiden.

Stabile und schwere Einlagen werden innerhalb der Stoffnähte angebracht. Nahtzugaben bei der Einlage abschneiden und links auf dem Stoff so plazieren, daß sie direkt an den Nahtlinien liegt; anheften.

Einlage mit Hexenstich auf die Nahtränder nähen. Aufpassen, daß diese Stiche beim Versäubern der Nähte nicht durchgetrennt werden.

STEPPEN AUF DER MASCHINE

Benutzung des Wattierlineals

Dies ist das einfachste Hilfsmittel bei der Ausführung von gleichmäßig angeordneten Steppnähten und reduziert das Vorzeichnen auf ein Minimum. Wenn die erste Linie des Musters aufgezeichnet ist und alle folgenden Nähte parallel dazu verlaufen, kann man ohne weitere Markierungen sämtliche Nähte arbeiten. Beim Anbringen des Wattierlineals sollten die Angaben des Herstellers beachtet werden.

STICHE

Rückstich
Auch als nachgemachter Maschinenstich bezeichnet, mit handgenähtem Rückstich lassen sich Stoffe fest miteinander verbinden.

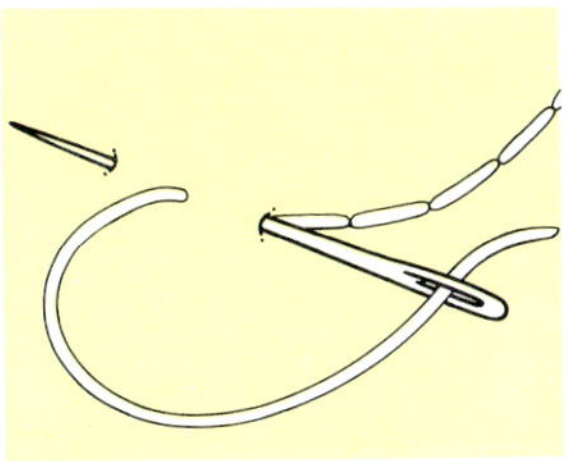

Nadel und Faden auf die Oberseite des Stoffes bringen. Etwa 3 mm rechts neben der Ausstichstelle einstechen. Nadel nach links bringen und im selben Abstand links davon wieder ausstechen. Nadel immer weiter eine Stichlänge zurück einstechen und eine nach vorn ausstechen. Die Stiche auf der Rückseite sind doppelt so lange wie die auf der Vorderseite.

Schlingstich
Dieser Handnähstich dient zur Versäuberung von Schnittkanten und zur Dekoration.

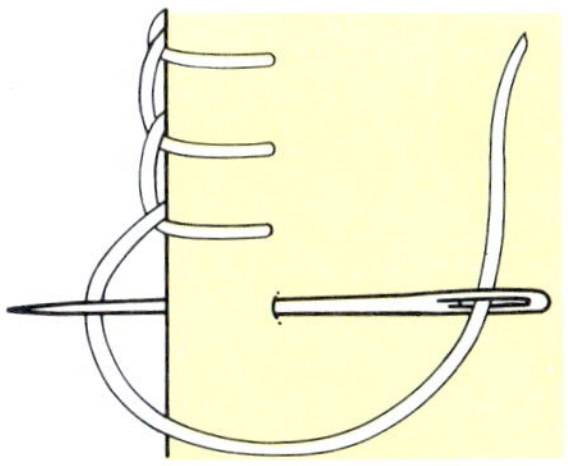

Arbeitsfaden unter der Stoffkante befestigen und Nadel im gewünschten Abstand zum Rand einstechen. Sie sollte dabei im rechten Winkel zur Kante liegen. Arbeitsfaden unter der Nadelspitze festhalten und Nadel durchziehen.

Knopflochstich
Er wird zum Versäubern von Knopflöchern und zum Festnähen von Haken, Ösen und Druckknöpfen benutzt. In

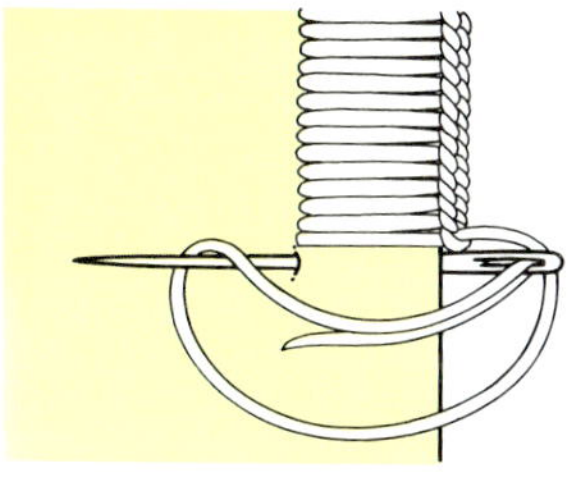

entgegengesetzter Richtung arbeiten wie beim Schlingstich. Nadel in gewünschtem Abstand vom Rand ausstechen und Arbeitsfaden über die Spitze schlingen. Nadel durchziehen und den so entstandenen Knoten auf die Schnittkante bringen.

Reihstich
Siehe VORSTICH

Saumstich
Diesen Stich verwendet man, wenn man von Hand säumt. Arbeitsfaden unter der Saumkante befestigen.

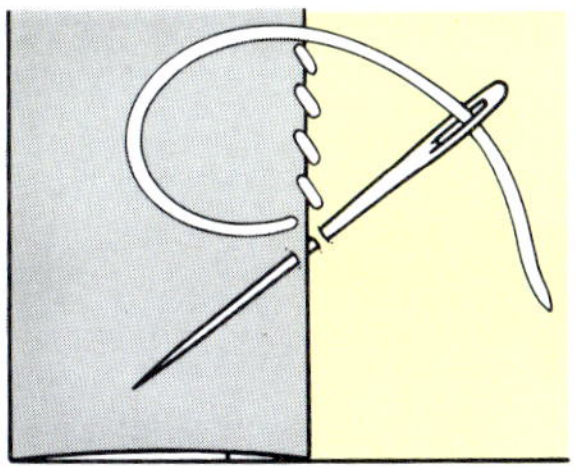

In einem Arbeitsgang kleine Schrägstiche durch Stoff und Saum nähen. Bei jedem Stich 1–2 Gewebefäden auffassen und in gleichmäßigen Abständen nähen.

Hexenstich
Mit diesem Stich werden Säume sicher befestigt. Von links nach rechts arbeiten, mit dem Saumeinschlag nach oben.

Arbeitsfaden befestigen und 3 mm von der Kante ausstechen. Faden 6 mm schräg nach rechts unten führen. Knapp unterhalb der Saumkante einstechen und 3 mm weiter links wieder ausstechen.

Faden 6 mm schräg nach rechts oben führen und zu einem 3 mm langen Stich

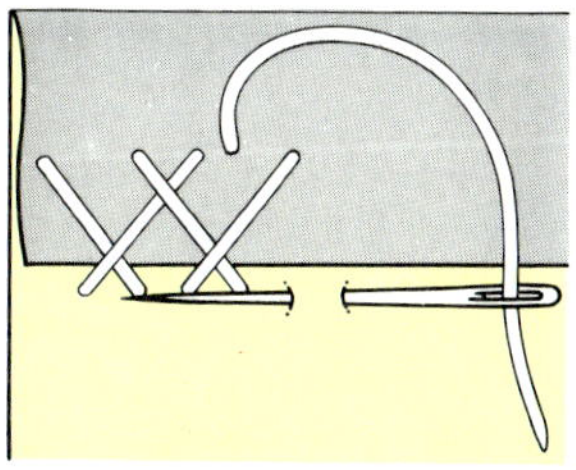

von rechts nach links einstechen. Nadel wieder schräg nach rechts bringen und wiederholen, bis der ganze Saum mit sich überkreuzenden Stichen vernäht ist.

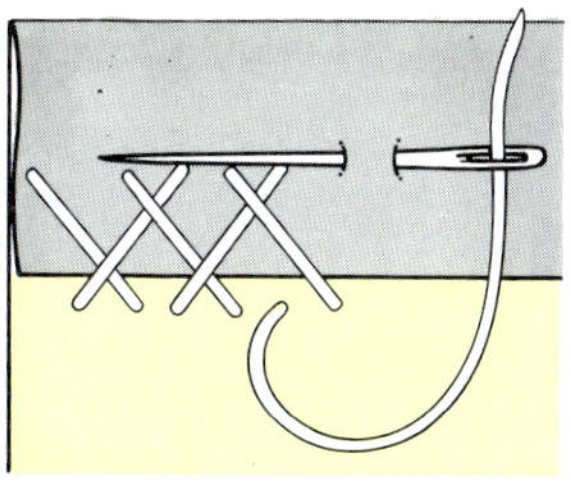

Stoßnahtstich
Beim Zusammennähen von zwei gemusterten Stoffteilen muß das Muster an der Naht aufeinander abgestimmt werden. Dazu werden die Stoffe von rechts zusammenge-

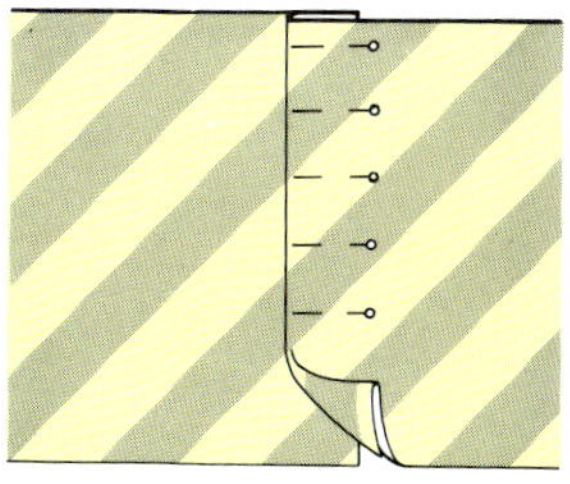

steckt. Nahtzugabe an der einen Kante umbügeln und so über den Nahtrand des anderen Stoffstückes legen, daß das Muster genau zusammenpaßt. Abstecken.

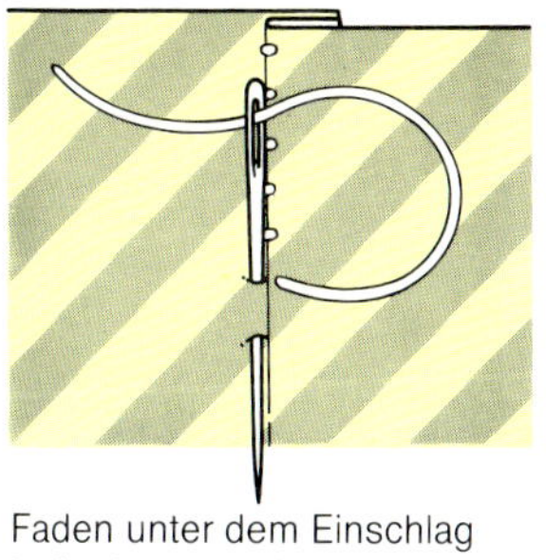

Faden unter dem Einschlag befestigen und Nadel über die Kante auf das flache Stoffteil bringen. Einstechen und etwa 2 cm an der Naht entlangführen, ausstechen und quer über die Verbindungslinie wieder in die ein-

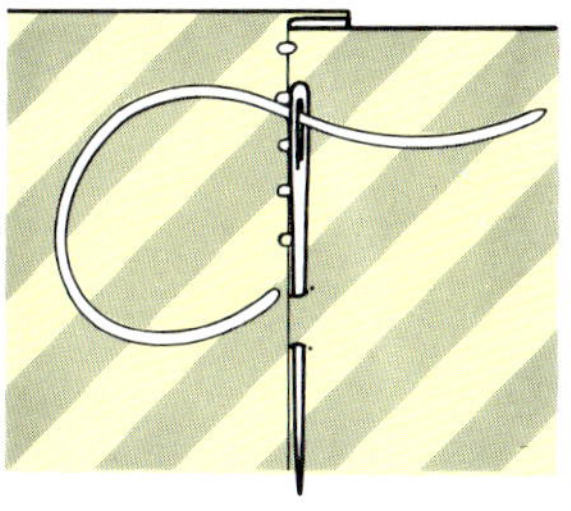

geschlagene Kante stechen, so daß die Nadel zwischen den beiden Stofflagen liegt.

Das Ganze zur anderen Seite und wieder zurück wiederholen, so daß die waagerechten und senkrechten Stiche eine Art Leiter bilden. Danach können die beiden Stoffteile rechts auf rechts zusammengenäht werden.

Steppstich
Wird bei der Anfertigung von Vorhängen verwendet, um Futter und Zwischenfutter locker am Vorhangstoff zu befestigen.

Futter und Vorhangstoff links auf links legen. Der Länge nach in der Mitte zusammenstecken. Futterstoff über die Stecknadeln zurückschlagen.

Im rechten Winkel zum

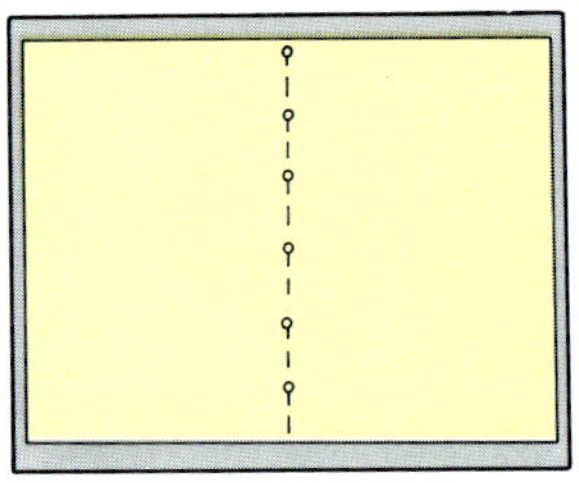

Faltenumbruch mit einem zum Vorhangstoff passenden Faden durch Umbruch und Vorhangstoff stechen und dabei nur jeweils ein oder zwei Gewebefäden auffassen. Den nächsten Stich etwa 5 cm weiter links machen und Nadel dabei über den Arbeitsfaden führen, so daß sich Schlingen bilden. Den Stoff in ganzer

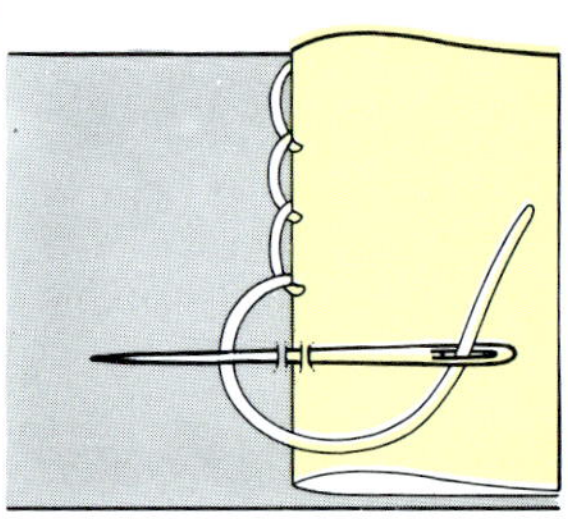

Länge so mit lockeren Stichen zusammensteppen. Nötigenfalls weitere Nähte arbeiten; für 120 cm Breite rechnet man zwei oder drei Reihen.

Überwendlicher Stich I
Dieser Stich wird hauptsächlich zur Versäuberung von Schnittkanten benutzt. Faden

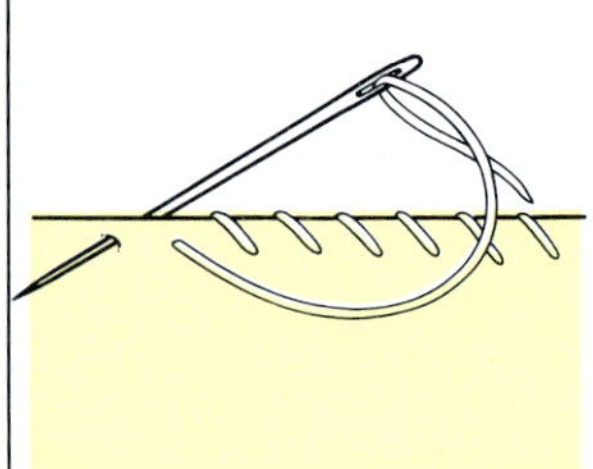

auf der linken Seite befestigen. Von links nach rechts arbeiten. Nadel diagonal über die Kante führen und etwa 3 bis 6 mm vom Ausgangspunkt und 3 mm einwärts von der Kante einstechen. Darauf achten, daß die Stiche nicht zu straff angespannt sind, sonst rollt sich der Rand.

Bei dickem Stoff längere Stiche machen, bei Stoff, der leicht ausfranst, tiefere.

Hinterstich
Dieser Stich wird ebenso gearbeitet wie der Rückstich, aber die oberen Stiche sind kleiner und sollten nur als Punkte zu sehen sein. Beim rückwärtigen Stich die Nadel

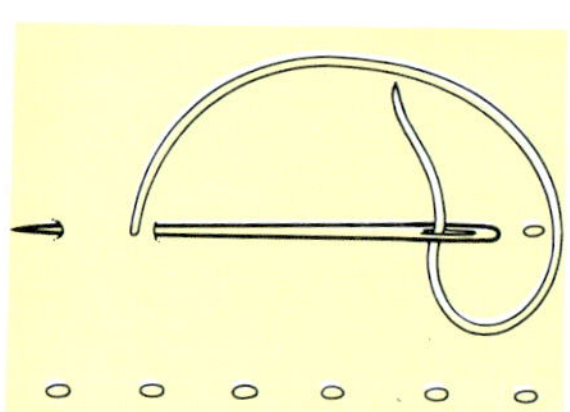

ein oder zwei Gewebefäden hinter der Ausstichstelle einstechen, dann 6 mm weiter vorn wieder ausstechen. Arbeitsgang wiederholen.

Vorstich
Ein Handnähstich, der hauptsächlich zum Einreihen benutzt wird. Er ist nicht sehr haltbar und deshalb für Nähte nicht zu empfehlen. Stattdessen sollte Rückstich verwendet werden, wenn eine Naht für die Maschine zu ungünstig liegt.

Eine Reihe Vorstich mit einem Rückstich beginnen, um den Arbeitsfaden zu befestigen, und dann kleine, gleichmäßige Stiche machen. Mit einem weiteren Rückstich abschließen.

Beim Einreihen auf beiden Seiten der Naht zwei Reihen Vorstich im Abstand von 6 mm arbeiten; Fäden an einem Ende unbefestigt lassen. Stoff vorsichtig an den Fäden entlang aufreihen, bis er gleichmäßig gerafft ist.

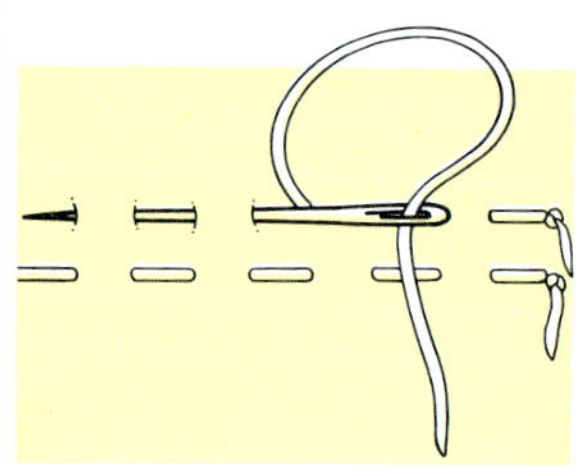

Fadenenden in einer Acht um eine Stecknadel legen. Raffung auf die erforderliche Breite korrigieren.

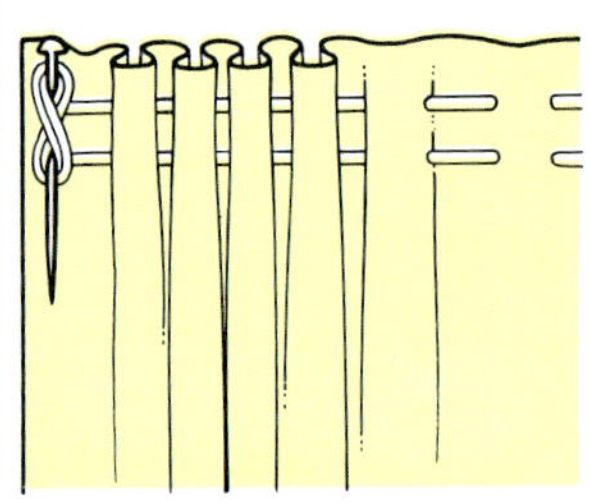

Säumen
Dieser Stich wird nicht nur benutzt, um Säume fast unsichtbar zu befestigen, sondern auch zum Vernähen von anderen eingeschlage-

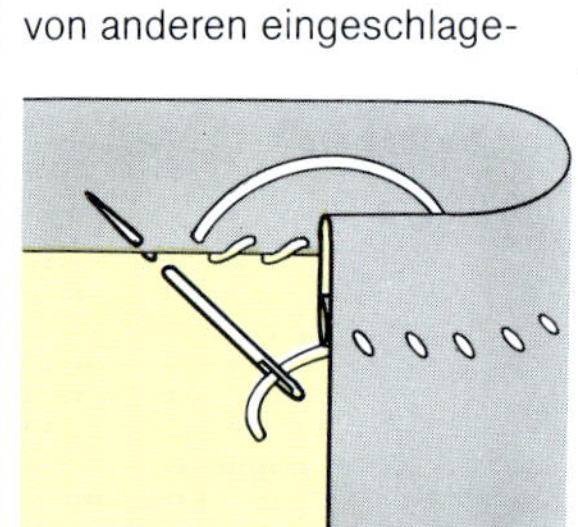

nen Kanten. Saum und Schnittkante in angemessener Breite einschlagen und heften. Mit dem Saumeinschlag nach oben von rechts nach links arbeiten. Dicht unter dem Saum einen winzigen Stich durch den Stoff machen. Ohne den Faden durchzuziehen, so nahe wie möglich am ersten Stich von unten in die Saumkante stechen und etwa 6 mm links davon wieder ausstechen. Dann Faden durchziehen.

Alle weiteren Stiche im Abstand von etwa 6 mm arbeiten.

Schlupfstich

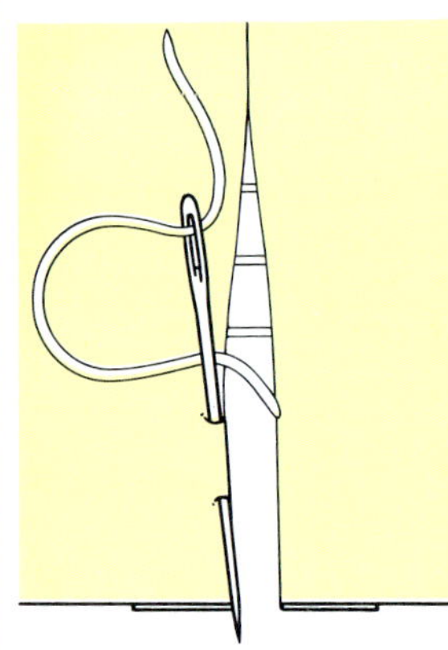

(siehe Zeichnung darüber) Hiermit werden zwei eingeschlagene Kanten verbunden. Faden innerhalb des einen Einschlags befestigen und über die Öffnung auf die gegenüberliegende Kante führen. Etwa 6 mm langen Stich machen und Nadel wieder auf die andere Seite bringen.

Auf diese Weise den Spalt vernähen, wobei immer etwas zur Innenseite des Einschlags hin eingestochen wird. Die Stiche sollten unsichtbar sein.

Heften
Heftstiche sind lange Vorstiche, die mit der Hand oder der Maschine schnell gemacht sind und zwei oder mehr Stoffteile zum endgülti-

gen Zusammennähen aneinander befestigen. Bei zarten Stoffen einen dünnen Faden benutzen, der das Gewebe nicht beschädigt.

Beim Heften von Hand mit einem Knoten beginnen, so

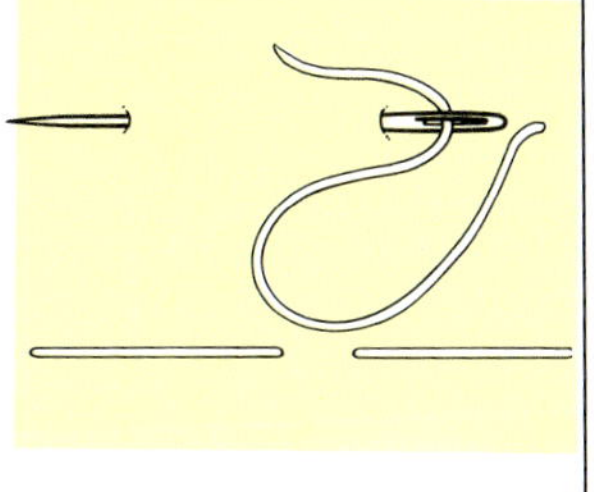

daß die Fäden leicht zu entfernen sind, indem man ihn einfach abschneidet und den Faden herauszieht.

Bei maschinengenähten Heftstichen Oberfaden in Abständen einschneiden und von links zusammen mit dem Unterfaden herausziehen.

Durchschlagen
Das Durchschlagen ist ein Verfahren, mit dem Markierungen vom Schnittmuster auf den Stoff übertragen werden. Es hinterläßt im Gegensatz zu anderen Methoden keine Spuren, die schwer zu entfernen sind.

Normales Nähgarn in einer vom Stoff abweichenden Farbe benutzen, bei ver-

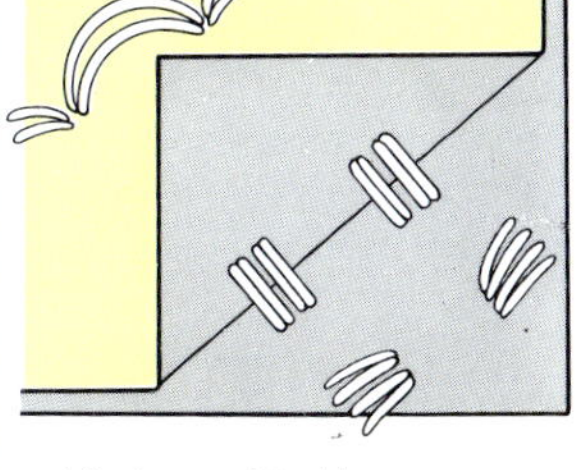

schiedenen Markierungsarten zur Unterscheidung in verschiedenen Farben. Mit doppeltem Faden von etwa 48 cm Länge arbeiten. Punkt mit einem kleinen, lockeren Stich markieren; Fadenenden etwa 3 cm lang stehenlassen. An derselben Stelle einen zweiten Stich ausführen, so daß eine ebenso lange Schlinge entsteht. Fäden in gleicher Länge abschneiden.

Vor dem Entfernen des Schnittmusters die Schlinge durchschneiden. Wenn der Stoff doppelt zugeschnitten wurde, Fäden zwischen den einzelnen Lagen durchschneiden.

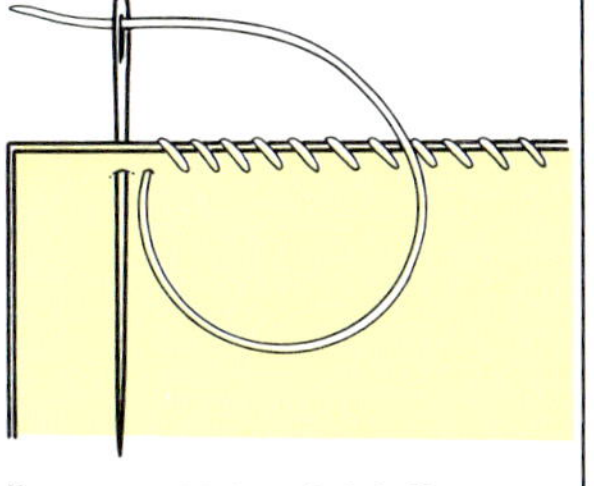

Überwendlicher Stich II
Hiermit werden zwei Kanten verbunden, zum Beispiel bei Patchwork, oder ein Rand garniert. Im Gegensatz zum überwendlichen Stich I wird hier mit kleineren Stichen von rechts nach links gearbeitet.

Stoff kantengleich rechts auf rechts legen und Arbeitsfaden auf der oberen Kante befestigen. Nadel schräg über beide Kanten führen und von unten dicht am Rand auf der Vorderseite ausstechen. Nur wenige Gewebefäden auffassen. Stiche eng aneinanderlegen; bei Patchwork sollten es mindestens sieben pro Zentimeter sein.

STICKSTICHE

Schnurstich
Dieser Stich wirkt wie eine dünne Schnur und wird in erster Linie in der Weißstikkerei für plastische Linien und Umrandungen benutzt. Erhaben werden die kleinen, engen Stiche dadurch, daß man sie über eine Reihe Vorstiche oder über einen oder mehrere Fäden arbeitet.

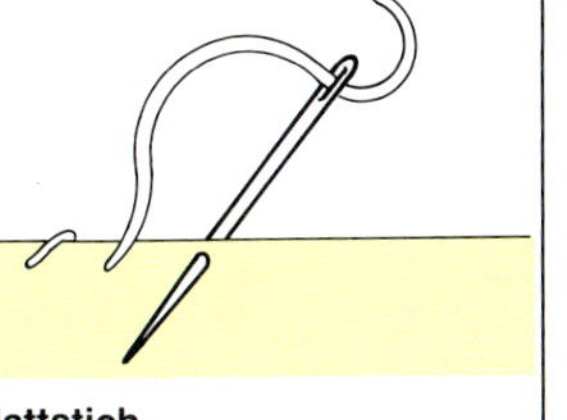

Plattstich
Dieser Stich wird zum Ausfüllen und Schattieren von Flächen benutzt. Die Stiche, am besten auf einem Stickrahmen gearbeitet, können von unterschiedlicher Länge sein, müssen aber flach und gleichmäßig aufliegen und exakte Konturen bilden. Motiv zunächst mit Rückstich umreißen und Plattstich dann knapp über diesen Umriß hinausgehend arbeiten. Durch diese Technik wird der Rand des Motivs betont.

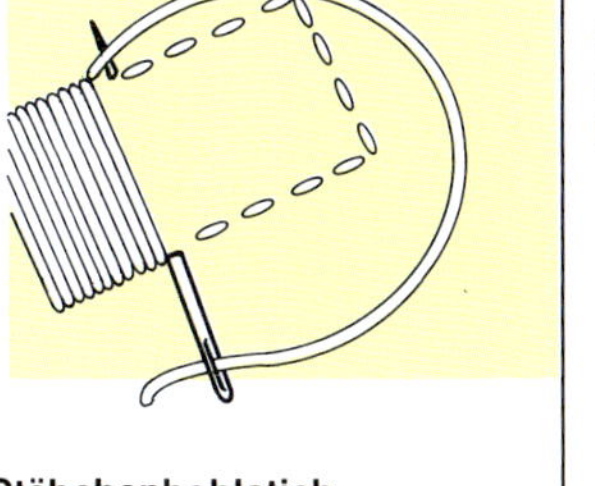

Stäbchenhohlstich
Faden befestigen. Nadel durch den Stoff stechen, aber nicht durchziehen. Faden beliebig oft um die Nadelspitze wickeln. Die fest, aber nicht eng gerollte Fadenspirale mit der Hand festhalten und die Nadel glatt durchschieben. Vorsichtig anziehen, damit die Wicklung nicht zusammengezerrt wird. Am anderen Rand in den Stoff einstechen und vernähen.

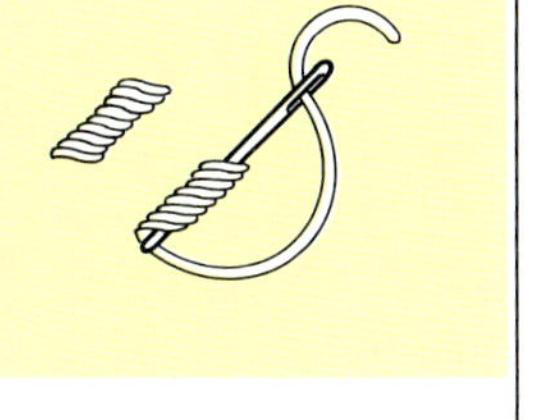

Margeritenstich
Dies ist eine Variante des Kettenstiches, eines der gebräuchlichsten Stickstiche.

Ausstechen und an derselben Stelle wieder einstechen, so daß der Faden eine Schlinge bildet. Schlinge mit dem Daumen festhalten, ein Stück vom Ausgangspunkt innerhalb der Schlinge wieder ausstechen und Faden durchziehen. Schlinge mit einem kleinen, geraden Stich befestigen. Einzelne freistehende Schlingen entstehen, wenn man den Befestigungsstich anstatt über die Schlinge an die Einstichstelle legt.

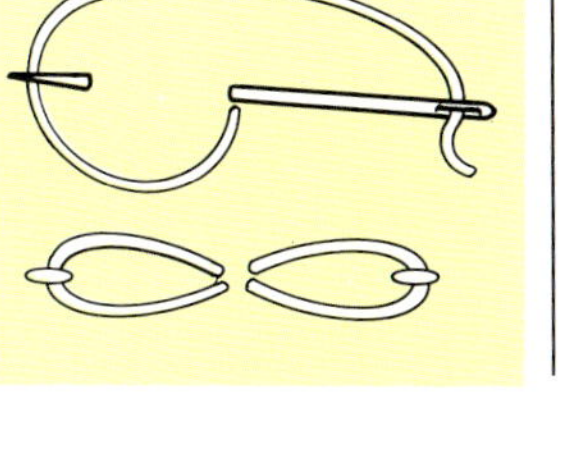

NÄHTE

Einfache Steppnaht
Stoff rechts auf rechts legen und kantengleich abstecken. Knapp neben der eigentlichen Naht heften und 1,5 cm von den Schnittkanten zusammennähen.

Zur Befestigung der Naht an jedem Ende zusätzlich ein paar Stiche steppen.

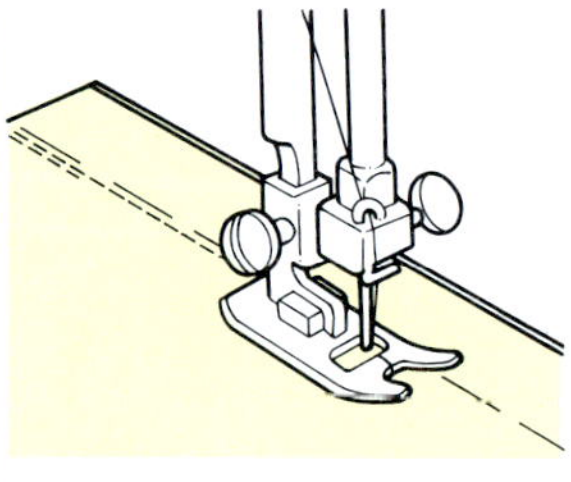

Heftstiche entfernen und Naht auseinanderbügeln, falls nicht anders angegeben.

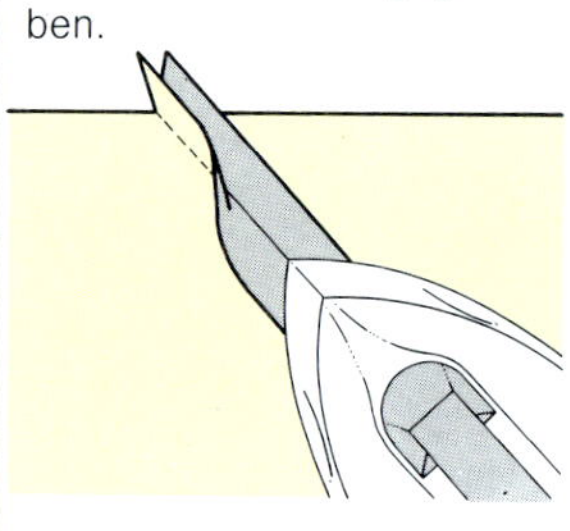

Ecknaht
Um eine sauber zugespitzte Ecke zu nähen, Drückerfuß hochstellen und Nadel im Stoff lassen. Stoff so drehen, daß er auf die neue Naht ausgerichtet ist, Drückerfuß senken und weiternähen. Spitze diagonal abschneiden.

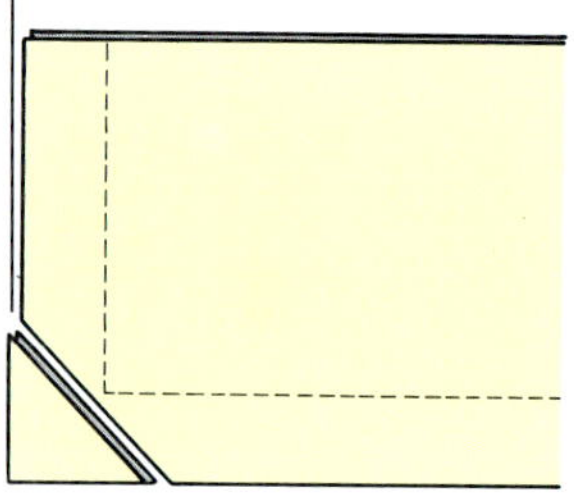

Bei sehr spitzen Ecken einen, zwei oder drei Stiche über die Ecke nähen. Die Anzahl hängt von der Dicke des Stoffes ab. Nahtzugabe um die Ecke herum abschneiden. Beim Aufnähen von geraden Kantstrei-

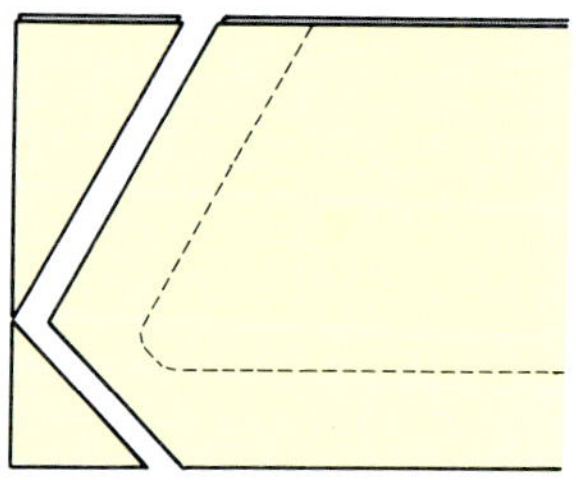

fen oder Paspeln Nähte des Kantstreifens auf die Ecke legen und auftrennen oder ein kleines Quadrat aus Kantstreifen oder Paspel herausschneiden, damit der Stoff sauber um die Ecke herumführt.

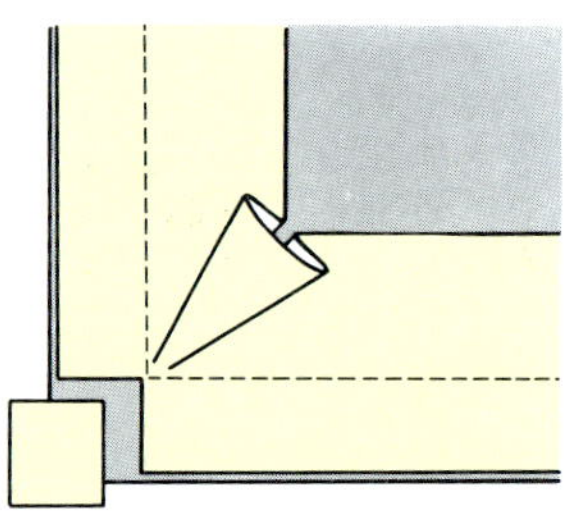

Rundungen einschneiden
Nach außen gerundete Kanten nach dem Nähen in gleichmäßigen Abständen einschneiden. Nach innen gerundete Kanten werden keilförmig eingeschnitten. So lassen sich die Nahtränder flach auseinanderbügeln.

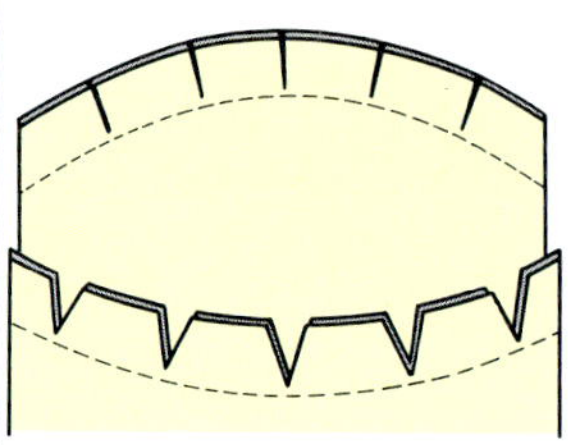

Schnittkanten versäubern
Die einfachste Methode, Nahtränder zu versäubern, ist die, sie auf der Maschine mit Zickzackstich zu umnähen. Stich eng einstellen und knapp neben der Schnittkante arbeiten. Bei dünnem Stoff Schnittkanten einschlagen und mit Zickzack- oder Steppstich nähen.

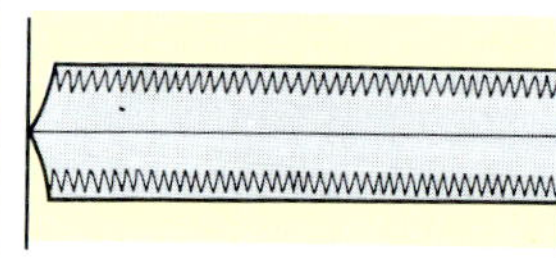

Wird mit der Hand versäubert, Schnittkanten überwendlich umnähen. Von links nach rechts arbeiten und die Stiche im Abstand von etwa 3 mm schräg über die Kante führen. Franst der Stoff aus, erst eine gerade Naht arbeiten und dann überwendlich

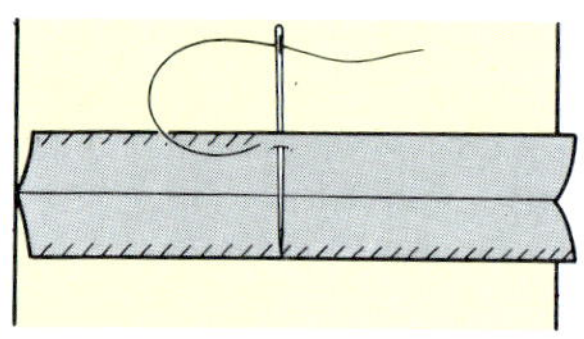

umnähen. Schnittkanten können auch einzeln oder zusammen eingefaßt werden, indem man eine Tresse darüber einschlägt. Abstekken und annähen. Man kann

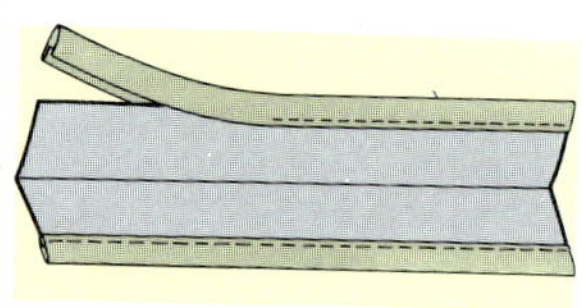

auch den einen Nahtrand etwas beschneiden, den breiteren Nahtrand darüberschlagen und annähen.

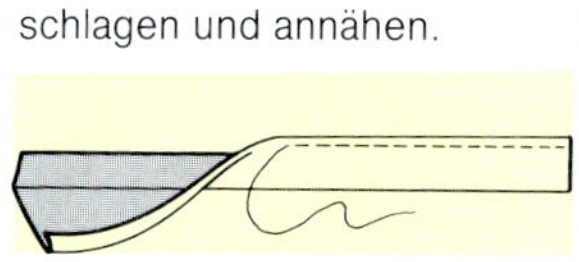

Kappnaht
Diese sich selbst versäubernde Naht wird für Heimtextilien benutzt, die häufig gewaschen werden müssen, denn sie ist sehr haltbar und besonders für Gegenstände geeignet, die stark beansprucht werden.

Stoffteile rechts auf rechts legen, abstecken, heften und mit einer einfachen Steppnaht verbinden. Nahtränder nach einer Seite bügeln. Unteren Rand auf 6 mm beschneiden. Oberen Nahtrand darüberlegen und Kante darunter einschlagen. Bügeln und schmalkantig aufsteppen.

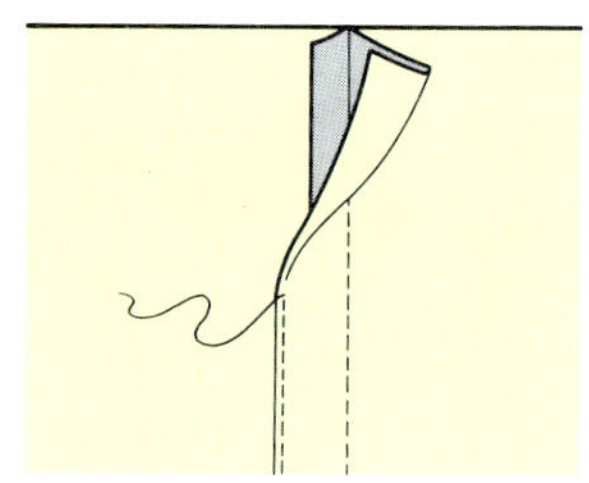

Rechts-Links-Naht
Diese Naht wird hauptsächlich bei durchsichtigen und leichten Stoffen benutzt. Man kann sie nur für gerade Kanten verwenden.

Beide Stoffteile links auf links abstecken. Stoff heften, wenn er rutschig ist, und 6 mm neben der Schnittkante zusammennähen.

Jetzt rechts auf rechts legen; 1 cm neben der ersten Naht abstecken und zusammennähen.

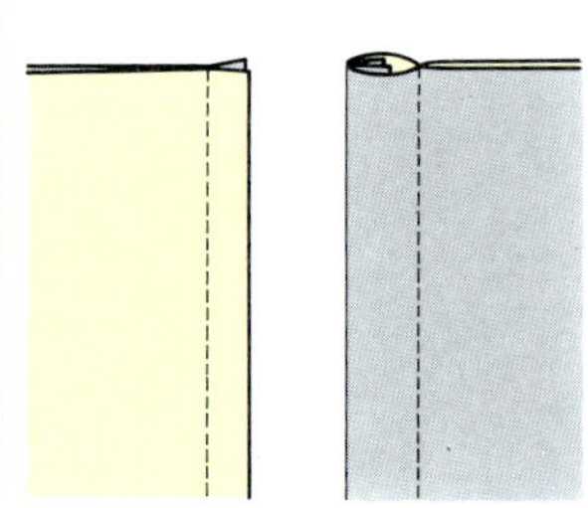

SÄUME

SAUM EINSCHLAGEN

Einfacher Saum

Wenn das Material sehr schwer ist, sollte der Saum nur einmal eingeschlagen werden.

Saum in erforderlicher Breite einschlagen und bügeln. Dicht an der Kante entlang versäubern und dann mit Hexenstich festnähen.

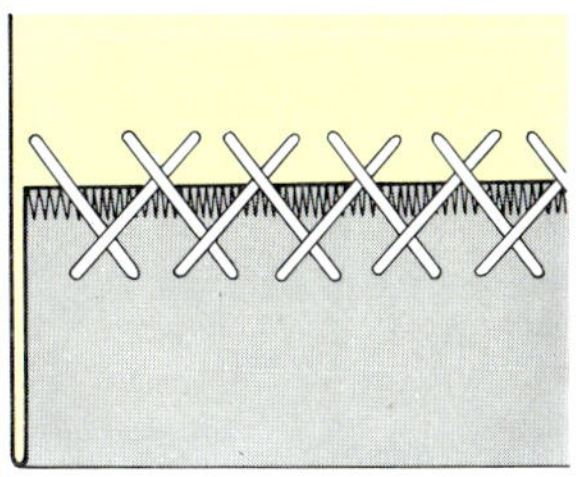

Umgebückter Saum

Dieser Saum eignet sich für mittelschwere bis schwere Gewebe.

Saum in erforderlicher Breite einschlagen und bügeln. Schnittkante dann 6 mm umbücken und bügeln. Abstecken und mit der Hand oder der Maschine säumen.

Doppelter Saum

So säumt man, wenn eine stabile Kante erforderlich ist. Bei durchsichtigen Stoffen ist das unbedingt notwendig, damit die Schnittkante nicht durchscheint.

Saum in erforderlichem Ausmaß einschlagen und dann noch einmal in ganzer Breite umklappen. Abstecken und mit Hand oder Maschine säumen.

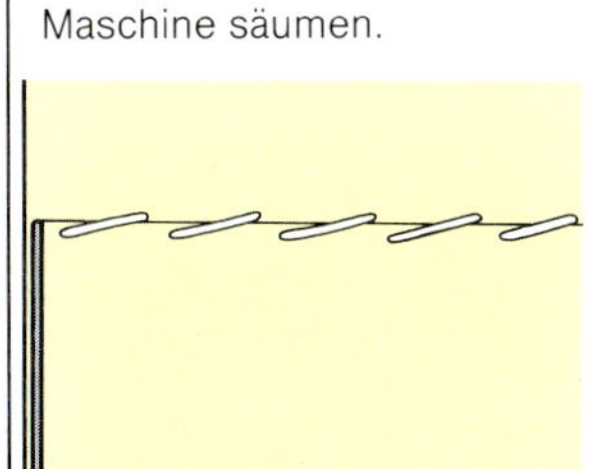

ECKEN AUF STOSS FALTEN

Um Säume an den Ecken sauber zu verarbeiten, sollte der Stoff hier auf Stoß gefaltet werden. Die Säume können unterschiedlich breit sein, wie zum Beispiel bei einem Vorhang.

Einfacher Saum

Schnittkanten beliebig versäubern und beide Saumränder in der erforderlichen Breite einschlagen und bügeln. Wo die Saumränder zusammenstoßen, jede Schnittkante markieren. Ein-

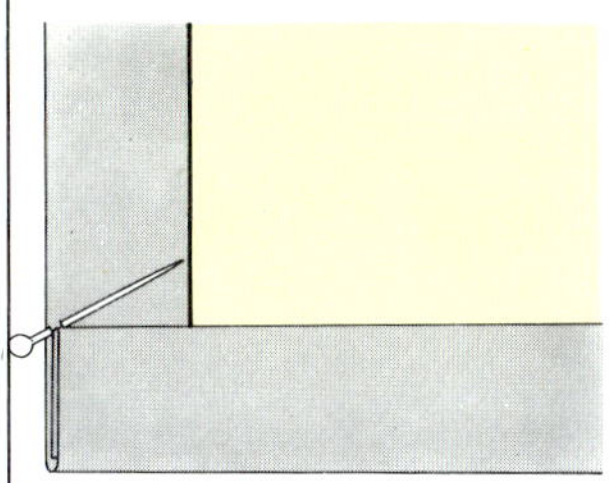

schläge auseinanderklappen und Ecke von Markierung zu Markierung falten und aufbügeln. Säume darüber wieder einschlagen, so daß sie im Winkel gerade aufeinanderstoßen, und mit Schlupfstich vernähen.

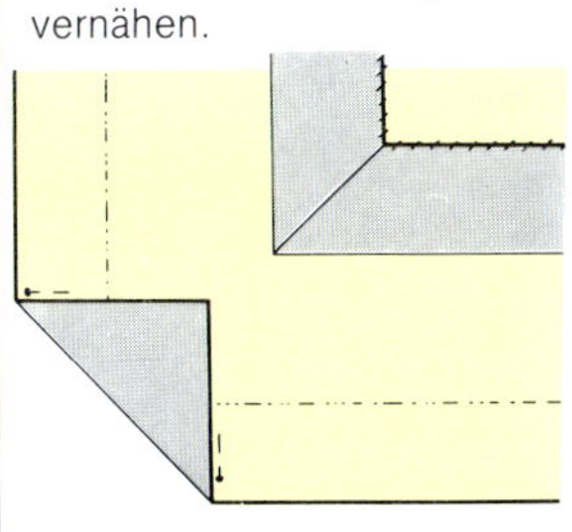

Umgebückter Saum

Obige Arbeitsanleitung befolgen, ohne zu versäubern. Ecke aufbügeln und wieder aufklappen. Schnittkanten 6 mm breit einschlagen, erst Ecke und dann Säume sauber wieder zusammenfalten. Mit Schlupfstich vernähen.

Doppelter Saum

Beide Säume einmal in erforderlicher Breite einschlagen und bügeln. Einen Einschlag verdoppeln und am anderen Saum den Punkt markieren, wo er auftrifft. Saum wieder auf einfache Breite aufklappen und dasselbe mit dem anderen Saumeinschlag machen. Stoff von der Ecke aus von Markierung zu Markierung nach innen falten und aufbügeln. Saumeinschläge wieder verdoppeln, so daß sie im Winkel aufeinanderstoßen, und an den Kanten mit Schlupfstich zusammennähen.

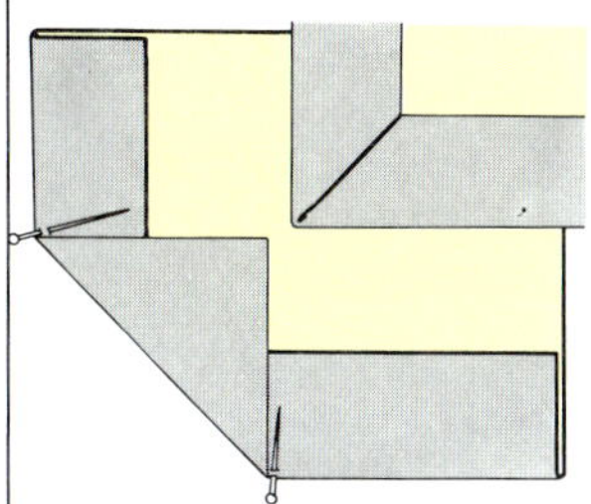

ECKEN AUF STOSS NÄHEN

Diese Technik wird bei sehr dickem Stoff angewandt oder wenn die Ausführung besonders sorgfältig sein soll.

Einfacher Saum

Arbeitsanleitungen des vorangegangenen Abschnitts bis zum Umbügeln der Ecke befolgen.

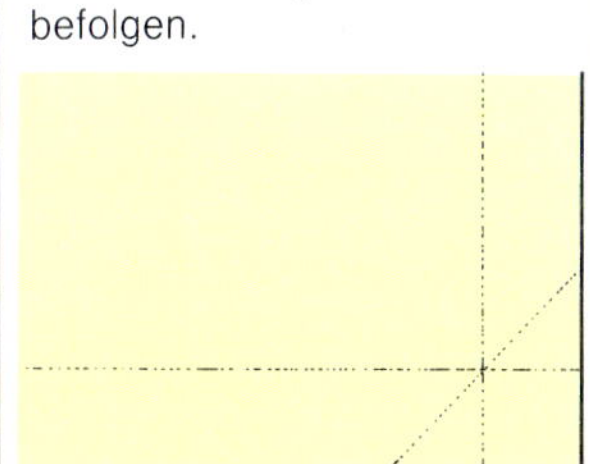

Ecke aufklappen und schnittkantengleich diagonal rechts auf rechts falten. An der Diagonalen entlang von der Schnittkante bis zur Falte nähen. Nahtrand auf 6 mm beschneiden und Naht auseinanderbügeln.

Ecke umklappen, Spitze

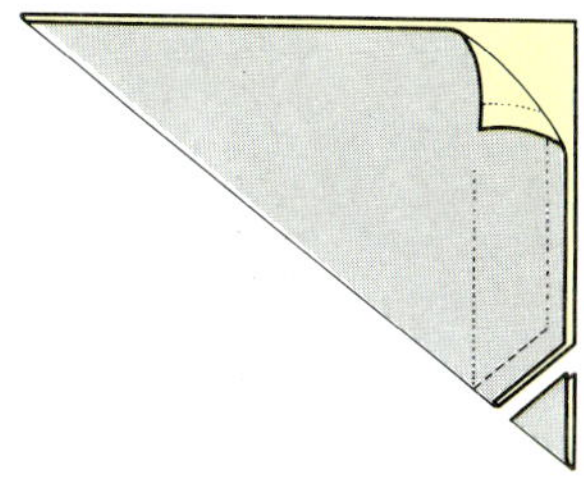

dabei sorgfältig herausdrükken.

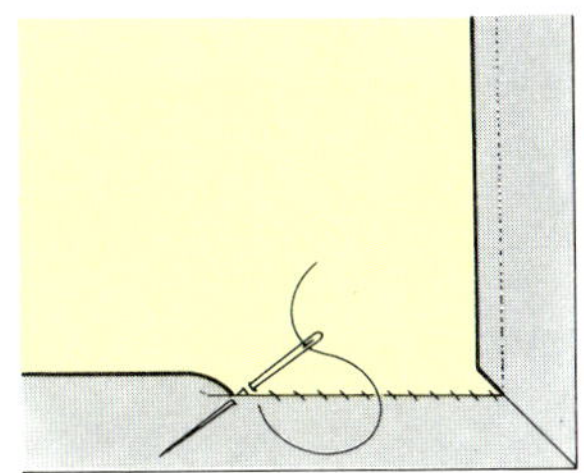

Umgebückter Saum

Stoff an beiden Rändern in erforderlicher Breite einschlagen und bügeln. Schnittkanten 6 mm weit einschlagen, bügeln und wieder aufklappen. Stellen markieren, wo die Einschläge aufeinandertreffen, Ecke falten und aufbügeln (s. Einfacher Saum, vorangegangener Abschnitt). Ecke diagonal falten, wie in den obigen Arbeitsanleitungen angegeben, und vom 6-mm-Umbruch aus an der Diagonalen entlang nähen. Ecke zurückschneiden, Schnittkanten einschlagen und mit der Hand oder der Maschine säumen.

DEKORATIVE GARNIERUNGEN

DER KAUF VON DEKORATIVEN GARNIERUNGEN

Dazu gehören Litzen, Borten und Spitze, verschiedene Bänder, Fransen und Tressen. Beim Kauf sollten Sie eine extra Partie für Nähte, Ecken und das Versäubern der Enden einrechnen und nötigenfalls überprüfen, daß die Garnierung farbecht ist und nicht einläuft.

LITZEN UND BORTEN ANBRINGEN

Wenn Litzen und Borten an beiden Seiten festgenäht werden, mit der Maschine einfache oder Zickzacknähte arbeiten oder mit der Hand an den Stoff nähen. Man kann sie auch mit Hand oder Maschine aufsticken.

Schmale Garnierungen sollten mit einer Naht in der Mitte aufgenäht werden.

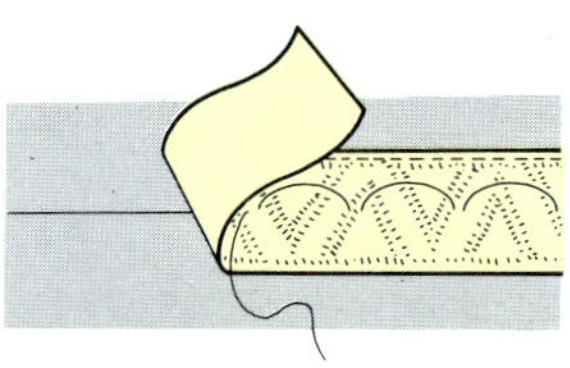

Abstecken der Garnierung
Stoff dort mit einem Strich markieren, wo die Mittellinie der Garnierung sein soll. Den Besatz an dieser Linie anheften.

Manche Bänder, besonders die aus Satin, haben schon kleine vorgestochene Löcher und sollten deshalb dicht am Rand entlang geheftet werden.

Für das Annähen von Samtbändern sollte man auf der Maschine einen Reißverschluß-Spezialfuß verwenden, um den Flor nicht zu beschädigen.

SPITZE ANBRINGEN

Spitze wie gewöhnlich für Umrandungen und Einsätze benutzt. Wie man Spitze ansetzt, hängt davon ab, wie sie verarbeitet ist.

Ist die Kante versäubert, so wird die Spitze über einem schmalen, maschinengenähten Saum, der auf der rechten Seite des Stoffes liegt, angenäht.

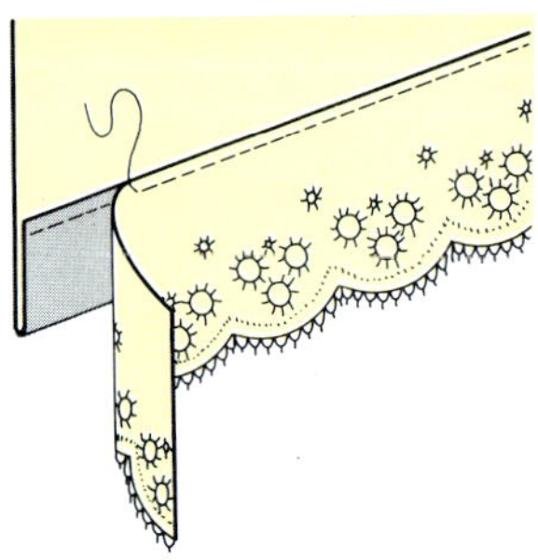

Andernfalls die Spitze mit einer Nahtzugabe von 6 mm rechts auf rechts an den Stoffrand nähen. Naht nach oben bügeln und Kanten mit überwendlichen Stichen versäubern.

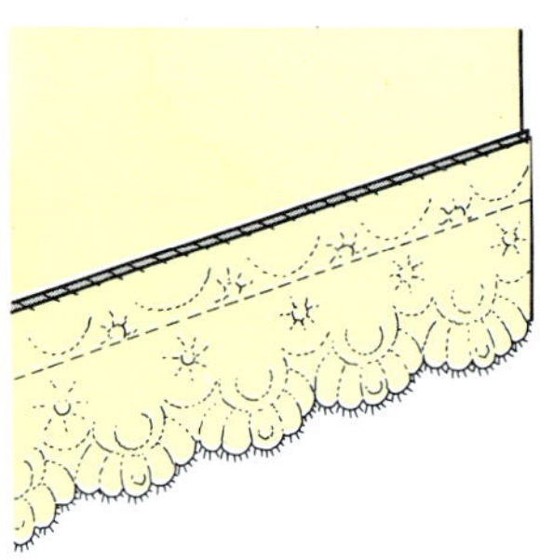

Spitzeneinsätze ebenso behandeln wie Litzen und Borten und genauso anheften. Spitze schmalkantig an den Stoff nähen. Ecken anwinkeln wie bei Litzen und Borten. Stoff von unten bis auf einen Nahtrand von 6 mm wegschneiden. Kanten umwenden und überwendlich vernähen.

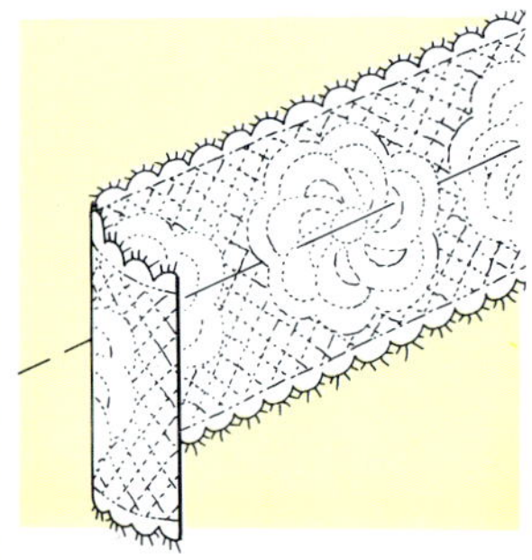

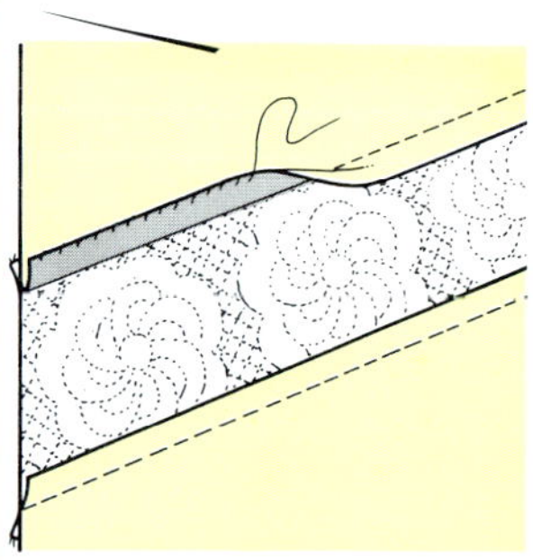

Litzen und Borten anwinkeln
Um das Stoffvolumen an den Ecken zu reduzieren, sollten Garnierungen angewinkelt werden. Die folgende Technik gilt für Garnierungen, die an den Kanten flach auf den Stoff genäht werden.

Garnierung an der ersten Seite festheften, dann bis zum inneren Punkt der Ecke an der Innenkante entlang an den Stoff nähen und über dem äußeren Punkt der Ecke zurückschlagen. An der Diagonale zwischen äußerem und innerem Eckpunkt durch alle Stofflagen nähen. Die darunter entstandene Falte bis auf 6 mm Nahtrand zurückschneiden.

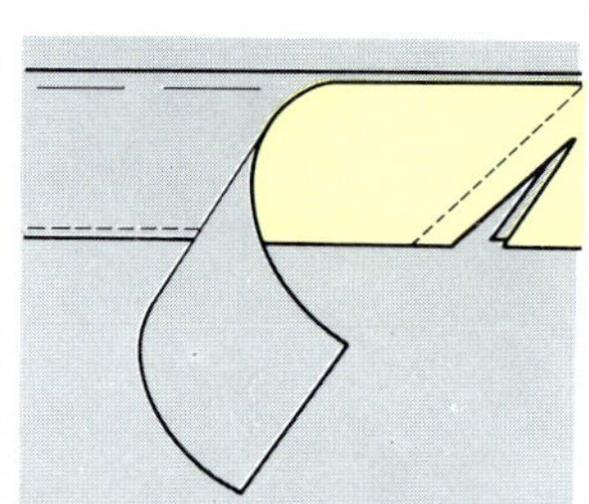

Lose Enden winkelt man an, indem man die Garnierung bis zu 10 cm von der letzten Ecke anheftet. Das zu verarbeitende Ende auf die Ecke ausgerichtet diagonal umbügeln. Garnierung rechts auf rechts legen, durch alle Stofflagen hindurch an der Diagonalen ent-

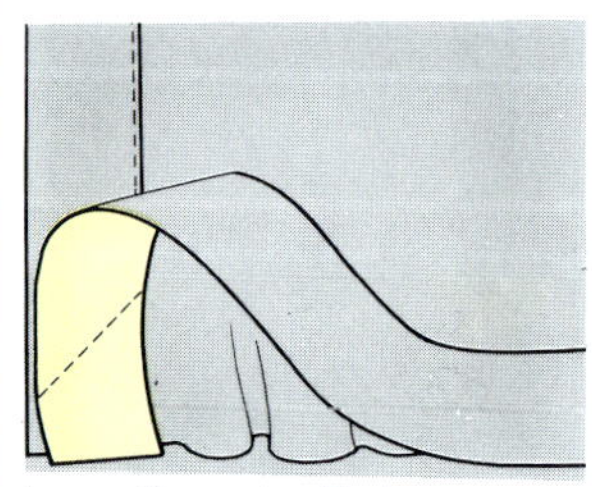

lang nähen, das Ende abschneiden. Garnierung nach rechts wenden, fertignähen.

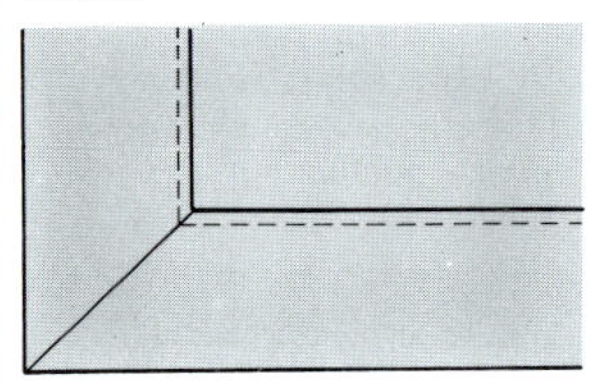

FERTIG GEKAUFTE FRANSEN ANNÄHEN

Je nachdem, ob der obere Rand der Fransen zu sehen sein soll, an der inneren oder der äußeren Kante des Stoffes befestigen. Die Fransen können über einem schmalen Saum mit der Maschine angenäht werden. Unauffälliger wirkt es, wenn die Fransen an Ober- und Unterkante mit der Hand gesäumt werden.

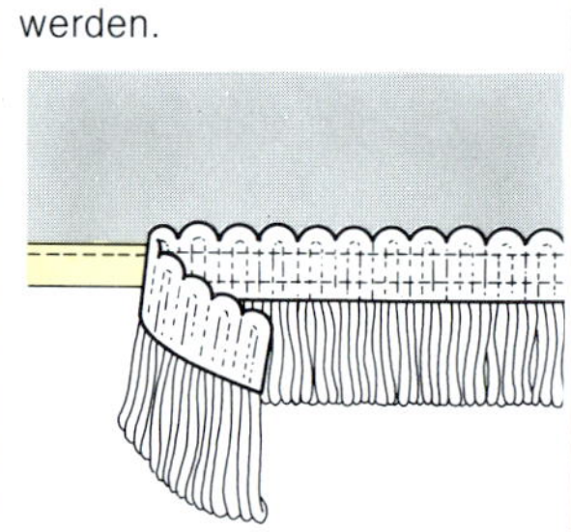

TRESSEN ANBRINGEN

Zur Einfassung von geraden Kanten können fertiggekaufte Bänder oder in Fadenrichtung zugeschnittene Stoffstreifen verwendet werden. Für einen glatteren Kantenabschluß oder für abgerundete Kanten nimmt man jedoch Schrägstreifen, und zwar entweder fertig gekaufte oder nach den

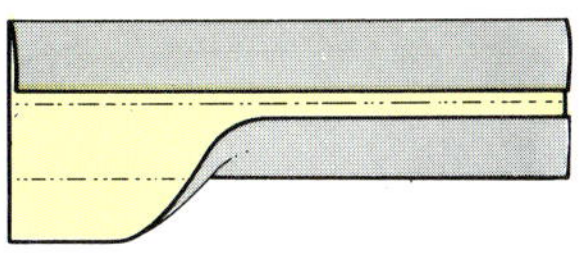

Instruktionen in PASPELN selbstgemachte. Jeder Schrägstreifen, den man selbst anfertigt, sollte viermal so breit sein wie in fertigem Zustand. Streifen links auf links auf halbe Breite bügeln, dann Schnittkanten um-

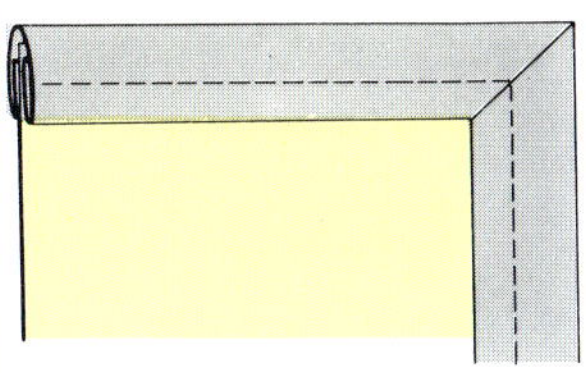

bügeln, so daß sie am Umbruch fast zusammenstoßen. Das einfachste ist es, die Tresse über die Schnittkante zu falten, abzustecken und durch alle Lagen hindurch anzunähen. Tresse an den Ecken zu einem saube-

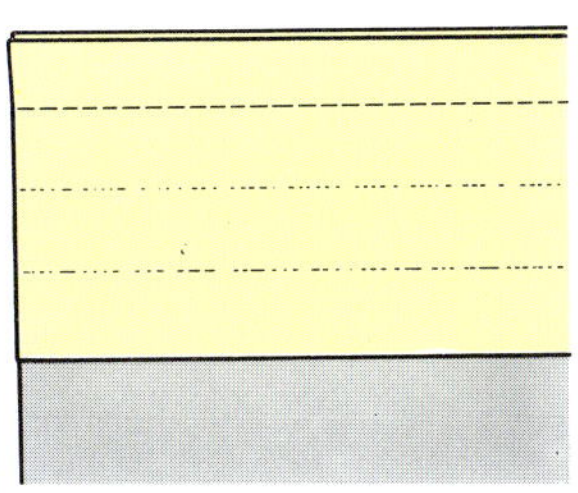

ren Winkel falten. Wenn sie nicht durchgenäht werden soll, kann sie auch an den Stoff gesäumt werden.

Tresse aufklappen und rechts auf rechts mit dem seitlichen Einschlag auf den Nahtrand des Stoffs legen. Über die Schnittkante hinweg auf der anderen Seite ebenso anlegen und über der Maschinennaht mit Saumstich annähen.

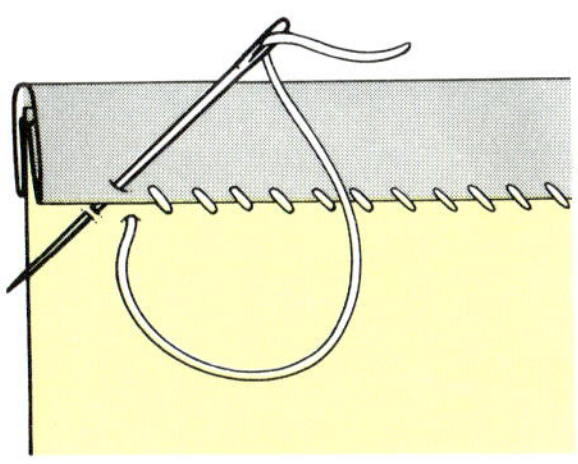

TRESSEN ANWINKELN

Beim Aufnähen von Tressen sollten die Ecken wie folgt angewinkelt werden.

Tresse rechts auf rechts auf den Nahtrand des Stoffs legen und an einer Seite bis zum Eckpunkt der Naht annähen.

Drückerfuß und Nadel hochnehmen. Stoff um 90° drehen und Tresse in eine Falte legen, deren Umbruch parallel zur eben genähten Naht liegt. Drückerfuß senken und Tresse an der zweiten Seite annähen. An jeder

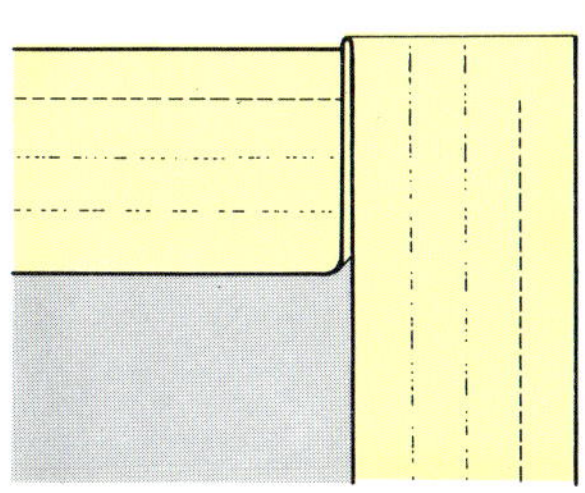

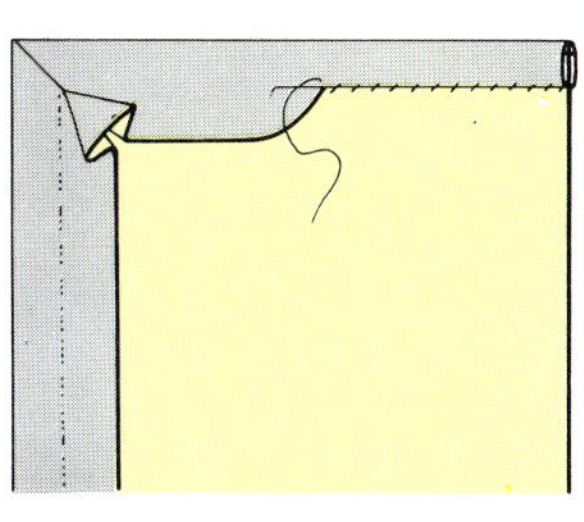

Ecke Tresse auf diese Art und Weise falten, dann über die Schnittkanten wenden und die Ecken auf beiden Seiten zu sauberen Winkeln ausbügeln.

ZIERSCHNUR ÜBER EINER NAHT ANBRINGEN

In der Naht eine kleine Öffnung in der Mitte lassen. Schnur etwa 5 cm länger zuschneiden als erforderlich. Mit einem Ende in die Nahtöffnung stecken, Faden an der Unterseite befestigen und Schnur mit der Hand mit kleinen, gleichmäßigen Stichen wie abgebildet an der Naht entlang festnähen. An der Verbindungsstelle das

restliche Ende in die Öffnung stecken, so daß sich beide Enden innerhalb der Naht überlappen. Schnur dort zusammennähen, wo sie sich außen kreuzt, und dann an den Stoff nähen. Verbindungsstelle möglichst unauffällig anbringen.

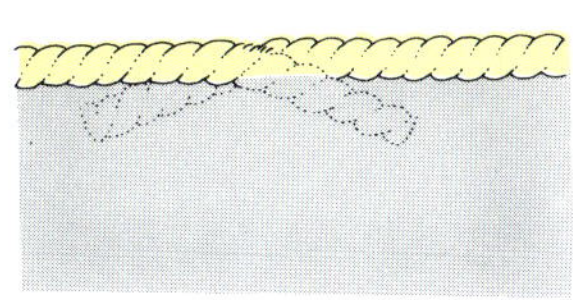

PASPELN

Paspeln sind schräg zugeschnittene Streifen aus Stoff, die in die Nähte von Heimtextilien eingesetzt werden, damit sie professioneller aussehen und haltbarer sind.

Es gibt zwei Arten von Paspeln: mit Schnur oder flach. Bei der ersten Art wird der Stoff der Länge nach um eine Paspelschnur gefaltet, die zweite Art besteht nur aus dem zusammengelegten Stoffstreifen. Beide Arten

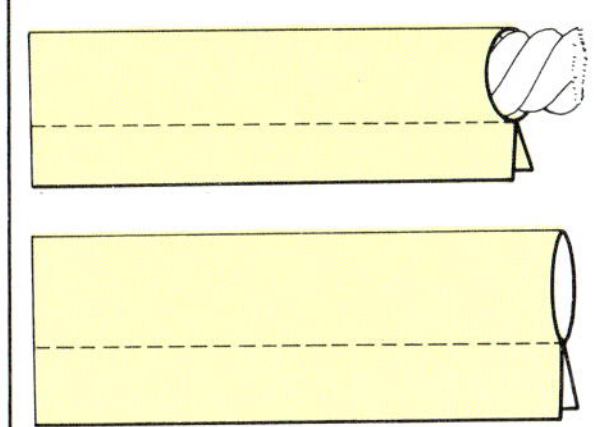

werden gleich befestigt. Paspeln sind in den Stärken 00 bis 6 erhältlich. 4, 5 und 6 sind für Heimtextilien die gebräuchlichsten. Achten Sie darauf, daß die Paspelschnur nicht mehr einläuft.

Um abzuschätzen, wieviel Paspelschnur benötigt wird, alle Nähte und Kanten ausmessen, die damit versehen werden sollen, und 5 cm für jede Verbindungsstelle hinzurechnen.

Schrägstreifen zuschneiden
Stoff so falten, daß die Webkante genau parallel zur Schußrichtung liegt. Ecke umbügeln; der so entstandene Umbruch markiert die Schräge. Ecke abschneiden und parallel zu dieser Schrägkante mit Schneiderkreide Streifen markieren. Dazu ein Lineal aus Karton benutzen, das genauso breit ist wie die Schrägstreifen. Die Breite ermittelt man, indem man die Nahtzugabe von 1,5 cm verdoppelt und den Umfang der Paspelschnur hinzurechnet.

In der Länge müssen die Streifen normalerweise aneinandergenäht werden. Mit abgeschrägten Enden wie abgebildet rechts auf rechts legen. Mit 6 mm Nahtzugabe zusammennähen. Naht auseinanderbügeln.

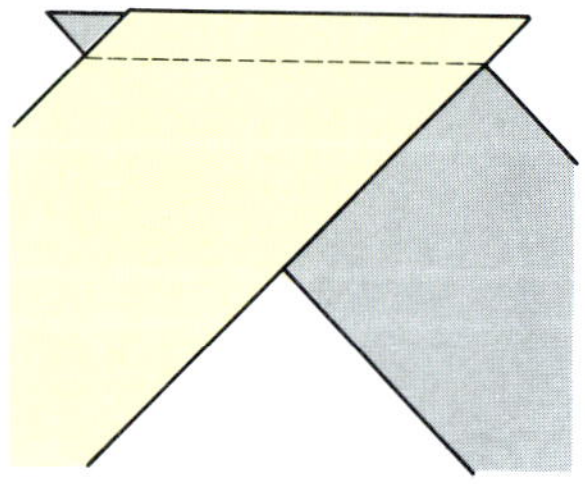

Fortlaufende Schrägstreifen zuschneiden
Werden besonders lange Paspeln benötigt, zum Beispiel für lose Bezüge, kann

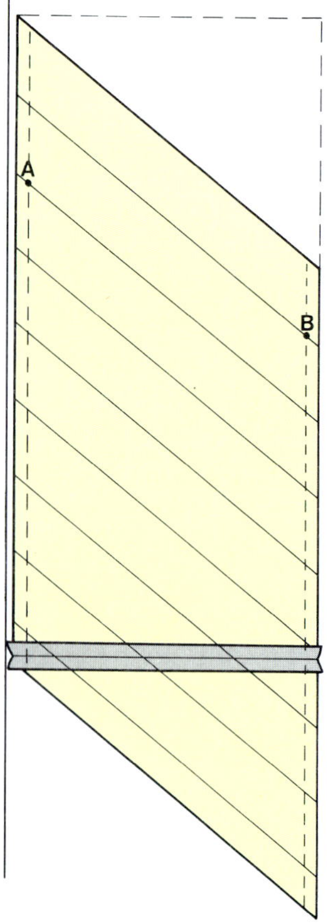

man eine zweite Methode anwenden.

Ein Rechteck aus Stoff zuschneiden, das mindestens doppelt so lang wie breit sein muß. Linke untere Ecke so umschlagen, daß die Webkante parallel zur Schußrichtung liegt. Bügeln. Ecke abschneiden und mit einer Nahtzugabe von 6 mm rechts auf rechts an den unteren Rand nähen. Naht auseinanderbügeln.

Parallel zu den Schrägkanten Stoff auf der rechten Seite in Streifenbreite durchlinieren (s. erste Methode).

An den Seiten einen Nahtrand von 6 mm markieren. Darauf die Punkte A und B markieren wie abgebildet.

Punkt A links mit einer Stecknadel markieren und über Punkt B legen. Stoff an diesen beiden übereinanderliegenden Punkten exakt rechts auf rechts zusammenstecken und an den Seitenrändern entlang der markierten Naht zu einem Schlauch abstecken, um den diagonal eine Naht herumläuft. Nach rechts wenden und überprüfen, daß die linierten Streifen genau zusammentreffen. Wieder nach innen wenden, heften, nähen und Naht auseinanderbügeln. Von rechts dann spiralförmig an den markierten Linien entlang zuschneiden.

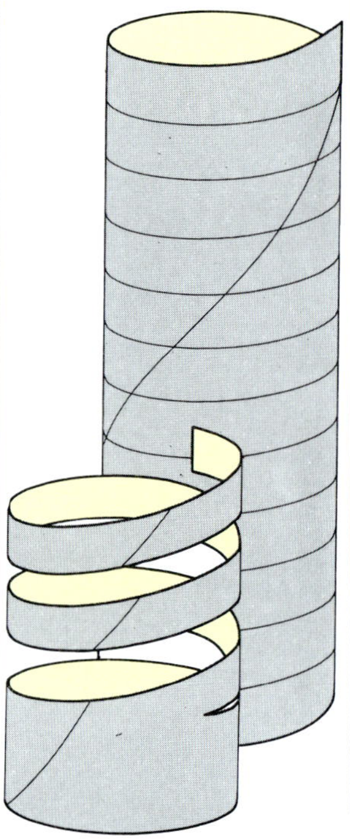

Paspelschnur beziehen
Stoffstreifen mit der rechten Seite nach außen schnittkantengleich über die Schnur falten. Abstecken und mit Reißverschluß-Spezialfuß eng an der Schnur zusammennähen.

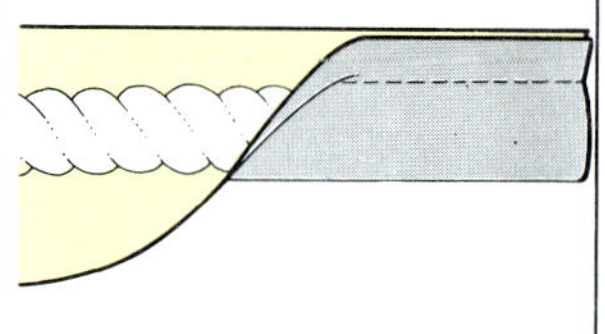

Paspel in eine Naht setzen
Paspel schnittkantengleich auf die rechte Seite eines Stoffteils legen. Abstecken und mit Reißverschluß-Spezialfuß über der Paspelnaht annähen. An den Ecken Paspelstoff von der Spitze aus bis zur Naht aufschneiden.

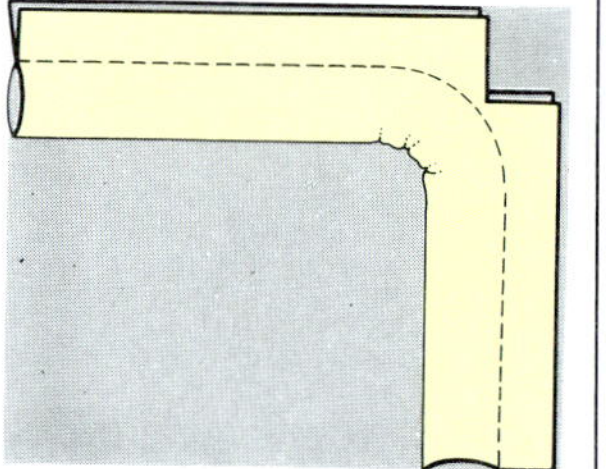

Das andere Stoffteil kantengleich rechts auf rechts über den gepaspelten Rand legen. Knapp innerhalb der ersten Naht abstecken und Naht durch alle Stofflagen arbeiten.

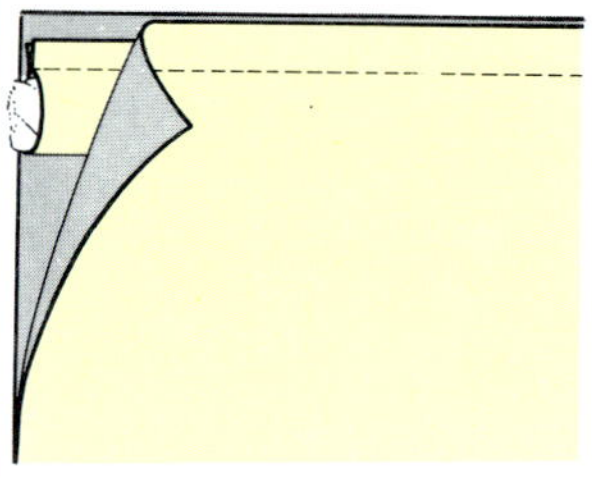

Bezogene Paspel zusammensetzen
Wenn eine Paspel ganz um eine Fläche herumläuft, müssen die Enden miteinander verbunden werden. Dafür 5 cm Länge hinzurechnen.

1 cm vom Paspelende aus mit der Naht beginnen und 5 cm von der Ausgangsstelle aufhören. Paspelnaht 2 cm weit auftrennen und den Stoff aufklappen. Paspelschnur so zuschneiden, daß die Enden aneinanderstoßen.

Stoff wieder über die

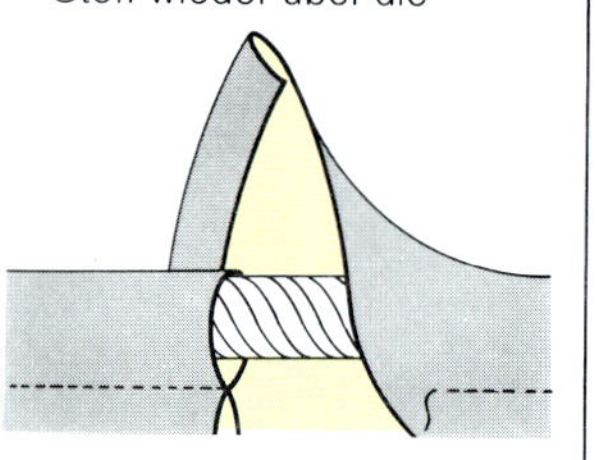

Schnur legen, daß er die Enden überlappt. Schnittkante 6 mm einschlagen und Naht an der Verbindungsstelle vervollständigen. Verbindungsstelle möglichst an eine Naht oder in die Mitte zwischen zwei Kanten legen.

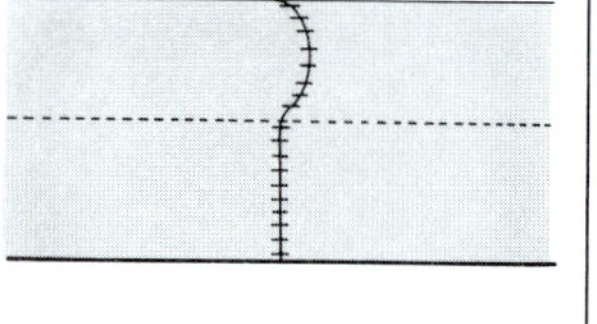

RÜSCHEN UND FALTEN

RÜSCHEN

Heimtextilien lassen sich mit einfachen oder doppelten Rüschen verzieren. Abhängig vom Volumen können sie zwischen der anderthalbfachen und der dreifachen Länge des Randes variieren, je nach Schwere des Stoffes und nach gewünschtem Effekt.

Einfache Rüsche
Breite der Rüsche bestimmen. Nahtzugabe von 1,5 cm und, abhängig von der Dicke des Stoffes, doppelte Saumzugabe von 1 bis 2 cm hinzurechnen.

Für eine längere oder umlaufende Rüsche Streifen an den kurzen Seiten mit Kappnähten aneinandersetzen. Wenn die Rüsche nicht umlaufend ist, an jedem Ende einen 6 mm breiten doppelten Saum einschlagen und nähen. Unterkante zu einem doppelten Saum einschlagen und nähen. An der

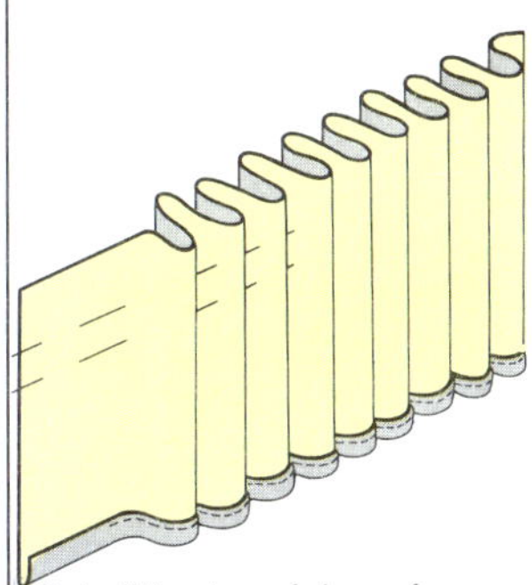

Schnittkante auf das erforderliche Maß einreihen. Bei langen Rüschen Rüsche und Stoff in die gleiche Anzahl von Abschnitten einteilen. Jeden Abschnitt auf der Rüsche mit zwei Reihen Vorstich einreihen und auf die Länge des entsprechenden Abschnitts am Stoffrand raffen. Rüsche und Stoffrand rechts auf rechts legen; Rüsche abstecken, heften und annähen. Naht mit Zickzackstich auf der Maschine versäubern und nach oben bügeln oder mit einem an der Rüsche 6 mm breiten Nahtrand eine sich selbst versäubernde Naht arbeiten.

Doppelte Rüsche
Diese Rüsche macht einen Saum überflüssig und wirkt voll und üppig.

Das Zweifache der erforderlichen Breite zuschneiden plus der oberen Nahtzugabe. Streifen mit einfachen Steppnähten (zur Verstärkung nötigenfalls doppelt genäht) zusammensetzen. Rüsche auf halbe Breite falten und am oberen Rand ebenso raffen wie die einfache.

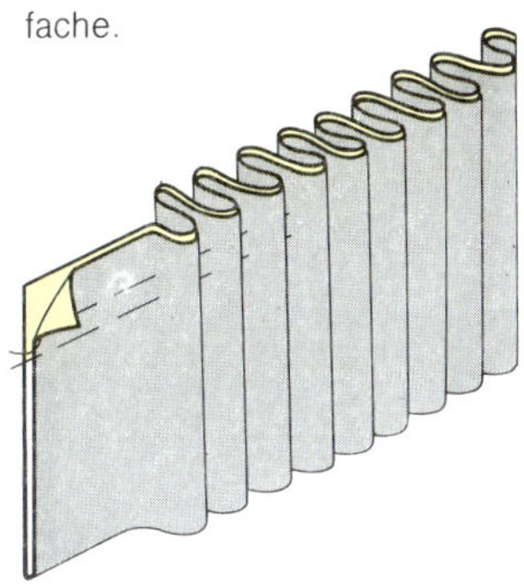

FALTEN

Für Heimtextilien gibt es drei hauptsächliche Arten von Falten. Für jede benötigen Sie an Stoff die dreifache Faltenbreite (der sichtbare Teil der Falte, wenn sie genäht ist).

Wesentlich ist es, daß Falten korrekt fallen; deshalb muß die Breite in Fadenrichtung und die Länge in Schußrichtung des Stoffes zugeschnitten werden. Beim Faltenlegen auf einer ebenen Fläche arbeiten, damit sie glatt werden.

Falten so ausrichten, daß an etwaigen Ecken der Umbruch liegt.

Messerfalten
Diese Falten liegen alle in einer Richtung.

Zunächst die angemessene Faltenbreite bestimmen. Als nächstes den Rand ausmessen, an den die Falten angesetzt werden sollen, und dieses Maß durch die Faltenbreite dividieren. Das ergibt die Anzahl der Falten.

Diese Zahl mit drei multiplizieren, um auf die benötigte Breite des Stoffes zu kommen, und nötigenfalls Naht- und seitliche Saumzugaben hinzurechnen.

Länge des Faltenvolants bestimmen und Zugaben für die Naht und einen einfachen oder doppelten Saum hinzurechnen. Je nach Notwendigkeit Stoff in der Breite zusammensetzen; bei ungefütterten Volants mit Kappnähten und mit einfachen Steppnähten, wenn noch Futter hinzukommt. Nähte möglichst in die rückwärtigen Teile der Falten legen. Saum abstecken, nähen.

Als nächstes sollten im rechten Winkel zum Rand die Falten markiert werden. Erst den Faltenumbruch (A) markieren, von da aus die doppelte Faltenbreite ausmessen und den Faltenanstoß (B) aufzeichnen. Eine Faltenbreite weit freilassen und dann in derselben Reihenfolge wiederholen bis zum Ende des Volants.

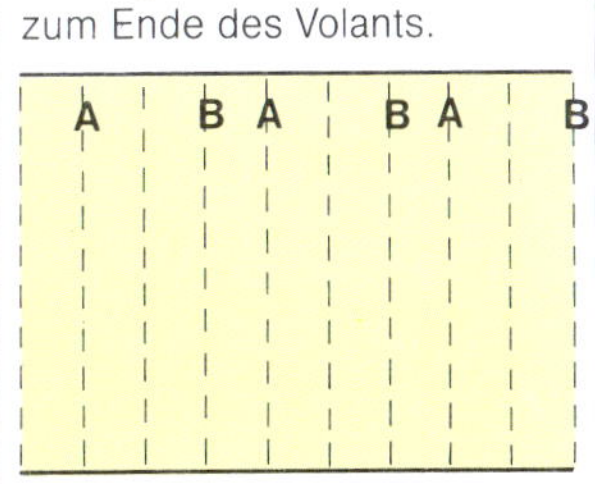

Stoff im ersten Umbruch falten und auf die entsprechende Anstoßlinie legen. Abstecken. Wiederholen, bis der ganze Volant in Falten gelegt ist. Am oberen und unteren Rand heften und die Falten aufbügeln. Nach Bedarf festnähen.

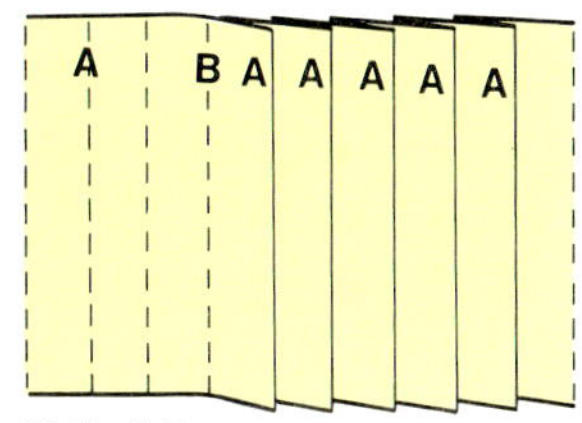

Kellerfalten
Diese Falten bestehen aus zwei gegenseitig eingelegten Falten.

Faltenumbruch (A) markieren; doppelte Faltenbreite ausmessen und Faltenanstoß (B) einzeichnen. Wieder doppelte Faltenbreite ausmessen und den nächsten Faltenumbruch markieren. Von Anfang an in derselben Reihenfolge wiederholen.

Beim Faltenlegen werden die beiden Umbrüche so eingeschlagen, daß sie am Anstoß aufeinandertreffen.

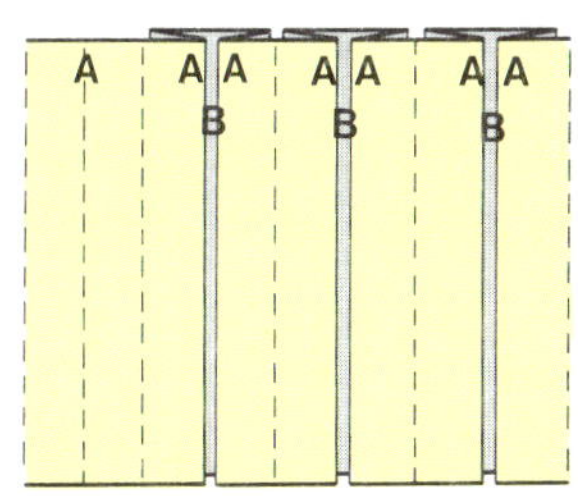

Quetschfalten
Die Quetschfalte ist das Gegenstück zur Kellerfalte. Reihenfolge der Linien mit Anstoß (B), Umbruch (A) und Umbruch (A) wiederholen. Umbrüche diesmal nach *außen* falten, wo sie sich an den Anstoßlinien treffen.

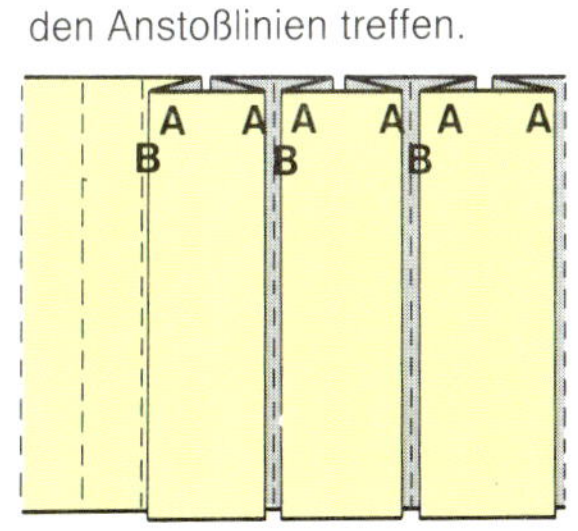

OBERKANTEN, SCHIENEN UND GARDINENSTANGEN

OBERKANTEN

Wenn ein Vorhang keinen Volant oder Querbehang hat, wird die Oberkante zu einer wichtigen Angelegenheit. Ein einfaches Verfahren, einen dekorativen Effekt zu erzielen, besteht in der Verwendung einer der vielen im Handel erhältlichen Gardinenbänder.

Diese schmalen Streifen aus robustem Stoff haben Schlitze für die Haken, mit denen die Gardine an den Gleitrollen der Vorhangschiene aufgehängt wird. Die Bänder sind in unterschiedlichster Größe und Schwere und in einer begrenzten Anzahl von Farben erhältlich und haben gewöhnlich zwei oder mehr Zugschnüre, die den Vorhang an der Oberkante in geraffter oder gefältelter Form zusammenziehen. Die breiteren Bänder haben mehr als eine Reihe Schlitze, so daß die Höhe des Vorhangs oberhalb der Schiene dadurch reguliert werden kann, daß die Haken beliebig in eine der Reihen gehängt werden können.

Wahl des Gardinenbandes
Suchen Sie sich zur Verschönerung der Oberkante ein beliebiges Gardinenband aus, aber vergewissern Sie sich, daß es für den verwendeten Stofftyp geeignet ist. Wenn Sie die Breite des für den Vorhang benötigten Stoffes berechnen, denken Sie daran, daß manche Bänder den Stoff stärker raffen als andere.

Bei Vorhangpaaren ist es wichtig, daß das Gardinenband am inneren Rand aufeinander abgestimmt ist, wenn beide Vorhänge zugezogen sind und die Schienen nicht in der Mitte überlappen. Dies ist besonders bei Dreifach- und Tollfalten wichtig, wo zwischen den Falten große Abstände liegen. Um gleichmäßige Abstände zu erhalten, Gardinenband zu Anfang immer auf den Vorhangrand legen, der zur Mitte des Fensters zeigt, und in der Mitte einer Faltengruppe beginnen.

Einfarbige Stoffe sehen mit fast jedem Gardinenband gut aus, aber bei gemusterten Stoffen muß in Betracht gezogen werden, wie die Falten das Muster beeinflussen – sie könnten es beeinträchtigen oder unangenehme optische Effekte hervorrufen.

Standard-Kräuselband
Es erzeugt eine einfache Kräuselkante, die zu kleinen, leichten Gardinen paßt, oder zu solchen, wo die Oberkante später von einem Querbehang/Volant verdeckt wird.
Erforderliche Stoffbreite: anderthalb- bis zweifache Länge der Vorhangschiene.

Gardinenband für gebündelte Falten
Wenn es eng zusammengezogen und steif ist, erzeugt dieses Band einen korrekten Faltensitz, der zu den meisten Vorhängen paßt. Für leichte Stoffe und Stores gibt es jedoch auch eins, das lokkerer ist und den Stoff weicher fallen läßt. Das Band ist 4 bis 15 cm breit.
Erforderliche Stoffbreite: Länge der Vorhangschiene mal zweieinviertel.

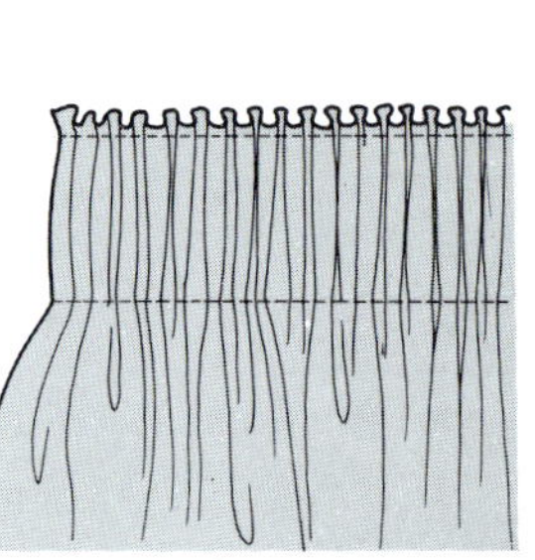

Gardinenband für Dreifachfalten
Mit diesem Band erhält man eine steife, hohe Oberkante, die zu förmlichen, gefütterten Vorhängen paßt. Die Breite variiert zwischen 4–14 cm. Darauf achten, den Zwischenraum zwischen den Falten nicht zu zerknittern, wenn man die Zugschnüre zusammenzieht. Man kann auch Gardinenband ohne Schnur verwenden, das mit Hilfe von Gabelhaken manuell gerafft wird und den Stoff in gleichmäßige 1-, 2- oder 3fache Falten legt. Faltensitz vorm Anbringen des Gardinenbandes festlegen.
Erforderliche Stoffbreite: doppelte Länge der Vorhangschiene.

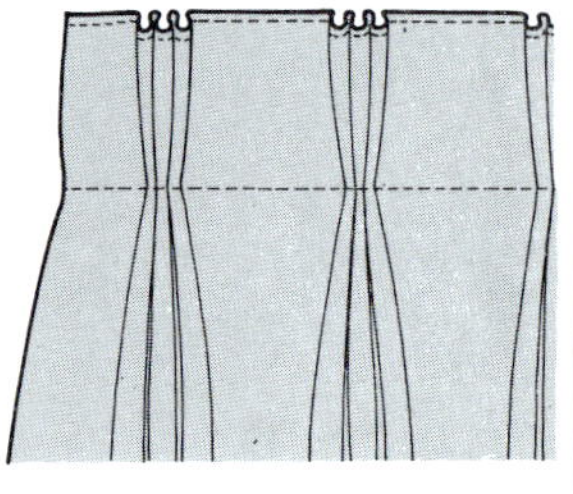

Gardinenband für Quetschfalten
Dieses Band verleiht dickeren gefütterten Vorhängen ein zeremonielles Aussehen. Da es den Stoff zu ordentlichen Falten drapiert, paßt es auch gut zu langen Vorhängen, die oben einen Volant oder Querbehang haben.
Erforderliche Stoffbreite: zweieinhalbfache Länge der Vorhangschiene.

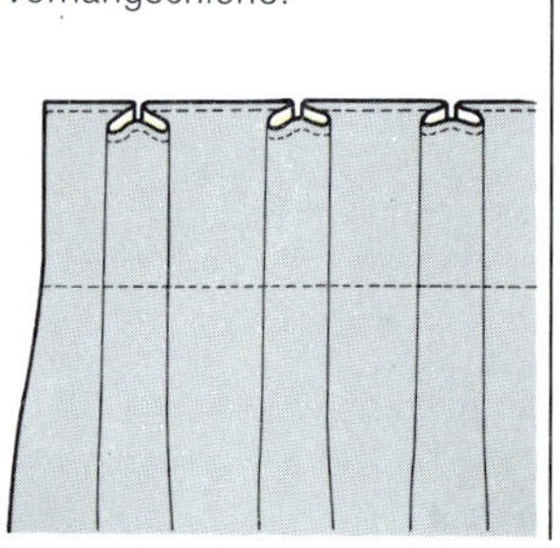

Gardinenband für Tollfalten
Zusammengezogen, produziert das Band zylindrische Falten; besonders gut für schwere, gefütterte, bodenlange Vorhänge geeignet. Eine Kelchform erreicht man, indem man die Falten unten knifft und mit ein paar Stichen zusammenhält.
Erforderliche Stoffbreite: zweieinhalbfache Länge der Vorhangschiene.

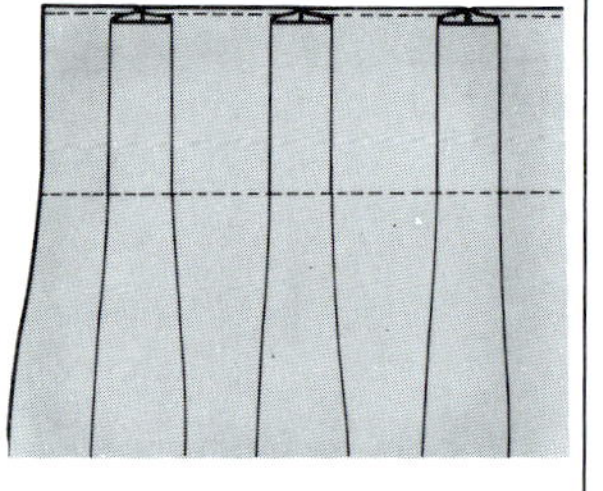

Gardinenband anbringen
Gardinenband in der Länge der Vorhangbreite plus 5 cm zuschneiden.

Um die richtige Höhe für das Gardinenband festzustellen, Vorhang vom unteren Rand aus bis zu den Haken an Vorhangschiene oder Gardinenstange abmessen. Quer über den Vorhang eine Linie markieren.

Abstand vom oberen Rand der Schlitze bis zum Rand des Gardinenbandes ausmessen. Diesen Abstand von der markierten Linie aus abmessen und den Vorhang auf dieser Höhe einschlagen. Gardinenband 3 mm vom oberen Rand des Vorhangs feststecken.

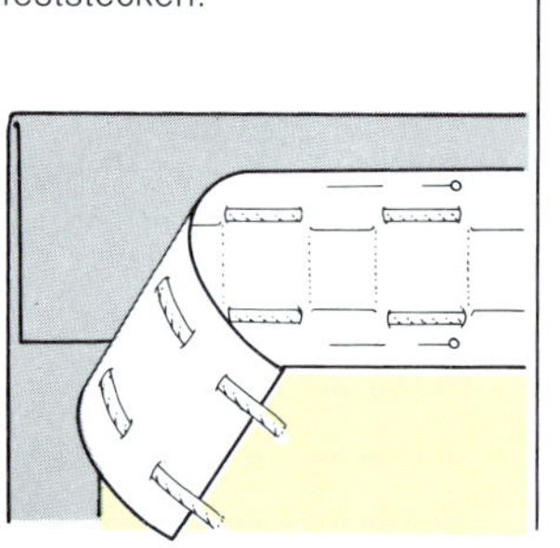

Auf der Innenseite des Vorhangs Zugschnüre 2,5 cm weit von links herausziehen und verknoten; das Ende 2,5 cm breit einschlagen. Dasselbe am äußeren Rand des Vorhangs wiederholen, hier aber die Schnüre von rechts herausziehen.

Gardinenband anheften

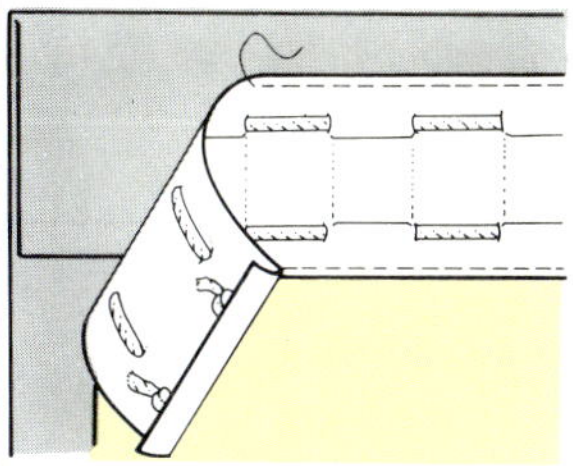

und erst am oberen Rand annähen; darauf achten, daß die verknoteten Schnüre an der Außenseite nicht mit vernäht werden. Untere Naht in gleicher Richtung arbeiten wie die obere, damit das Band keine Falten wirft.

Gardinenband zusammenziehen und Vorhang raffen. Überschüssige Schnur ordentlich aufwickeln oder locker verknoten; nicht abschneiden. Wenn eine Oberkante stärker gekräuselt

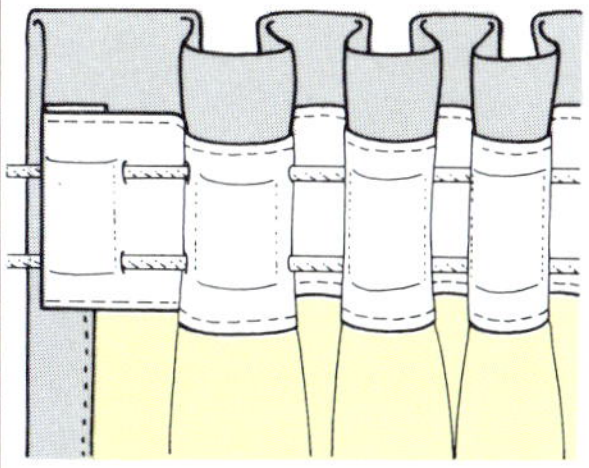

sein soll als mit dem normalen Gardinenband vorgesehen, oberen Vorhangrand breiter einschlagen.

SCHIENEN UND GARDINENSTANGEN

Für Vorhänge gibt es soviele verschiedene Schienen, Stäbe, Stangen und Armaturen, daß die Wahl manchmal schwerfällt. Manche Hersteller geben Broschüren heraus, die bei der Auswahl von Vorhangschienen und Zubehörteilen helfen sollen, und die meisten großen Kaufhäuser haben Vorhangutensilien als Musterbeispiele ausgestellt, wo man Unterschiede und Funktionen vergleichen kann. Folgende Punkte sollten vor dem Kauf berücksichtigt werden:

1. Vergewissern Sie sich, daß die Schiene/Stange belastbar genug ist, um die Vorhänge zu tragen. Viele Plastikschienen reichen in der Stärke für schwere oder gefütterte Gardinen nicht aus.
2. Wählen Sie für Tüllgardinen oder Stores spezielle preiswerte Gardinenstangen oder leichte Schienen. Sie sind in zwei Ausführungen, an der Decke oder an der Wand zu befestigen, erhältlich, mit oder ohne Zugschnüre. Manche Schienen sind zweiläufig, so daß man Stores an einer inneren und die Vorhänge an einer äußeren Spur aufhängen kann. Es gibt auch Spannstangen mit einer Federung, die man ins Innere einer Fensternische klemmen kann.
3. Falls die Vorhangschiene später zu sehen ist, wählen Sie eine, die eher unauffällig ist, oder eine dekorative, die im Stil zu den Vorhängen paßt. Manche Schienen lassen sich mit Stoff oder Tapete abdecken.
4. Gardinenstangen sind in sich schon dekorativ. Entscheiden Sie, welcher Typ dem Stil von Zimmer und Vorhang entspricht. Manche Holzstangen lassen sich mit Stoff beziehen oder können bemalt oder lackiert werden, um in ein Dekorationsschema hineinzupassen; für Erkerfenster kann man sie in den Ecken auch anwinkeln. Die meisten Gardinenstangen gibt es komplett mit den dazugehörigen Ringen, Trägern und Schrauben zu kaufen. Einige sind verstellbar.
5. Achten Sie darauf, daß Schiene oder Stange den Vorhang in einem gewissen Abstand zum Rahmen halten, wenn er über einer Tür aufgehängt wird. Kaufen Sie andernfalls eine bewegliche Stange, die den Vorhang von der Tür wegschwenkt. Für Türen mit Glas gibt es Spezialstangen, die oben und unten befestigt werden, so daß der Vorhang dicht an der Scheibe hängt.
6. Wenn Sie Gardinen für ein Fenster mit Rundbögen machen, wählen Sie eine flexible Vorhangschiene, die sich leicht biegen läßt.
7. Wenn mit den Vorhängen ständig hantiert wird, kaufen Sie eine Schiene oder Stange mit eingebauten Schnüren zum Auf- und Zuziehen. Diese Zugsysteme kann man auch zusätzlich kaufen, wenn sie nicht in die Schiene integriert sind. Es gibt auch Zugstäbe, die man, vom Vorhangrand verdeckt, an den mittleren Gleitrollen anbringt.
8. Damit leichte Gardinen besser fallen, kann man in den Säumen Gewichte anbringen. Bleiband gibt es vom Meter zu kaufen; man kann aber auch kleine Bleigewichte in die Ecken der Gardinensäume nähen.
9. Ist ein Querbehang oder Volant vorhanden, so ist die Vorhangschiene rein funktional. Denken Sie daran, daß sie das Gewicht der Vorhänge aushalten muß. Manche Hersteller bieten auch für Volant und Schiene kombinierte Leisten an.
10. Berücksichtigen Sie beim Kauf von Schiene oder Stange auch die seitlichen Spielräume neben dem Fenster, die für den Vorhang benötigt werden, wenn er ganz zurückgezogen ist, um Licht hereinzulassen. Sie können jeweils zwischen 15 und 46 cm variieren, abhängig von der Fensterbreite und der Dicke des Vorhangstoffes.

Vorhangschiene anbringen
Befolgen Sie beim Anbringen der Vorhangschiene stets die dazugehörigen Anweisungen, aber richten Sie sich allgemein nach folgenden Instruktionen:

Breite des Fensters ausmessen und Schiene auf diese Länge plus seitliche Spielräume (s. oben) zuschneiden.

Ziehen Sie mit Bleistift 8 bis 12 cm oberhalb des Fensters eine leichte Markierungslinie.

Träger 2,5 cm von jedem Ende dieser Linie befestigen. Die übrigen Träger in Abständen von etwa 30 cm dazwischensetzen.

Schiene an den Trägern festklemmen. Gleitrollen in erforderlicher Anzahl (der Menge der Gardinenhaken entsprechend) auf die Schiene ziehen und an jedem Ende Stopper befestigen.

Gardinenstangen werden ebenso befestigt.

VERSCHLÜSSE

Für Verschlüsse bei Raumtextilien gilt, daß sie dem Gewicht des Stoffes und dem Möbeltyp entsprechen sollten. Reißverschlüsse beschränkt man am besten auf Kissenbezüge, und starke Haken und Ösen sollte man für lose Sesselbezüge verwenden.

Wenn Sie Druckknopfband benutzen, wählen Sie es möglichst passend zum Möbelstoff.

Knöpfe dienen nicht nur zum Befestigen von Polstern und zum Verschließen von Öffnungen, sondern sind auch dekorativ. Nähen Sie kleine Perlmuttknöpfe an einen spitzenbesetzten Kopfkissenbezug.

KNÖPFE

Faden an der für den Kopf markierten Stelle auf der rechten Stoffseite befestigen. Knopf über die Nadel gleiten lassen. Streichholz über den Knopf legen und

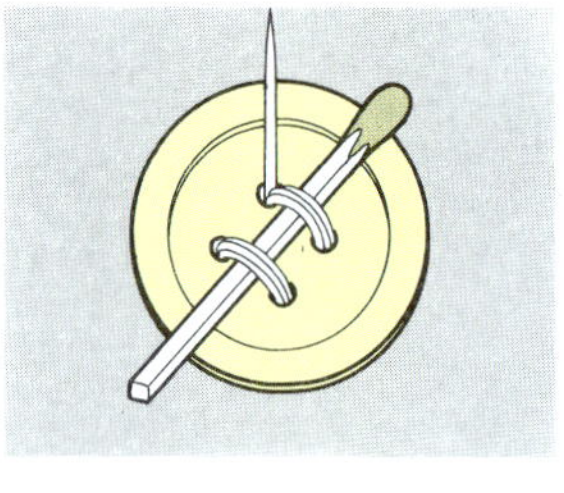

durch die Löcher im Knopf darüber hinwegstechen.

Streichholz entfernen und Knopf hochziehen, so daß die Fäden darunter lose sind.

Arbeitsfaden um die lockeren Fäden wickeln, so daß daraus ein Schaft für den Knopf entsteht, und daran verknoten.

Danach Faden festmachen und etwa 12 Stiche durch Schaft und Stoff arbeiten; anschließend verknoten.

DRUCKKNÖPFE

Die beiden Hälften auseinandernehmen – die mit dem Knöpfchen sollte an den übergreifenden Stoff, die mit der Aushöhlung an den unten liegenden genäht werden.

Obere Hälfte mindestens 6 mm neben den Rand legen.

Faden darunter befestigen und jedes Loch fünf- oder sechsmal durchstechen, wobei die Nadel unter dem Druckknopf zum nächsten Loch geführt wird. Faden verknoten.

Gegenüberliegende Hälfte ebenso annähen.

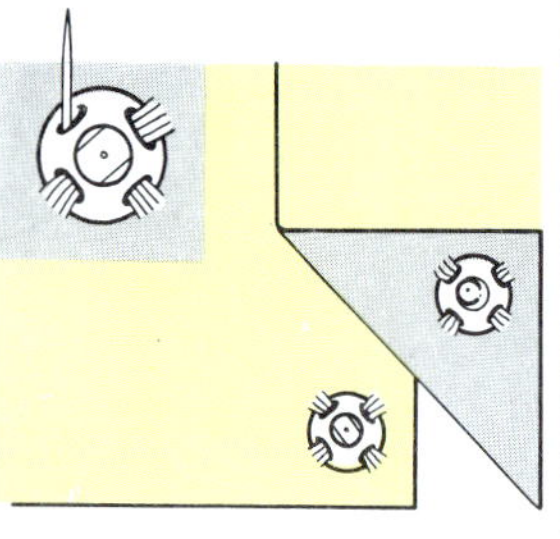

DRUCKKNOPFBAND

Dies ist ein gewebtes Band, auf dem die Druckknöpfe schon in verschiedenen festen Abständen angebracht sind. Es ist in mehreren Breiten erhältlich.

Band auseinandernehmen und eine Hälfte am oberen, die andere am unteren Stoff befestigen. Bänder an den Längsseiten abstecken und, wenn man mit der Maschine näht, einen Reißverschluß-Spezialfuß benutzen.

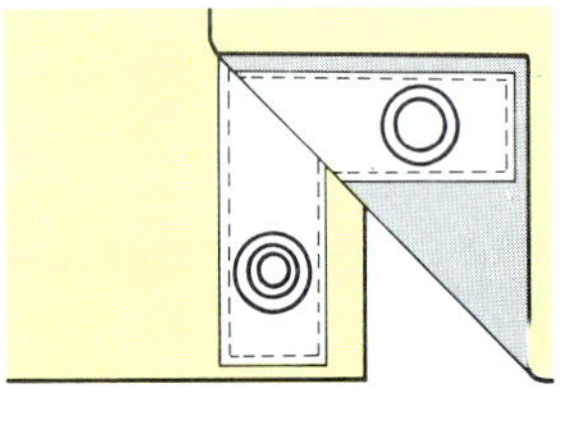

NÄHFREI-DRUCKKNÖPFE

Es gibt mehrere Arten nietenähnlicher Druckknöpfe im Handel, und normalerweise werden sie mit dem notwendigen Spezialwerkzeug verkauft. In jedem Fall bestehen sie immer aus zwei Teilen, die gegenüberliegende Stoffteile aneinander befestigen.

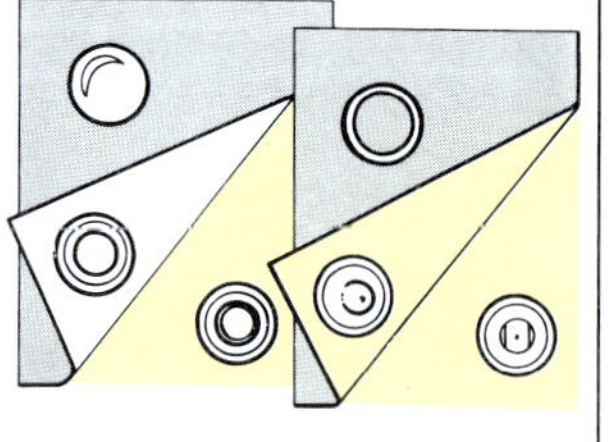

HAKEN UND ÖSEN ODER RIEGEL

Haken an die übergreifende Stoffseite nähen und Öse oder Riegel an die darunterliegende.

Nach Befestigung des Fadens Haken gut festhalten und an der ersten Schlinge mit fünf bis sechs Stichen annähen, dann die Nadel durch den Stoff zur zweiten Schlinge bringen und dasselbe wiederholen. Anschließend mehrmals um den Haken selbst herumnähen. Faden verknoten.

Ösen oder Riegel auf die gleiche Weise annähen.

HAFTBAND

Dieser Verschluß besteht aus zwei Teilen, einem mit kleinen Schlingen bedeckten Flauschband und einem Haftstreifen, die sich beim Zusammendrücken wie Kletten aneinander festsetzen. Es ist in verschiedenen Breiten und Farben erhältlich.

HAFTPUNKTE

Aus demselben Material wie Haftband, nur in Form kleiner Scheiben. Mit einer Dreiecksnaht am Stoff befestigen.

REISSVERSCHLÜSSE

Reißverschlüsse gibt es in verschiedenen Gewichten mit Nylon- oder Metallzakken. Die aus Nylon sind in einer größeren Vielzahl von Farben erhältlich und flexibler, aber beim Bügeln muß man darauf achten, daß das heiße Eisen nicht die Zacken beschädigt. Ist der Verschluß starker Belastung ausgesetzt, so sollte man einen aus Metall nehmen.

Reißverschluß in eine offene Naht setzen

Naht bis zur Reißverschlußöffnung und wieder zurück arbeiten, damit sie besonders haltbar ist. Öffnung mit der Maschine heften. Naht auseinanderbügeln.

Reißverschluß mit der Vorderseite nach unten auf die Nahtränder legen, so daß der untere Stopper 3 mm unterhalb der Heftnaht liegt und

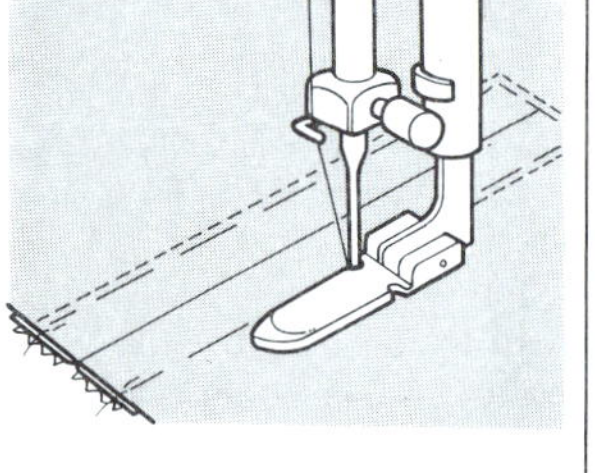

die Zacken genau über der Nahtlinie.

Reißverschluß auf beiden Seiten in 6 mm Abstand von den Zacken durch alle Lagen hindurch feststecken und -heften. Nach rechts wenden. Knapp innerhalb der Heftnähte mit Reißverschluß-

Spezialfuß annähen; an den unteren Ecken drehen. Fäden auf die Rückseite ziehen und gut verknoten. Heftfäden an der Öffnung entfernen.

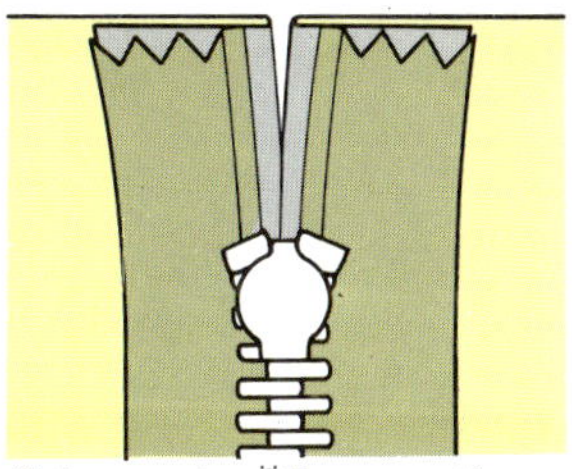

Will man verhindern, daß die Naht am Schieber breiter wird, Heftnaht 8 cm auftrennen und Schieber am Drükkerfuß vorbei nach unten ziehen. Fertignähen.

Reißverschluß in eine Innennaht setzen
Wenn der Reißverschluß in die Mitte einer Naht gesetzt werden soll, muß die entsprechende Öffnung 1 cm länger sein als die Zackenreihe (einschließlich oberen und unteren Stopper). Reißverschlußband am oberen Ende vor dem Einsetzen überwendlich zusammennähen.

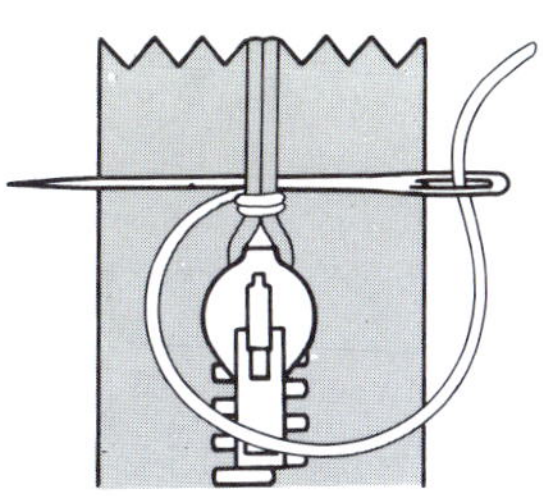

Reißverschluß auf einer glatten Oberfläche anbringen. Die Naht wird ebenso gearbeitet wie für den offenen Reißverschluß, nur am Rand der gehefteten Öffnung arbeitet man zwei Rückstiche und näht dann normal weiter. Naht auseinanderbügeln.

Beim Heften und Annähen des Reißverschlusses quer über beide Enden stechen.

Reißverschluß in eine gepaspelte Naht setzen
Naht auf einer Seite paspeln, aber Öffnung nicht schließen.

Reißverschluß öffnen und mit der Vorderseite nach unten so darüberlegen, daß die Zackenreihe genau auf der Paspelnaht ist, heften und 3 mm neben den Zacken am Nahtrand annähen.

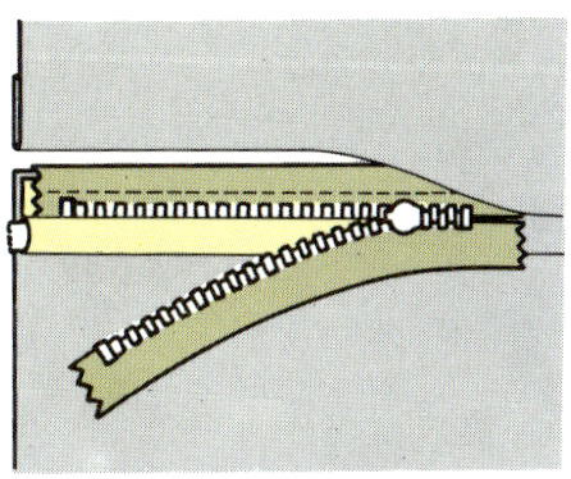

Nahtrand umschlagen, so daß die Paspel direkt an der Öffnung liegt. Reißverschluß schließen. Nahtrand des anderen Stoffteils umbügeln und so über den Reißverschluß legen, daß er an die Paspel stößt. Naht in ganzer Länge durch alle Stofflagen hindurch heften und 6 mm neben dem Umbruch und quer über die Reißverschlußenden bis zur Paspel nähen. Fäden auf die Rückseite des Stoffes bringen und verknoten. Ausbügeln.

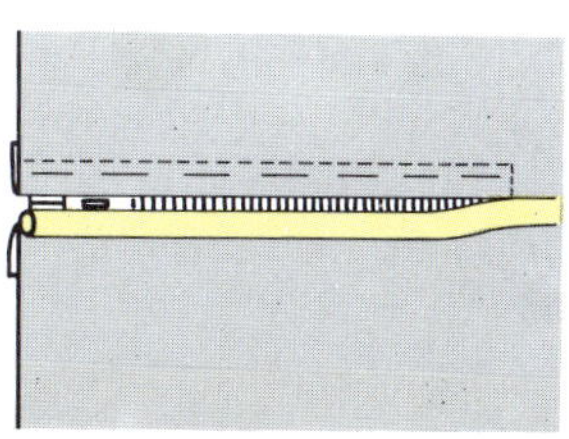

Reißverschluß in zartes Gewebe setzen
Bei zarten Stoffen oder solchen mit Flor, wie etwa Samt, kann man die letzte Naht mit der Hand arbeiten, und zwar mit Hinterstich, einem sehr kleinen Rückstich.

KNOTEN

Schlippstek
Beide Garnenden in einer Hand halten. Rechtes Ende über linkes legen, noch einmal ganz um das linke herumschlingen. Rechtes Ende von unten durch die so entstandene Schlaufe durchziehen. Straff anziehen.

Kreuzknoten
Rechtes Garnende über linkes legen und Knoten binden. Linkes Ende über das rechte legen und wieder knoten. Straff anziehen.

RÖLLCHEN

Dies ist ein enger, aus Schrägstreifen angefertigter Stoffschlauch.

2,5 bis 3 cm breite Schrägstreifen in gewünschter Länge zuschneiden und aneinandernähen (s. PASPELN).

Den Schrägstreifen rechts auf rechts auf halbe Breite falten und 6 mm neben der Kante zusammennähen.

Die Nahtränder werden in diesem Fall nicht beschnitten, da sie das Röllchen zusätzlich etwas auspolstern. Schlauch an einem Ende ans Öhr einer stumpfen Tapeziernadel nähen. Die Nadel durch das Röllchen schieben, um es nach rechts zu wenden. Nadel abmachen.

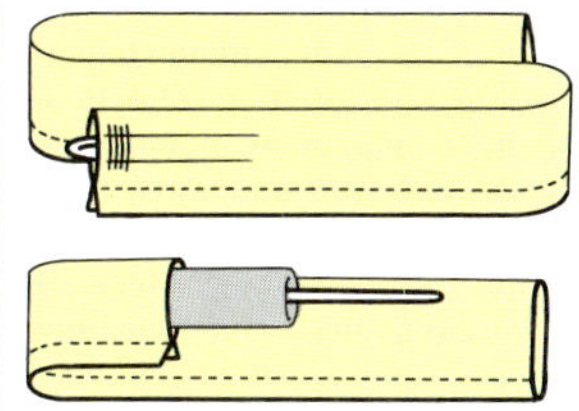

Knopfschlingen anfertigen
Wie oben beschrieben, Röllchen in erforderlicher Länge nähen. Mit einem Ende auf die rechte Seite des jeweiligen Gegenstandes an den Rand legen. So abstecken, daß die Schlaufen die für den Knopf erforderliche Größe haben und, wenn überhaupt, einen Abstand von etwa 6 mm. Schlingen festheften und -nähen, bevor der Kantenbesatz aufgenäht wird.

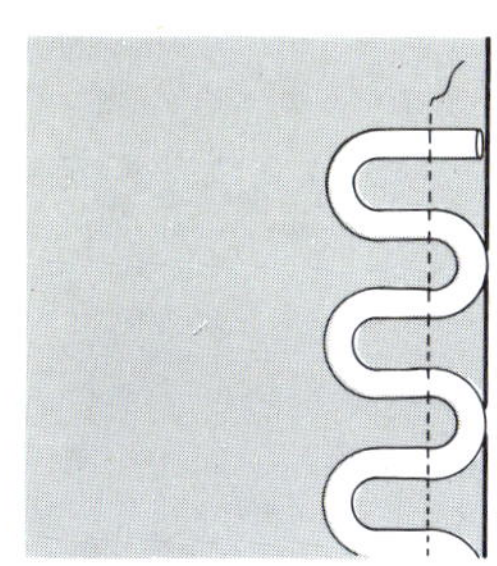

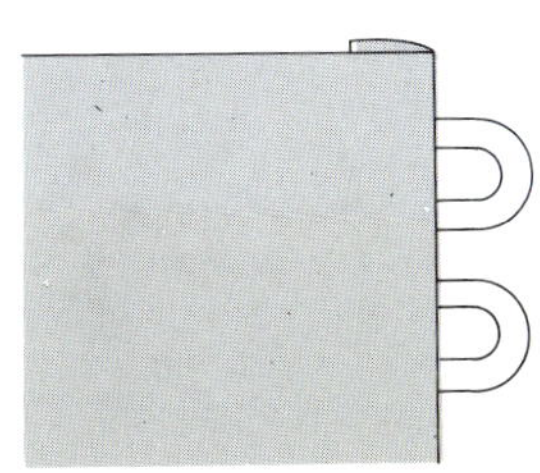

PFLEGEN, REINIGEN UND AUSBESSERN

ALLGEMEINE PFLEGE

Erhalten Sie das gute Aussehen von Polstermöbeln und Raumtextilien durch regelmäßige Reinigung und, falls nötig, durch gute, aber unauffällige Ausbesserung.

Saugen Sie Polstermöbel regelmäßig, um den täglichen Schmutz und Staub zu entfernen. Bürsten Sie den Stoff nicht, weil damit der Staub nur von einer Stelle zur anderen verlagert wird. Lose Kissen täglich aufklopfen und möglichst einmal wöchentlich wenden. Nehmen Sie einen leicht angefeuchteten Schwamm oder Klebeband, um Hunde- und Katzenhaare zu entfernen.

Halten Sie empfindliche Stoffe von direktem Sonnenlicht und von Heizkörpern fern. Bei starker Sonneneinstrahlung Vorhänge zuziehen oder Rollos herablassen. Sessel und Sofas nicht neben offenem Feuer und Radiatoren aufstellen.

Wenn ein Baumwoll- oder Leinenstoff nach der Wäsche nicht mehr so knackig aussieht, sprühen Sie vor dem Bügeln Stärke darauf, aber nur, wenn das Gewebe nicht appretiert oder knitterfest ist.

REINIGUNG

Vorhänge reinigen

Suchen Sie beim Kauf von Gardinenstoff immer die Pflegeanweisungen, die gewöhnlich auf einem Etikett oder auf der Webkante stehen. Die meisten Hersteller verwenden die internationalen Symbole, die Ihnen die maximale Waschtemperatur angeben, ob der Stoff geschleudert werden darf, wie man ihn spült, trocknet und bügelt, und ob er chemisch gereinigt werden sollte.

Vor der Wäsche von Vorhängen mit Gardinenband muß man die Haken aus dem Band nehmen und die Falten auslassen (nicht nur die Schnur abschneiden). Schütteln Sie den Staub aus den Vorhängen und weichen Sie sie mit flüssigem Waschmittel etwa 10 Minuten lang kalt ein. Ausspülen und anschließend in der Maschine mit der richtigen Temperatur waschen.

Tüllgardinen müssen häufig gewaschen werden, damit sie frisch und sauber bleiben. Zunächst wie oben einweichen und dann in der Maschine oder mit der Hand in handwarmem Wasser waschen. Nicht auswringen, aber kurz in der Maschine schleudern. Auf niedrigster Stufe trocknen, um Knitterfalten zu vermeiden, oder auf einer warmen Unterlage trockenbügeln und sofort aufhängen.

Nötigenfalls Bleichmittel nehmen, um angegraute Tüllgardinen aufzuhellen.

Vorhänge mit Zwischenfutter oder Isolierfutter sollten chemisch gereinigt werden.

Polstermöbel reinigen

Feste Polster können mit Shampoo gereinigt werden. Verwenden Sie einen Markenartikel, und befolgen Sie die Angaben des Herstellers. Testen Sie das Produkt immer erst an einer unauffälligen Stelle, um zu sehen, wie der Stoff darauf reagiert.

Saugen Sie die Polster vor und nach dem Shampoonieren, und achten Sie darauf, daß der Stoff nicht zu naß wird, da sonst Polsterwolle und Unterfütterung möglicherweise einlaufen.

Lampenschirme reinigen

Nehmen Sie den Lampenschirm ab und entfernen Sie alle Garnierungen, die abfärben könnten, wenn sie naß werden. Tauchen Sie den Schirm in einen Eimer mit warmem Seifenwasser und spülen Sie ihn dann mit klarem Wasser ab. Beim Trocknen keiner direkten Hitze aussetzen.

REINIGUNG VON LOSEN BEZÜGEN

Wenn Sie keine genaue Pflegeanleitung haben und nicht sicher sind, woraus die Bezüge gemacht sind, ist es ratsam, sie chemisch reinigen zu lassen. Testen Sie farbige Bezüge vor der Wäsche immer auf Farbechtheit und waschen Sie sie andernfalls getrennt oder lassen Sie sie reinigen. Bei bunt gemusterten Bezügen empfiehlt sich chemische Reinigung.

Baumwoll- und Leinenstoffe laufen gewöhnlich beim Waschen auf 95 Prozent ihrer ursprünglichen Größe ein. Wenn Ihre Bezüge dafür nicht locker genug sitzen, sollten sie chemisch gereinigt werden. Paspeln können in der Wäsche einlaufen und Falten schlagen, wenn die Paspelschnur nicht vorgewaschen ist.

1. Bezüge noch auf den Polstern gründlich absaugen. Hunde- oder Katzenhaare entfernen.

2. Bezüge abnehmen. Auf Risse oder Löcher untersuchen und nötigenfalls vor der Wäsche ausbessern. Reißverschlüsse fest zuziehen, da sie sonst kaputtgehen könnten.

3. Mit der Hand waschen oder in der Maschine mit dem für den Stoff geeigneten Programm. Bezüge aufhängen, bis sie fast trocken sind.

4. Bezüge bügeln, während sie noch etwas feucht sind – von der linken Seite, wenn der Stoff matt, von der rechten Seite, wenn er glänzend ist.

5. Bezüge wieder aufziehen und Sitzfläche und Rückenteil bügeln – ein Tuch über den Stoff legen, wenn die Oberfläche matt ist.

6. Wenn Sie feststellen, daß die Bezüge beim Waschen eingelaufen sind und nicht mehr auf den Sessel oder das Sofa passen, befeuchten Sie sie noch einmal und ziehen Sie sie in diesem Zustand vorsichtig über.

7. Wenn Sie sich vergewissert haben, daß die Paspeln alle richtig sitzen, bügeln Sie die Bezüge, bis sie trocken sind.